Dieses Taschenbuch enthält – in englisch-deutschem Parallel-
druck – zehn Gruselgeschichten britischer, irischer und
amerikanischer Autoren. Da kommen nicht gerade alle, aber
doch viele der klassischen Grusel-Personen, -Elemente und
-Requisiten vor: Wiedergänger, unerlöste Seelen Verstor-
bener, schutzengelähnliche Geister. Besessenheit, Seelenwanderung, Rache aus dem Jenseits. Kirchenfenster, leere
Häuser, vergrabene Truhen... Das klassisch Gruselige über-
wiegt bei weitem, doch eine grausige Geschichte ist auch
dabei. Eine lustige auch. Die erste Geschichte des Buches
spielt zwischen gruselig und psychologisch-abgründig, die
letzte spielt zwischen gruselig und existentialistisch-speku-
lativ – und beide sind darum nicht weniger fesselnd als die
anderen. Gut sind sie alle.

dtv zweisprachig · Edition Langewiesche-Brandt

A Big Book of Ghost and Mystery Stories

Großes Grusel-Lesebuch

Herausgegeben von Andreas Nohl

Deutscher Taschenbuch Verlag

Neuübersetzung / Deutsche Erstausgabe
Februar 1995
Deutscher Taschenbuch Verlag GmbH & Co. KG, München
Copyright-Nachweise Seite 296
Umschlagentwurf: Celestino Piatti
Satz: W Design, Höchstädt Ofr.
Gesamtherstellung: Kösel, Kempten
ISBN 3-423-09328-5. Printed in Germany

Edgar Allan Poe
The Man of the Crowd

Ce grand malheur, de ne pouvoir etre seul.
LA BRUYÈRE

It was well said of a certain German book that *"es
lässt sich nicht lesen"* – it does not permit itself to be
read. There are some secrets which do not permit
themselves to be told. Men die nightly in their beds,
wringing the hands of ghostly confessors, and looking them piteously in the eyes – die with despair of
heart and convulsion of throat, on account of the
hideousness of mysteries which will not suffer
themselves to be revealed. Now and then, alas, the
conscience of man takes up a burthen so heavy in
horror that it can be thrown down only into the
grave. And thus the essence of all crime is undi-
vulged.

Not long ago, about the closing in of an evening
in autumn, I sat at the large bow window of the
D– Coffee-House in London. For some months I
had been ill in health, but was now convalescent
and, with returning strength, found myself in one
of those happy moods which are so precisely the
converse of ennui-moods of the keenest appetency,
when the film from the mental vision departs – the
ἀχλὺς ἣ πρὶν ἐπῆεν – and the intellect, electrified,
surpasses as greatly its everyday condition, as does
the vivid yet candid reason of Leibnitz, the mad
and flimsy rhetoric of Gorgias. Merely to breathe
was enjoyment; and I derived positive pleasure even
from many of the legitimate sources of pain. I felt a
calm but inquisitive interest in every thing. With a
cigar in my mouth and a newspaper in my lap, I had
been amusing myself for the greater part of the
afternoon, now in poring over advertisements, now
in observing the promiscuous company in the room,

Edgar Allan Poe
Der Mann in der Menge

Dieses große Unglück, nicht allein sein zu können.
LA BRUYÈRE

Über ein bestimmtes deutsches Buch wurde die gute Bemerkung gemacht: «Es läßt sich nicht lesen.» Manche Geheimnisse lassen sich nicht erzählen. Menschen sterben nachts in ihren Betten, indem sie die Hände geisterhafter Beichtväter umklammern und sie auf erbarmungswürdige Art anblicken – sterben mit verzweifeltem Herzen und zugeschnürter Kehle um gräßlicher Rätselhaftigkeiten willen, die es nicht leiden, enthüllt zu werden. Hin und wieder lädt sich unseligerweise das menschliche Gewissen eine so gewaltige Schreckenslast auf, daß sie nur im Grab abgeworfen werden kann. Und darum bleibt das Wesen allen Verbrechens geheim.

Vor kurzem saß ich an einem beginnenden Herbstabend an dem großen, runden Erkerfenster des Kaffeehauses D... in London. Mir war es einige Monate lang gesundheitlich nicht gut gegangen, aber nun besserte sich mein Zustand, und ich fand mich angesichts wiederkehrender Kräfte in einer jener glücklichen Stimmungen, die das genaue Gegenteil der Langeweile sind – Stimmungen des heftigsten Verlangens, wenn der Schleier von der geistigen Erkenntnis weicht – der Nebel, der zuvor darüber lag –, und das Denkvermögen wie elektrisiert seine gewöhnliche Verfassung ebensosehr hinter sich läßt wie es der lebhafte und doch klare Verstand von Leibniz mit der unsinnigen und oberflächlichen Redekunst des Gorgias tut. Allein schon das Atmen war eine Freude; und selbst vieles von dem, was mit Recht eine Quelle des Schmerzes ist, bereitete mir ausgesprochenes Vergnügen. Ich empfand ein stilles, aber wißbegieriges Interesse an allem und jedem. Mit einer Zigarre im Mund und einer Zeitung auf dem Schoß hatte ich mich den größten Teil des Nachmittags aufs angenehmste beschäftigt, indem ich mich in Anzeigen vertiefte, die bunt

and now in peering through the smoky panes into the street.

This latter is one of the principal thoroughfares of the city, and had been very much crowded during the whole day. But, as the darkness came on, the throng momently increased; and, by the time the lamps were well lighted, two dense and continuous tides of population were rushing past the door. At this particular period of the evening I had never before been in a similar situation, and the tumultuous sea of human heads filled me, therefore, with a delicious novelty of emotion. I gave up, at length, all care of things within the hotel, and became absorbed in contemplation of the scene without.

At first my observations took an abstract and generalizing turn. I looked at the passengers in masses, and thought of them in their aggregate relations. Soon, however, I descended to details, and regarded with minute interest the innumerable varieties of figure, dress, air, gait, visage, and expression of countenance.

By far the greater number of those who went by had a satisfied business-like demeanor, and seemed to be thinking only of making their way through the press. Their brows were knit, and their eyes rolled quickly; when pushed against by fellow wayfarers they evinced no symptom of impatience, but adjusted their clothes and hurried on. Others, still a numerous class, were restless in their movements, had flushed faces, and talked and gesticulated to themselves, as if feeling in solitude on account of the very denseness of the company around. When impeded in their progress, these people suddenly ceased muttering, but redoubled their gesticulations, and awaited, with an absent and overdone smile upon the lips, the course of the persons impeding them. If jostled, they bowed profusely to the jostlers, and appeared overwhelmed with con-

gemischte Gesellschaft im Raum betrachtete oder auch durch die verräucherten Scheiben auf die Straße spähte.

Es ist dieses eine der Hauptdurchgangsstraßen der Stadt, und sie war den ganzen Tag lang voller Menschen gewesen. Als aber die Dunkelheit hereinbrach, wurde das Gedränge mit jedem Augenblick größer; und als die Lampen hell leuchteten, brandeten zwei Gezeitenströme aus dichten, endlosen Menschenmengen an der Tür vorbei. Noch nie hatte ich mich gerade zu dieser Abendstunde in einer ähnlichen Lage befunden, und darum riefen die stürmischen Wogen menschlicher Köpfe ein wunderbar neuartiges Gefühl in mir wach. Ich achtete am Ende gar nicht mehr auf das, was innerhalb des Gasthofes vor sich ging, sondern versank gänzlich in die Betrachtung des Schauspiels draußen.

Zunächst bewegten sich meine Beobachtungen auf einer abstrakten und verallgemeinernden Bahn. Ich blickte auf die Mengen der Passanten und dachte an sie in ihren Beziehungen als Massen. Bald jedoch verfiel ich auf Einzelheiten und schaute mir mit eingehendem Interesse die unendliche Vielfalt an Gestalten, Kleidungsstücken, Gebärden, Gehweisen, Gesichtern und Mienen an.

Weitaus die größere Zahl der Vorübergehenden hatte ein zufriedenes, geschäftsmäßiges Auftreten, und ihre Gedanken waren offenbar nur darauf gerichtet, den Weg durch das Gedränge zu finden. Ihre Brauen waren zusammengezogen, ihre Augen bewegten sich schnell; stieß einer ihrer Weggefährten mit ihnen zusammen, äußerten sie keinerlei Anzeichen von Ungeduld, sondern ordneten ihre Kleidung und eilten weiter. Andere, ebenfalls eine zahlreiche Gruppe, waren unruhig in ihren Bewegungen, ihre Gesichter waren gerötet, und sie redeten gestenreich mit sich selbst, so als gäbe ihnen gerade die Dichte der Menge um sie herum ein Gefühl der Einsamkeit. Wenn sie in ihrem Vorwärtskommen behindert wurden, hörten diese Leute plötzlich auf, leise zu sprechen, verdoppelten aber die Zahl ihrer Gesten und warteten mit einem abwesenden und übertriebenen Lächeln, bis diejenigen, die sie behindert hatten, weitergingen. Prallten andere gegen sie, verbeugten sie sich vielmals

fusion. – There was nothing very distinctive about these two large classes beyond what I have noted. Their habiliments belonged to that order which is pointedly termed the decent. They were undoubtedly noblemen, merchants, attorneys, tradesmen, stock-jobbers – the Eupatrids and the common-places of society – men of leisure and men actively engaged in affairs of their own – conducting business upon their own responsibility. They did not greatly excite my attention.

The tribe of clerks was an obvious one; and here I discerned two remarkable divisions. There were the junior clerks of flash houses – young gentlemen with tight coats, bright boots, well-oiled hair, and supercilious lips. Setting aside a certain dapperness of carriage, which may be termed *deskism* for want of a better word, the manner of these persons seemed to me an exact fac-simile of what had been the perfection of *bon ton* about twelve or eighteen months before. They wore the cast-off graces of the gentry; – and this, I believe, involves the best definition of the class.

The division of the upper clerks of staunch firms, or of the "steady old fellows," it was not possible to mistake. These were known by their coats and pantaloons of black or brown, made to sit comfortably, with white cravats and waistcoats, broad solid-looking shoes, and thick hose or gaiters. – They had all slightly bald heads, from which the right ears, long used to pen-holding, had an odd habit of standing off on end. I observed that they always removed or settled their hats with both hands, and wore watches, with short gold chains of a substantial and ancient pattern. Theirs was the affectation of respectability; – if indeed there be an affectation so honorable.

There were many individuals of dashing appearance, whom I easily understood as belonging to the

vor ihnen und schienen von Verwirrung überwältigt. – An diesen beiden großen Gruppen war nichts sehr Ausgeprägtes außer dem, was ich erwähnt habe. Ihre Kleidung war von der Art, die man zutreffend unaufdringlich nennt. Es handelte sich zweifellos um Adlige, Kaufleute, Anwälte, Handelsleute, Börsenhändler – die Patrizier und die Allerweltsmitglieder der Gesellschaft – Männer des Müßiggangs und Männer, die tatkräftig mit eigenen Unternehmungen beschäftigt sind – die ihr Gewerbe in eigener Verantwortung ausüben. Sie erregten meine Aufmerksamkeit nur wenig.

Unübersehbar war die Gattung der Angestellten; und hier ließen sich zwei auffällige Abteilungen unterscheiden. Es gab die jüngeren Angestellten protziger Häuser – junge Herren mit engen Jacken, blanken Stiefeln, geölten Haaren und hochmütigen Lippen. Abgesehen von einer gewissen Lebhaftigkeit in der Haltung, die man mangels eines geeigneteren Wortes als «Schreibpultismus» bezeichnen könnte, schien mir das Verhalten dieser Personen ein genaues Abbild dessen zu sein, was zwölf oder achtzehn Monate zuvor der vollkommene gute Ton gewesen war. Sie kleideten sich in die abgelegten Manieren der feinen Gesellschaft – damit ist, glaube ich, diese Gruppe am besten charakterisiert.

Gar nicht zu verwechseln war die Abteilung der höheren Angestellten solider Geschäftshäuser oder der «zuverlässigen alten Burschen». Sie waren an ihren schwarzen oder braunen Jacken und Hosen zu erkennen, die für bequemes Sitzen geschneidert waren, an ihren weißen Halsbinden und Westen, breiten, haltbar aussehenden Schuhen und dicken Strümpfen oder Gamaschen. Ihre Köpfe waren alle ein wenig kahl, und das rechte Ohr, seit langem im Tragen des Federhalters geübt, hatte sich daran gewöhnt, seltsam nach oben abzustehen. Ich bemerkte, daß sie jeweils mit beiden Händen den Hut lüfteten oder aufsetzten und an kurzen, goldenen Ketten Uhren von gediegener, altmodischer Machart trugen. Bei ihnen lag die Übertreibung in der Achtbarkeit – wenn es denn eine so ehrwürdige Übertreibung gibt.

Bei vielen Personen von eleganter Erscheinung stellte ich mühelos fest, daß sie zur Sippschaft der herausgeputzten

race of swell pick-pockets, with which all great cities are infested. I watched these gentry with much inquisitiveness, and found it difficult to imagine how they should ever be mistaken for gentlemen by gentlemen themselves. Their voluminousness of wristband, with an air of excessive frankness, should betray them at once.

The gamblers, of whom I descried not a few, were still more easily recognisable. They wore every variety of dress, from that of the desperate thimble-rig bully, with velvet waistcoat, fancy neckerchief, gilt chains, and filagreed buttons, to that of the scrupulously inornate clergyman than with nothing could be less liable to suspicion. Still all were distinguished by a certain sodden swarthiness of complexion, a filmy dimness of eye, and pallor and compression of lip. There were two other traits, moreover, by which I could always detect them; – a guarded lowness of tone in conversation, and a more than ordinary extension of the thumb in a direction at right angles with the fingers. – Very often, in company with these sharpers, I observed an order of men somewhat different in habits, but still birds of a kindred feather. They may be defined as the gentlemen who live by their wits. They seem to prey upon the public in two battalions – that of the dandies and that of the military men. Of the first grade the leading features are long locks and smiles; of the second frogged coats and frowns.

Descending in the scale of what is termed gentility, I found darker and deeper themes for speculation. I saw Jew pedlars, with hawk eyes flashing from countenances whose every other feature wore only an expression of abject humility; sturdy professional street beggars scowling upon mendicants of a better stamp, whom despair alone had driven forth into the night for charity; feeble and ghastly invalids, upon whom death had placed a sure hand,

Taschendiebe gehörten, die eine Plage aller großen Städte sind. Ich beobachtete diese Gesellschaft mit starker Neugier und vermochte mir nur schwer vorzustellen, daß ein Ehrenmann sie jemals für seinesgleichen halten könnte. Der Umfang ihrer Manschetten und ihre übertrieben freimütigen Gebärden verraten sie eigentlich sofort.

Die Spieler, von denen ich nicht wenige gewahrte, waren noch leichter auszumachen. Sie trugen jede Art Gewand – von dem des betrügerischen Becherspielers in verzweifelter Lage (mit Samtweste, modischem Halstuch, vergoldeten Ketten und Filigranknöpfen) bis zu dem des Geistlichen, der jeden Schmuck mit peinlichster Sorgfalt vermeidet und unverdächtiger nicht aussehen könnte. Doch ließen sich alle erkennen an einer gewissen aufgedunsenen, dunklen Haut, trüb verschleierten Augen und blassen, zusammengepreßten Lippen. Außerdem gab es zwei weitere Merkmale, an denen ich sie jedes Mal unterscheiden konnte: eine bewußt leise Stimme in der Unterhaltung und ein Daumen, der sich mehr als gewöhnlich, nämlich im rechten Winkel, von den Fingern abspreizt. – Sehr häufig beobachtete ich in Gesellschaft dieser Gauner eine Sorte Menschen, die zwar etwas andere Gewohnheiten haben, gleichwohl aber mit ihnen verwandt sind. Sie können als die Herren bezeichnet werden, die sich mehr oder weniger ehrlich durchs Leben schlagen. Diese scheinen in zwei Kampfverbänden auf Beutezug in der Öffentlichkeit zu gehen: dem der Modenarren und dem der Soldaten. Die erste Gattung zeichnet sich vor allem durch lange Locken und Lächeln aus; die zweite durch Uniformröcke mit Schnüren und Stirnrunzeln.

Weiter unten auf der Stufenleiter dessen, was Vornehmheit genannt wird, fand ich dunklere und abgründigere Themen zum Nachdenken. Ich sah jüdische Hausierer mit Falkenaugen, die aus Gesichtern blitzten, deren übrige Züge nur tiefste Unterwürfigkeit ausdrückten; kräftige, berufsmäßige Straßenbettler, die finster auf Almosenheischende eines besseren Schlages blickten, welche allein die Verzweiflung in die Nacht getrieben hatte, um einer milden Gabe willen; schwache, gespenstische Kranke, die dem Tod schon

and who sidled and tottered through the mob, look-ing every one beseechingly in the face, as if in search of some chance consolation, some lost hope; modest young girls returning from long and late labor to a cheerless home, and shrinking more tear-fully than indignantly from the glances of ruffians, whose direct contact, even, could not be avoided; women of the town of all kinds and of all ages – the unequivocal beauty in the prime of her womanhood, putting one in mind of the statue in Lucian, with the surface of Parian marble, and the interior filled with filth – the loathsome and utterly lost leper in rags – the wrinkled, bejewelled and paint-begrimed beldame, making a last effort at youth – the mere child of immature form, yet, from long association, an adept in the dreadful coquetries of her trade, and burning with a rabid ambition to be ranked the equal of her elders in vice; drunkards innumera-ble and indescribable – some in shreds and patches, reeling, inarticulate, with bruised visage and lack-lustre eyes – some in whole although filthy gar-ments, with a slightly unsteady swagger, thick sen-sual lips, and hearty-looking rubicund faces – others clothed in materials which had once been good, and which even now were scrupulously well brushed – men who walked with a more than naturally firm and springy step, but whose countenances were fearfully pale, whose eyes hideously wild and red, and who clutched with quivering fingers, as they strode through the crowd, at every object which came within their reach; beside these, pie-men, por-ters, coal-heavers, sweeps; organ-grinders, monkey-exhibiters and ballad mongers, those who vended with those who sang; ragged artizans and exhausted laborers of every description, and all full of a noisy and inordinate vivacity which jarred discordantly upon the ear, and gave an aching sensation to the eye.

verfallen waren und die durch die Menge schlichen und schwankten und jedem flehend in Gesicht sahen, wie auf der Suche nach irgendeinem zufälligen Trost, irgendeiner verlorenen Hoffnung; bescheidene junge Mädchen, die nach langer, bis in späte Stunden andauernder Arbeit zu einem freudlosen Zuhause heimkehrten und eher mit Tränen als mit Empörung vor den Blicken der Rohlinge zurückschreckten, deren körperlicher Berührung sie noch nicht einmal auszuweichen vermochten; käufliche Frauen aller Arten und Altersstufen – die unzweifelhafte Schönheit in der Blüte ihrer Weiblichkeit, an die Statue bei Lukian erinnernd, deren Oberfläche aus parischem Marmor besteht und deren Inneres voll Unrat ist – die Abscheu erregende und völlig verlorene Leprakranke in Lumpen – die runzlige, mit Juwelen behängte und mit Farbe beschmierte Alte, die sich ein letztes Mal um Jugendlichkeit bemüht – das bloße Kind von noch unreifer Gestalt, das doch durch langen Umgang eingeweiht ist in die fürchterlichen Verführungskünste ihres Gewerbes und in dem der Ehrgeiz brennt, den Rangälteren des Lasters gleichgestellt zu sein; unzählige und unbeschreibbare Betrunkene – manche in Lumpen, torkelnd, unfähig zu sprechen, mit Verletzungen im Gesicht und glanzlosen Augen – manche in heiler, aber verdreckter Kleidung, mit großspurigem, etwas unsicherem Gang, dicken, sinnlichen Lippen und freundlichem, rosigem Antlitz – andere in Zeug, das einstmals gut gewesen und selbst jetzt noch sorgfältig gebürstet war – Männer, die sich mit geradezu unnatürlich federnden Schritten vorwärtsbewegten, deren Gesichter jedoch furchterregend bleich und deren Augen schrecklich wild und rot waren und die auf ihrem Weg durch die Menschenmenge mit zitternden Fingern krampfhaft nach allem griffen, was in ihre Reichweite kam; außerdem gab es Pastetenverkäufer, Dienstmänner, Kohlenträger, Schornsteinfeger; Drehorgelspieler, Affenschausteller, und Bänkelsänger, hausierende wie vortragende; abgerissene Handwerker und erschöpfte Arbeiter jeder Art, und alles voll lärmenden, zügellosen Lebens, das mißtönend in den Ohren dröhnte und den Augen wehtat.

As the night deepened, so deepened to me the interest of the scene; for not only did the general character of the crowd materially alter (its gentler features retiring in the gradual withdrawal of the more orderly portion of the people, and its harsher ones coming out into bolder relief, as the late hour brought forth every species of infamy from its den,) but the rays of the gas lamps, feeble at first in their struggle with the dying day, had now at length gained ascendancy, and threw over every thing a fitful and garish lustre. All was dark yet splendid – as that ebony to which has been likened the style of Tertullian.

The wild effects of the light enchained me to an examination of individual faces; and although the rapidity with which the world of light flitted before the window, prevented me from casting more than a glance upon each visage, still it seemed that, in my then peculiar mental state, I could frequently read, even in that brief interval of a glance, the history of long years.

With my brow to the glass, I was thus occupied in scrutinizing the mob, when suddenly there came into view a countenance (that of a decrepit old man, some sixty-five or seventy years of age,) – a countenance which at once arrested and absorbed my whole attention, on account of the absolute idiosyncrasy of its expression. Any thing even remotely resembling that expression I had never seen before. I well remember that my first thought, upon beholding it, was that Retzsch, had he viewed it, would have greatly preferred it to his own pictural incarnations of the fiend. As I endeavored, during the brief minute of my original survey, to form some analysis of the meaning conveyed, there arose confusedly and paradoxically within my mind, the ideas of vast mental power, of caution, of penuriousness, of avarice, of coolness, of malice, of blood-thursti-

Mit zunehmender Dunkelheit nahm auch mein Interesse an diesem Schauspiel zu. Es änderte sich nämlich nicht nur die allgemeine Beschaffenheit der Menge (indem die sanfteren Elemente mit dem allmählichen Rückzug des friedlicheren Teils der Menschen zurückgingen und die groberen schärfer hervortraten, als die späte Stunde jede Gattung der Niedertracht aus ihrer Höhle ans Licht brachte), sondern nun hatte auch endlich der Schein der Gaslampen, der anfangs im Kampf gegen das schwindende Tageslicht nur schwach gewesen war, die Oberhand gewonnen und warf einen unruhigen, grellen Glanz auf alle Dinge. Alles war dunkel und doch hellschimmernd – wie jenes Ebenholz, mit dem man den Stil Tertullians verglichen hat.

Die heftige Wirkung des Lichts wirkte wie ein Zwang auf mich, einzelne Gesichter auf das genaueste zu betrachten; und obwohl die Schnelligkeit, mit der die lichte Welt am Fenster vorbeiglitt, mich daran hinderte, auf jedes Antlitz mehr als einen Blick zu werfen, schien es mir doch – in der besonderen geistigen Verfassung, in der ich mich zu dieser Zeit befand –, als könnte ich häufig selbst während eines kurzen Augenblicks die Geschichte langer Jahre lesen.

Auf diese Weise war ich, die Brauen an der Scheibe, damit beschäftigt, die Menge eingehend zu erforschen, als plötzlich ein Gesicht in mein Blickfeld kam (das eines hinfälligen alten Mannes von etwa fünfundsechzig oder siebzig Jahren) – ein Gesicht, das sogleich meine ganze Aufmerksamkeit auf sich lenkte und fesselte wegen der völligen Eigenartigkeit seines Ausdrucks. Noch nie hatte ich etwas gesehen, was diesem Ausdruck auch nur entfernt ähnelte. Ich erinnere mich gut, daß mein erster Gedanke bei seinem Anblick der war, daß Retzsch, hätte er ihn gesehen, ihn seinen eigenen bildlichen Darstellungen des Teufels bei weitem vorgezogen hätte. Als ich in dem kurzen Moment meines ersten Hinsehens versuchte, irgendwie die darin enthaltene Botschaft zu entschlüsseln, kam mir ein Durcheinander widersprüchlicher Begriffe in den Sinn: große Geisteskraft, Vorsicht, Geiz, Habgier, Kälte, Heimtücke, Blutrünstigkeit, Siegesfreude, Fröhlichkeit, höchstes Entsetzen, heftige –

ness, of triumph, of merriment, of excessive terror, of intense – of extreme despair. I felt singularly aroused, startled, fascinated. "How wild a history," I said to myself, "is written within that bosom!" Then came a craving desire to keep the man in view – to know more of him. Hurriedly putting on an overcoat, and seizing my hat and cane, I made my way into the street, and pushed through the crowd in the direction which I had seen him take; for he had already disappeared. With some little difficulty I at length came within sight of him, approached, and followed him closely, yet cautiously, so as not to attract his attention.

I had now a good opportunity of examining his person. He was short in stature, very thin, and apparently very feeble. His clothes, generally, were filthy and ragged; but as he came, now and then, within the strong glare of a lamp, I perceived that his linen, although dirty, was of beautiful texture; and my vision deceived me, or, through a rent in a closely-buttoned and evidently second-handed *roquelaure* which enveloped him, I caught a glimpse both of a diamond and of a dagger. These observations heightened my curiosity, and I resolved to follow the stranger whithersoever he should go.

It was now fully night-fall, and a thick humid fog hung over the city, soon ending in a settled and heavy rain. This change of weather had an odd effect upon the crowd, the whole of which was at once put into new commotion, and overshadowed by a world of umbrellas. The waver, the jostle, and the hum increased in a tenfold degree. For my own part I did not much regard the rain – the lurking of an old fever in my system rendering the moisture some-what too dangerously pleasant. Tying a handkerchief about my mouth, I kept on. For half an hour the old man held his way with difficulty along the great thoroughfare; and I here walked close at his elbow

äußerste Verzweiflung. Ich fühlte mich ganz eigentümlich aufgeschreckt, beunruhigt, gefangengenommen. «Was für eine wilde Geschichte», sagte ich mir, «steht in jener Brust geschrieben!» Dann überkam mich ein brennendes Verlangen, den Mann im Blick zu behalten – mehr von ihm in Erfahrung zu bringen. Rasch zog ich meinen Mantel über, ergriff Hut und Stock und arbeitete mich durch die Menge in die Richtung, die ich ihn hatte nehmen sehen; denn er war bereits verschwunden. Mit ein wenig Mühe hatte ich ihn schließlich wieder im Blick, näherte mich ihm und folgte ihm in dichtem Abstand, doch vorsichtig, um nicht seine Aufmerksamkeit zu erregen.

Nun bot sich mir eine gute Gelegenheit, sein Äußeres auf das genaueste zu betrachten. Er war klein von Gestalt, sehr dünn und offenbar sehr schwach. Seine Kleidung insgesamt war verdreckt und zerlumpt; aber wenn er ab und zu in den hellen Lichtschein einer Lampe kam, sah ich, daß das Leinen, das er trug, zwar schmutzig, aber von sehr schöner Machart war; und wenn mich nicht mein Auge täuschte, erhaschte ich durch einen Riß in dem dichtgeknöpften, augenscheinlich aus zweiter Hand erworbenen, knielangen Mantel, der ihn einhüllte, einen flüchtigen Blick auf einen Diamanten und einen Dolch. Diese Beobachtungen steigerten meine Neugier, und ich beschloß, dem Fremden zu folgen, wohin er auch immer gehen würde.

Es war nun völlig Nacht geworden, und über der Stadt hing ein dichter, feuchter Nebel, der bald in einen gleichmäßigen, schweren Regen überging. Dieser Wetterwechsel hatte eine merkwürdige Wirkung auf die Menge: sie wurde sogleich zur Gänze von einer neuen Bewegung erfaßt und von einem Wald von Regenschirmen überschattet. Das Wogen, Drängen, Brausen steigerte sich um das Zehnfache. Ich für mein Teil beachtete den Regen nicht sehr – ein altes Fieber, das in meinem Körper lauerte, machte mir die Feuchtigkeit in einem fast zu gefährlichen Maße angenehm. Ich band mir ein Taschentuch vor den Mund und ging weiter. Eine halbe Stunde lang verfolgte der alte Mann mit Mühe seinen Weg auf der großen Durchgangsstraße; und

through fear of losing sight of him. Never once turning his head to look back, he did not observe me. By and by he passed into a cross street, which, although densely filled with people, was not quite so much thronged as the main one he had quitted. Here a change in his demeanor became evident. He walked more slowly and with less object than before – more hesitatingly. He crossed and re-crossed the way repeatedly without apparent aim; and the press was still so thick, that, at every such movement, I was obliged to follow him closely. The street was a narrow and long one, and his course lay within it for nearly an hour, during which the passengers had gradually diminished to about that number which is ordinarily seen at noon in Broadway near the Park – so vast a difference is there between a London populace and that of the most frequented American city. A second turn brought us into a square, brilliantly lighted, and overflowing with life. The old manner of the stranger re-appeared. His chin fell upon his breast, while his eyes rolled wildly from under his knit brows, in every direction, upon those who hemmed him in. He urged his way steadily and perseveringly. I was surprised, however, to find, upon his having made the circuit of the square, that he turned and retraced his steps. Still more was I astonished to see him repeat the same walk several times – once nearly detecting me as he came round with a sudden movement.

In this exercise he spent another hour, at the end of which we met with far less interruption from passengers than at first. The rain fell fast; the air grew cool; and the people were retiring to their homes. With a gesture of impatience, the wanderer passed into a by-street comparatively deserted. Down this, some quarter of a mile long, he rushed with an activity I could not have dreamed of seeing in one so aged, and which put me to much trouble in pur-

ich hielt mich hier dicht an seinem Ellbogen, aus Angst, ihn aus den Augen zu verlieren. Er drehte nicht ein einziges Mal den Kopf, um zurückzusehen, und bemerkte mich nicht. Nach kurzer Zeit bog er in eine Seitenstraße ein, die zwar voller Menschen war, in der sich die Massen aber nicht ganz so dicht drängten wie in der Hauptstraße, die er verlassen hatte. Hier wurde ein Wandel in seinem Verhalten deutlich. Er ging langsamer und weniger zielstrebig als vorher – zögernder. Wiederholt überquerte er die Straße ohne erkennbares Ziel; und das Gedränge war noch so groß, daß ich gezwungen war, ihm bei jeder dieser Bewegungen in geringem Abstand zu folgen. Es war eine lange, enge Straße, und er bewegte sich auf ihr fast eine Stunde lang; während dieser Zeit hatte sich die Menge der Passanten allmählich auf die Anzahl verringert, die normalerweise mittags auf dem Broadway nahe beim Park zu sehen ist – so gewaltig ist der Unterschied zwischen den Menschenmassen Londons und denen der meistbevölkerten amerikanischen Stadt. Eine zweite Wendung brachte uns auf einen hell erleuchteten, von Leben überschäumenden Platz. Da zeigte sich wieder das frühere Benehmen des Fremden. Das Kinn sank ihm auf die Brust, und mit wild rollenden Augen unter zusammengezogenen Brauen blickte er um sich auf alle, die ihn umgaben. Er drängte stetig und beharrlich voran. Zu meiner Überraschung machte er jedoch, als er den Platz umrundet hatte, kehrt und ging denselben Weg zurück. Noch mehr erstaunte mich die Beobachtung, daß er diesen Gang mehrmals wiederholte – wobei er mich einmal fast entdeckte, als er sich mit einer plötzlichen Bewegung umwandte.

Mit dieser Übung verbrachte er eine weitere Stunde, an deren Ende wir erheblich weniger von Passanten behindert wurden als zu Anfang. Der Regen strömte nieder; die Luft wurde kühl; und die Menschen zogen sich zurück in ihre Wohnungen. Mit ungeduldiger Geste bog der Wanderer in eine vergleichsweise verlassene Querstraße ein. Diese etwa eine Viertelmeile lange Straße eilte er mit einer Behendigkeit hinunter, die ich nicht im Traum für vorstellbar gehalten hätte bei einem so alten Menschen und die es mir sehr

suit. A few minutes brought us to a large and busy bazaar, with the localities of which the stranger appeared well acquainted, and where his original demeanor again became apparent, as he forced his way to and fro, without aim, among the host of buyers and sellers.

During the hour and a half, or thereabouts, which we passed in this place, it required much caution on my part to keep him within reach without attracting his observation. Luckily I wore a pair of caoutchouc over-shoes, and could move about in perfect silence. At no moment did he see that I watched him. He entered shop after shop, priced nothing, spoke no word, and looked at all objects with a wild and vacant stare. I was now utterly amazed at his behaviour, and firmly resolved that we should not part until I had satisfied myself in some measure respecting him.

A loud-toned clock struck eleven, and the company were fast deserting the bazaar. A shop-keeper, in putting up a shutter, jostled the old man, and at the instant I saw a strong shudder come over his frame. He hurried into the street, looked anxiously around him for an instant, and then ran with incredible swiftness through many crooked and people-less lanes, until we emerged once more upon the great thoroughfare whence we had started – the street of the D– Hotel. It no longer wore, however, the same aspect. It was still brilliant with gas; but the rain fell fiercely, and there were few persons to be seen. The stranger grew pale. He walked moodily some paces up the once populous avenue, then, with a heavy sigh, turned in the direction of the river, and, plunging through a great variety of devious ways, came out, at length, in view of one of the principal theatres. It was about being closed, and the audience were thronging from the doors. I saw the old man gasp as if for breath while

schwer machte, ihm zu folgen. Nach wenigen Minuten befanden wir uns auf einem großen, geschäftigen Basar, mit dessen Örtlichkeit der Fremde gut bekannt zu sein schien und wo sich sein ursprüngliches Verhalten wieder zeigte, als er sich zwischen der Menge der Käufer und Verkäufer ziellos hierhin und dorthin einen Weg bahnte.

Während der etwa eineinhalb Stunden, die wir an diesem Ort verbrachten, bedurfte es großer Vorsicht auf meiner Seite, um ihn in Reichweite zu behalten, ohne seine Aufmerksamkeit zu erregen. Glücklicherweise trug ich Gummiüberschuhe und konnte mich völlig geräuschlos bewegen. Nicht einen einzigen Augenblick lang nahm er wahr, daß ich ihn beobachtete. Er betrat einen Laden nach dem anderen, wollte keinen Preis wissen, sprach kein Wort und starrte alle Dinge mir einem wilden, geistesabwesenden Blick an. Ich war nun völlig verwirrt durch sein Benehmen und fest entschlossen, daß wir uns nicht eher trennen würden, als bis mein Interesse an ihm in einem gewissen Maß befriedigt sein würde.

Eine lauttönende Uhr schlug elf, und rasch verließen die Leute den Basar. Als ein Geschäftsinhaber den Fensterladen dichtmachte, stieß er gegen den alten Mann, und ich sah, wie diesen im selben Augenblick ein heftiger Schauer überlief. Er eilte auf die Straße, schaute einen Moment besorgt um sich und lief dann mit unglaublicher Geschwindigkeit durch viele gewundene, menschenleere Gassen, bis wir wieder einmal auf der großen Durchgangsstraße herauskamen, die unser Ausgangspunkt gewesen war – die Straße des Hotels D... Sie bot allerdings nicht mehr denselben Anblick. Sie war immer noch von den Gasflammen hell erleuchtet; aber es regnete heftig, und nur wenige Menschen waren zu sehen. Der Fremde wurde bleich. Niedergeschlagen ging er einige Schritte die zuvor dichtbevölkerte Avenue hinauf, dann bog er mit einem tiefen Seufzer zum Fluß ab, stürmte eine Vielzahl entlegener Pfade hinunter und kam schließlich bei einem der großen Theater heraus. Es wurde gerade geschlossen, und das Publikum drängte aus den Türen. Ich sah den alten Mann keuchen wie in Atem-

he threw himself amid the crowd; but I thought that the intense agony of his countenance had, in some measure, abated. His head again fell upon his breast; he appeared as I had seen him at first. I observed that he now took the course in which had gone the greater number of the audience – but, upon the whole, I was at a loss to comprehend the waywardness of his actions.

As he proceeded, the company grew more scattered, and his old uneasiness and vacillation were resumed. For some time he followed closely a party of some ten or twelve roisterers; but from this number one by one dropped off, until three only remained together, in a narrow and gloomy lane little frequented. The stranger paused, and, for a moment, seemed lost in thought; then, with every mark of agitation, pursued rapidly a route which brought us to the verge of the city, amid regions very different from those we had hitherto traversed. It was the most noisome quarter of London, where everything wore the worst impress of the most deplorable poverty, and of the most desperate crime. By the dim light of an accidental lamp, tall, antique, worm-eaten, wooden tenements were seen tottering to their fall, in directions so many and capricious that scarce the semblance of a passage was discernible between them. The paving-stones lay at random, displaced from their beds by the rankly growing grass. Horrible filth festered in the dammed-up gutters. The whole atmosphere teemed with desolation. Yet, as we proceeded, the sounds of human life revived by sure degrees, and at length large bands of the most abandoned of a London populace were seen reeling to and fro. The spirits of the old man again flickered up, as a lamp which is near its death-hour. Once more he strode onward with elastic tread. Suddenly a corner was turned, a blaze of light burst upon our sight, and we stood before one

not, während er sich in die Menge stürzte; doch der Ausdruck tiefer Qual auf seinem Gesicht hatte sich, wie ich fand, etwas gemildert. Der Kopf sank ihm wieder auf die Brust; er sah so aus, wie ich ihn zuerst gesehen hatte. Ich bemerkte, daß er nun den Weg einschlug, den die Mehrheit des Publikums genommen hatte – aber insgesamt war mir das Launenhafte seines Vorgehens unbegreiflich.

Während er sich weiterbewegte, zerstreuten sich die Leute zum Teil, und er wurde wiederum von Unbehagen und Unschlüssigkeit erfaßt. Eine Weile folgte er in dichtem Abstand einer Gruppe von vielleicht zehn oder zwölf lärmenden Zechern; doch von diesen verschwand einer nach dem anderen, bis in einer engen, dunklen, wenig belebten Gasse nur noch drei beisammen waren. Der Fremde hielt inne und schien einen Augenblick in Gedanken versunken; dann folgte er mit allen Anzeichen der Erregung rasch einem Weg, der uns ins Randgebiet der Stadt brachte, in Gegenden, die sehr verschieden von denen waren, die wir bis dahin durchquert hatten. Es war das widerwärtigste Viertel Londons, wo alles auf das Schlimmste von erbärmlichster Armut und verzweifeltstem Verbrechen geprägt war. Im trüben Licht einer zufällig vorhandenen Lampe konnte man große, alte, wurmzerfressene Wohnhäuser aus Holz erblicken, die sich ihrem Ende entgegenneigten, in so vielen bizarren Richtungen, daß scheinbar kaum ein Durchgang zwischen ihnen zu erkennen war. Die Pflastersteine, durch üppig sprießendes Gras aus ihrer ursprünglichen Ordnung gedrängt, lagen planlos durcheinander. Scheußlicher Unrat verfaulte in den verstopften Rinnsteinen. Die ganze Luft atmete Verlassenheit. Doch als wir weitergingen, ertönten aufs neue die Geräusche menschlichen Lebens in stetigem Anschwellen, und schließlich sah man große Scharen der elendsten Einwohner Londons auf und ab taumeln. Die Lebensgeister des alten Mannes flackerten wieder auf, ähnlich einer Lampe, die ihrer Todesstunde nahe ist. Noch einmal schritt er mit federndem Tritt vorwärts. Plötzlich war eine Ecke umrundet, flammendes Licht blendete uns die Augen, und wir standen vor einem der

of the huge suburban temples of Intemperance –
one of the palaces of the fiend, Gin.

It was now nearly day-break; but a number of
wretched inebriates still pressed in and out of the
flaunting entrance. With a half shriek of joy the old
man forced a passage within, resumed at once his
original bearing, and stalked backward and forward,
without apparent object, among the throng. He had
not been thus long occupied, however, before a rush
to the doors gave token that the host was closing
them for the night. It was something even more
intense than despair that I then observed upon the
countenance of the singular being whom I had
watched so pertinaciously. Yet he did not hesitate
in his career, but, with a mad energy, retraced his
steps at once, to the heart of the mighty London.
Long and swiftly he fled, while I followed him in
the wildest amazement, resolute not to abandon a
scrutiny in which I now felt an interest all-absorb-
ing. The sun arose while we proceeded, and, when
we had once again reached that most thronged part
of the populous town, the street of the D– Hotel,
it presented an appearance of human bustle and
activity scarcely inferior to what I had seen on
the evening before. And here, long, amid the momently increasing confusion, did I persist in my
pursuit of the stranger. But, as usual, he walked
to and fro, and during the day did not pass from
out the turmoil of that street. And, as the shades
of the second evening came on, I grew wearied
unto death, and, stopping fully in front of the wanderer, gazed at him steadfastly in the face. He noticed me not, but resumed his solemn walk, while
I, ceasing to follow, remained absorbed in contemplation. "This old man," I said at length, "is the
type and the genius of deep crime. He refuses to
be alone. *He is the man of the crowd.* It will be in
vain to follow; for I shall learn no more of him, nor

riesigen vorstädtischen Tempel der Trunksucht – einem der Paläste des Erzfeindes: Gin.

Es war nun fast Tagesanbruch; aber eine Anzahl unseliger Trinker drängte sich immer noch in den prächtigen Eingang hinein oder aus ihm heraus. Mit einem kleinen Freudenschrei bahnte sich der alte Mann einen Weg hinein, nahm sogleich sein ursprüngliches Verhalten wieder an und schritt ohne wahrnehmbares Ziel in der Menge hin und her. Er war damit jedoch noch nicht lange beschäftigt, als ein Ansturm auf die Türen kundtat, daß der Wirt sie für die Nacht schloß. Es war etwas noch Heftigeres als Verzweiflung, was ich nun auf dem Gesicht des merkwürdigen Wesens bemerkte, das ich so beharrlich beobachtet hatte. Der alte Mann zögerte jedoch nicht in seinem Vorwärtsdrang, sondern ging sogleich mit wahnwitziger Energie den Weg zurück in den innersten Bereich der mächtigen Stadt London. Ausdauernd und rasch war seine Flucht, während ich ihm in der größten Verwirrung folgte, fest entschlossen, keinesfalls eine Untersuchung aufzugeben, an der ich jetzt ein überwältigendes Interesse empfand. Die Sonne ging auf, während wir voranschritten, und als wir wieder einmal den am meisten bevölkerten Teil der dichtbesiedelten Stadt erreicht hatten, die Straße des Hotels D…, bot sie einen Anblick menschlicher Emsigkeit und Geschäftigkeit, der dem, was ich am Abend zuvor gesehen hatte, kaum nachstand. Und hier, in dem ständig größer werdenden Durcheinander, folgte ich lange Zeit hartnäckig dem Fremden. Doch er ging wie gewohnt hin und her und verließ während des ganzen Tages nicht das Gewühl dieser Straße. Und als die Schatten des zweiten Abends länger wurden, war ich schließlich zu Tode erschöpft. Ich stellte mich vor den Wanderer hin und sah ihm entschlossen ins Gesicht. Er beachtete mich nicht, sondern setzte ernst seinen Weg fort, während ich in Gedanken versunken zurückblieb und ihm nicht mehr folgte. «Dieser alte Mann», sagte ich am Ende, «ist das Bild und der Geist unergründlichen Verbrechens. Er weigert sich, allein zu sein. *Er ist der Mann in der Menge.* Es ist müßig, ihm zu folgen; denn ich werde nichts weiter

of his deeds. The worst heart of the world is a
grosser book than the 'Hortulus Animae,' and perhaps it is but one of the great mercies of God
that *es lässt sich nicht lesen.*"

über ihn erfahren, auch nichts über seine Taten. Das ganz schlimme Innere der Welt ist ein ungeheuerlicheres Buch als der ‹Hortulus Animae›, und vielleicht ist es eine der großen Gnadengaben Gottes, daß es sich nicht lesen läßt.»

Ambrose Bierce
The Boarded Window

In 1830, only a few miles away from what is now the great city of Cincinnati, lay an immense and almost unbroken forest. The whole region was sparsely settled by people of the frontier – restless souls who no sooner had hewn fairly habitable homes out of the wilderness and attained to that degree of prosperity which to-day we should call indigence than impelled by some mysterious impulse of their nature they abandoned all and pushed farther westward, to encounter new perils and privations in the effort to regain the meagre comforts which they had voluntarily renounced.

Many of them had already forsaken that region for the remoter settlements, but among those remaining was one who had been of those first arriving. He lived alone in a house of logs surrounded on all sides by the great forest, of whose gloom and silence he seemed a part, for no one had ever known him to smile nor speak a needless word. His simple wants were supplied by the sale or barter of skins of wild animals in the river town, for not a thing did he grow upon the land which, if needful, he might have claimed by right of undisturbed possession. There were evidences of "improvement" – a few acres of ground immediately about the house had once been cleared of its trees, the decayed stumps of which were half concealed by the new growth that had been suffered to repair the ravage wrought by the ax. Apparently the man's zeal for agriculture had burned with a failing flame, expiring in penitential ashes.

The little log house, with its chimney of sticks, its roof of warping clapboards weighted with traversing poles and its "chinking" of clay, had a single door and, directly opposite, a window. The latter, how-

Ambrose Bierce
Das zugenagelte Fenster

Um 1830 war wenige Meilen von dem Ort entfernt, der heute die Großstadt Cincinnati ist, ein riesiger fast unberührter Urwald. Das ganze Gebiet war dünn von Grenzern besiedelt; das waren rastlose Geister, die, kaum daß sie einigermaßen bewohnbare Behausungen aus der Wildnis herausgeschlagen und einen gewissen Lebensstandard erreicht hatten, den wir heute immer noch als dürftig bezeichnen würden, mit einem Mal getrieben wurden, alles liegen und stehen zu lassen und weiter nach Westen vorzustoßen, wo sie neuen Gefahren und Entbehrungen begegnen würden bei ihrem Bemühen, den kargen Wohlstand wiederzuerlangen, den sie freiwillig aufgegeben hatten.

Viele hatten die Gegend bereits verlassen, um entferntere Siedlungsplätze aufzusuchen. Unter denen, die blieben, war ein Mann, der als einer der ersten gekommen war. Er wohnte allein in einem Blockhaus, das rings von dem großen Wald umgeben war; der Mann schien ein Teil der schweigsamen Waldesdüsternis zu sein; niemand hat ihn je lächeln sehen oder ein unnötiges Wort sagen hören. Seine einfachen Bedürfnisse befriedigte er durch den Verkauf oder Tausch von Fellen wilder Tiere in der Stadt am Fluß; er selber baute nichts an auf dem Stück Land, das er notfalls als sein unbestreitbares Eigentum hätte beanspruchen können. Es gab Spuren von «Kultivierung»: dicht beim Haus waren einstmals ein paar Morgen Ackerland gerodet worden. Aber die verwitterten Baumstümpfe waren schon halb von neuem Wachstum überwuchert, dem es überlassen war, die von der Axt geschlagene Verheerung zu heilen. Offenbar hatte die Begeisterung des Mannes für den Landbau mit immer schwächerer Flamme gebrannt und war in der Asche der Bußfertigkeit erloschen.

Das kleine Blockhaus mit dem Schornstein aus Stöcken und dem Dach aus krummen Schindeln, die von quer gelegten Brettern beschwert waren, und mit seinem «Verputz» von Lehm hatte eine einzige Tür und, genau gegenüber, ein

ever, was boarded up – nobody could remember a time when it was not. And none knew why it was so closed; certainly not because of the occupant's dislike of light and air, for on those rare occasions when a hunter had passed that lonely spot the recluse had commonly been seen sunning himself on his doorstep if heaven had provided sunshine for his need. I fancy there are few persons living to-day who ever knew the secret of that window, but I am one, as you shall see.

The man's name was said to be Murlock. He was apparently seventy years old, actually about fifty. Something besides years had had a hand in his aging. His hair and long, full beard were white, his gray, lustreless eyes sunken, his face singularly seamed with wrinkles which appeared to belong to two intersecting systems. In figure he was tall and spare, with a stoop of the shoulders – a burden bearer. I never saw him; these particulars I learned from my grandfather, from whom also I got the man's story when I was a lad. He had known him when living near by in that early day.

One day Murlock was found in his cabin, dead. It was not a time and place for coroners and news-papers, and I suppose it was agreed that he had died from natural causes or I should have been told, and should remember. I know only that with what was probably a sense of the fitness of things the body was buried near the cabin, alongside the grave of his wife, who had preceded him by so many years that local tradition had retained hard-ly a hint of her existence. That closes the final chapter of this true story – excepting, indeed, the circumstances that many years afterward, in com-pany with an equally intrepid spirit, I penetrated to the place and ventured near enough to the ruined cabin to throw a stone against it, and ran away to avoid the ghost which every well-informed

Fenster. Das Fenster war zugenagelt – niemand konnte sich erinnern, daß es je anders gewesen war. Und niemand wußte, warum es dichtgemacht war. Gewiß nicht, weil der Bewohner etwas gegen Licht und Luft gehabt hätte. Denn die seltenen Male, daß ein Jäger an der einsamen Hütte vorbeikam, sah man den Einsiedler meistens auf der Schwelle sitzen und sich sonnen – sofern der Himmel ihm Sonnenschein zukommen ließ. Ich glaube, es leben nur noch wenige Menschen, die das Geheimnis des Fensters kennen. Einer von ihnen bin ich, wie Sie sehen werden.

Der Name des Mannes soll Murlock gewesen sein. Er sah aus wie siebzig, war aber erst um die fünfzig herum. Etwas anderes als bloß die Lebensjahre hatte bewirkt, daß er so gealtert war. Sein Haar und sein langer dichter Bart waren weiß, seine grauen glanzlosen Augen lagen in tiefen Höhlen, sein Gesicht war seltsam zerfurcht von Runzeln, die sich aus zwei Richtungen zu kreuzen schienen. Er war hochgewachsen, hager, vornübergebeugt – ein Mann mit einer Bürde. Ich selber habe ihn nie gesehen; diese Einzelheiten hörte ich von meinem Großvater; von ihm weiß ich die Geschichte des Mannes. Der Großvater hatte ihn gekannt, als er in jener frühen Zeit dort in der Nähe lebte.

Eines Tages wurde Murlock tot in seiner Hütte gefunden. Es gab dort damals keine Leichenbeschauer und keine Zeitungen. Ich nehme an, daß alle der Meinung waren, er sei eines natürlichen Todes gestorben, denn anderenfalls hätte man es mir erzählt, und ich würde mich daran erinnern. Ich weiß nur, daß der Leichnam nahe bei der Hütte bestattet wurde – wohl aus dem Gefühl, daß damit alles seine Richtigkeit habe –, neben dem Grab seiner Frau. Die war so viele Jahre vor ihm aus dem Leben geschieden, daß sich in der Nachbarschaft kaum eine Kunde ihres Daseins erhalten hatte. Nun war das letzte Kapitel dieser wahren Geschichte abgeschlossen – das heißt: viele Jahre später begab es sich, daß ich zusammen mit einem ebenso unerschrockenen Kameraden bis an diesen Ort vordrang und mich so nahe an die verfallene Hütte heranwagte, daß ich einen Stein auf sie werfen konnte – und weglief, um dem Gespenst zu

boy thereabout knew haunted the spot. But there is an earlier chapter – that supplied by my grandfather.

When Murlock built his cabin and began laying sturdily about with his ax to hew out a farm – the rifle, meanwhile, his means of support – he was young, strong and full of hope. In that eastern country whence he came he had married, as was the fashion, a young woman in all ways worthy of his honest devotion, who shared the dangers and privations of his lot with a willing spirit and light heart. There is no known record of her name; of her charms of mind and person tradition is silent and the doubter is at liberty to entertain his doubt; but God forbid that I should share it! Of their affection and happiness there is abundant assurance in every added day of the man's widowed life; for what but the magnetism of a blessed memory could have chained that venturesome spirit to a lot like that?

One day Murlock returned from gunning in a distant part of the forest to find his wife prostrate with fever, and delirious. There was no physician within miles, no neighbor; nor was she in a condition to be left, to summon help. So he set about the task of nursing her back to health, but at the end of the third day she fell into unconsciousness and so passed away, apparently, with never a gleam of returning reason.

From what we know of a nature like his we may venture to sketch in some of the details of the outline picture drawn by my grandfather. When convinced that she was dead, Murlock had sense enough to remember that the dead must be prepared for burial. In performance of this sacred duty he blundered now and again, did certain things incorrectly, and others which he did correctly were done over and over. His occasional failures to accomplish

entkommen, das, wie jeder gut informierte Junge wußte, dort seinen Spuk trieb. Es gibt aber ein früheres Kapitel, das der Großvater erzählte.

Zu der Zeit, als Murlock seine Hütte baute und kräftig mit der Axt zuschlug, um sich eine Farm zu roden – einstweilen sorgte das Gewehr für den Unterhalt –, war er jung und stark und voller Hoffnung. In dem Ostgebiet, aus dem er kam, hatte er, wie es üblich war, eine junge Frau geheiratet, die in jeder Hinsicht seine aufrichtige Wertschätzung verdiente. Sie teilte die Gefahren und Entbehrungen, die sein Schicksal waren, aus freiem Willen und mit fröhlichem Herzen. Es ist nirgends mitgeteilt, wie sie geheißen hat; von ihren Wesenszügen und ihrem Äußeren schweigt die Überlieferung; wer zweifeln will, dem steht es frei zu zweifeln; doch Gott bewahre mich, daß ich mich daran beteilige! Die Liebe und das Glück der beiden wird überreich bezeugt von jedem weiteren Tag im Witwerleben des Mannes: Was hätte einen unternehmungslustigen Geist wie den seinen an so ein Dasein fesseln können, wenn nicht die Anziehungskraft einer seligen Erinnerung?

Eines Tages kam Murlock von der Jagd in einem entfernten Teil des Waldes zurück und fand seine Frau fieberkrank und fantasierend im Bett. Es gab meilenweit herum keinen Arzt, auch keine Nachbarn; und die Frau war nicht kräftig genug, daß er sie verlassen konnte, um Hilfe zu holen. Darum richtete er sich darauf ein, sie selber gesund zu pflegen. Aber am Abend des dritten Tages fiel sie in Bewußtlosigkeit, und so verschied sie; ohne jedes Anzeichen, daß sie noch einmal zu sich gekommen wäre.

Aus dem, was wir über Naturen wie Murlock wissen, können wir es wagen, in die Umrißlinien, die mein Großvater gezeichnet hat, ein paar Einzelheiten zu schraffieren. Als Murlock sich überzeugt hatte, daß seine Frau tot war, war er noch gefaßt genug, sich klarzumachen, daß die Tote für die Bestattung zurechtgemacht werden mußte. Bei der Ausübung seiner ernsten Pflicht machte er hier und da einen Fehler; manches machte er verkehrt, anderes machte er richtig, aber zweimal und dreimal. Seine Ungeschicklich-

some simple and ordinary act filled him with astonishment, like that of a drunken man who wonders at the suspension of familiar natural laws. He was surprised, too, that he did not weep – surprised and a little ashamed; surely it is unkind not to weep for the dead. "To-morrow," he said aloud, "I shall have to make the coffin and dig the grave; and then I shall miss her, when she is no longer in sight; but now – she is dead, of course, but it is all right – it *must* be all right, somehow. Things cannot be so bad as they seem."

He stood over the body in the fading light, adjusting the hair and putting the finishing touches to the simple toilet, doing all mechanically, with soulless care. And still through his consciousness ran an undersense of conviction that all was right – that he should have her again as before, and everything explained. He had had no experience in grief; his capacity had not been enlarged by use. His heart could not contain it all, nor his imagination rightly conceive it. He did not know he was so hard struck; *that* knowledge would come later, and never go. Grief is an artist of powers as various as the instruments upon which he plays his dirges for the dead, evoking from some the sharpest, shrillest notes, from others the low, grave chords that throb recurrent like the slow beating of a distant drum. Some natures it startles; some it stupefies. To one it comes like the stroke of an arrow, stinging all the sensibilities to a keener life; to another as the blow of a bludgeon, which in crushing benumbs.

We may conceive Murlock to have been that way affected, for (and here we are upon surer ground than that of conjecture) no sooner had he finished his pious work than, sinking into a chair by the side of the table upon which the body lay, and noting how white the profile showed in the deepening

keiten bei der Ausführung einer so einfachen und normalen Aufgabe wunderten ihn etwa so, wie es einen Betrunkenen wundert, daß vertraute Naturgesetze aufgehoben zu sein scheinen. Er war auch erstaunt, daß er nicht weinen mußte – war erstaunt und etwas beschämt: es war doch lieblos, Tote nicht zu beweinen. «Morgen», sagte er laut, «muß ich den Sarg machen und das Grab ausheben; wenn ich sie dann nicht mehr sehe, werde ich sie vermissen; aber jetzt – sie ist tot, klar, aber es hat seine Ordnung – es muß seine Ordnung haben, irgendwie. Es kann nicht so schlimm sein wie es aussieht.»

Er beugte sich über die Tote, im fahlen Licht, ordnete ihr Haar und tat die letzten Handgriffe an dem einfachen Kleid, alles rein mechanisch, unbeteiligt, sorgsam. Noch immer lief durch sein Bewußtsein ein untergründiges sicheres Gefühl, daß alles seine Ordnung hatte, daß er sie wiederhaben werde wie zuvor, daß alles sich klären werde. Er hatte noch keine Erfahrung im Leiden; seine Fähigkeit dazu war noch nicht durch reichlichen Gebrauch groß worden. Sein Herz konnte nicht alles aufnehmen, seine Vorstellungskraft reichte nicht aus, es zu begreifen. Er wußte nicht, wie hart er getroffen worden war; dieses Wissen würde später kommen – und nie mehr weggehen. Das Leid ist ein Künstler, der so vielerlei kann wie die Instrumente, auf der er seine Weisen für die Toten spielt; einigen entlockt er scharfe, schrille Töne, anderen tiefe, wuchtige Akkorde, die sich rhythmisch wiederholen wie das langsame Schlagen einer fernen Trommel. Manche Menschen werden davon aufgeregt, andere betäubt. Auf den einen wirkt es wie ein Pfeilschuß, der alle Empfindungen zu größerer Heftigkeit aufreizt; auf einen anderen wie ein Keulenschlag, der zermalmt und lähmt.

Wir dürfen wohl davon ausgehen, daß Murlock auf die zweite Art betroffen wurde, denn – hier haben wir mehr als bloß Vermutungen unter den Füßen – kaum hatte er seine fromme Arbeit getan, als er vor dem Tisch, auf dem die Tote lag, in einen Stuhl sank; er gewahrte gerade noch, wie weiß ihr Profil in der tiefen Dämmerung

gloom, he laid his arms upon the table's edge, and dropped his face into them, tearless yet and unutterably weary.

At that moment came in through the open window a long, wailing sound like the cry of a lost child in the far deeps of the darkening wood! But the man did not move. Again, and nearer than before, sounded that unearthly cry upon his failing sense. Perhaps it was a wild beast; perhaps it was a dream. For Murlock was asleep.

Some hours later, as it afterward appeared, this unfaithful watcher awoke and lifting his head from his arms intently listened – he knew not why. There in the black darkness by the side of the dead, recalling all without a shock, he strained his eyes to see – he knew not what. His senses were all alert, his breath was suspended, his blood had stilled its tides as if to assist the silence. Who – what had waked him, and where was it?

Suddenly the table shook beneath his arms, and at the same moment he heard, or fancied that he heard, a light, soft step – another – sounds as of bare feet upon the floor!

He was terrified beyond the power to cry out or move. Perforce he waited – waited there in the darkness through seeming centuries of such dread as one may know, yet live to tell. He tried vainly to speak the dead woman's name, vainly to stretch forth his hand across the table to learn if she were there. His throat was powerless, his arms and hands were like lead.

Then occurred something most frightful. Some heavy body seemed hurled against the table with an impetus that pushed it against his breast so sharply as nearly to overthrow him, and at the same instant he heard and felt the fall of something upon the floor with so violent a thump that the whole house was shaken by the impact. A scuffling en-

zu sehen war, legte die Arme auf die Tischkante und das Gesicht, das immer noch tränenlose, unsagbar müde, auf die Arme.

In diesem Augenblick drang durch das offene Fenster ein lang gezogener Klagelaut herein, wie der Schrei eines Kindes, das sich in der Tiefe des dunkel werdenden Waldes verirrt hat. Doch der Mann rührte sich nicht. Noch einmal, diesmal von näher als vorher, traf der unheimliche Schrei an seine schwindenden Sinne. Vielleicht war es ein wildes Tier, vielleicht ein Traum? Murlock war eingeschlafen.

Nach ein paar Stunden (so konnte man später rück-schließen) wachte der unzuverlässige Wächter auf, hob den Kopf von den Armen und horchte aufmerksam – er wußte nicht, warum. In der schwarzen Finsternis, unmittelbar neben der Toten, unerschrocken an alles zurückdenkend, strengte er seine Augen an, zu sehen – er wußte nicht, was. Seine Sinne waren angespannt, er hielt den Atem an, der Pulsschlag verlangsamte sich, als wollte er zur Stille beitragen. Wer oder was hatte ihn geweckt? Und wo war es?

Da zitterte der Tisch unter seinen Armen, und zugleich hörte er oder meinte er zu hören einen leichten, weichen Tritt – noch einen – es klang wie bloße Füße auf dem Boden!

Er erschrak so, daß er außerstande war, zu schreien oder sich zu rühren. Er konnte nichts als warten. Er wartete dort in der Finsternis – er meinte: jahrhundertelang – im größten Grauen, das ein Mensch erfahren und überleben und berichten kann. Er versuchte umsonst, den Namen der toten Frau auszusprechen, versuchte umsonst, die Hand über den Tisch zu strecken, um zu spüren, ob sie da war. Seine Kehle war ohne Kraft, Arme und Hände waren wie Blei.

Dann geschah etwas ganz Schreckliches. Ein schwerer Körper wurde gegen den Tisch geworfen – mit solcher Gewalt, daß er hart gegen Murlocks Brust stieß und ihn fast umgeworfen hätte. Im gleichen Augenblick hörte und fühlte Murlock etwas zu Boden fallen, mit so heftiger Wucht, daß die ganze Hütte von dem Aufprall erzitterte. Es folgte ein Ringkampf und ein Durcheinander von Tönen,

sued, and a confusion of sounds impossible to describe. Murlock had risen to his feet. Fear had by excess forfeited control of his faculties. He flung his hands upon the table. Nothing was there!

There is a point at which terror may turn to madness; and madness incites to action. With no definite intent, from no motive but the wayward impulse of a madman, Murlock sprang to the wall, with a little groping seized his loaded rifle, and without aim discharged it. By the flash which lit up the room with a vivid illumination, he saw an enormous panther dragging the dead woman toward the window, its teeth fixed in her throat! Then there were darkness blacker than before, and silence; and when he returned to consciousness the sun was high and the wood vocal with songs of birds.

The body lay near the window, where the beast had left it when frightened away by the flash and report of the rifle. The clothing was deranged, the long hair in disorder, the limbs lay anyhow. From the throat, dreadfully lacerated, had issued a pool of blood not yet entirely coagulated. The ribbon with which he had bound the wrists was broken; the hands were thightly clenched. Between the teeth was a fragment of the animal's ear.

das sich unmöglich beschreiben läßt. Murlock war aufgesprungen. Die Furcht hatte durch ihr Übermaß ihre Macht über seine Sinne verloren. Er streckte die Hände über den Tisch aus. Da war nichts!

Es gibt einen Punkt, wo Entsetzen in Wahnsinn umschlägt; und Wahnsinn treibt zum Handeln. Ohne bestimmte Absicht, ohne anderen Antrieb als den unberechenbaren Impuls eines Wahnsinnigen sprang Murlock zur Wand. Nach ein paar tastenden Griffen hatte er sein geladenes Gewehr in der Hand und schoß es ziellos ab. Im Mündungsfeuer, das den Raum blitzartig erhellte, sah er einen gewaltigen Puma, der die tote Frau zum Fenster hin schleppte, seine Zähne in ihre Kehle vergraben. Nun war die Finsternis noch schwärzer als zuvor, und es war totenstill. Als Murlock wieder zu sich kam, stand die Sonne hoch am Himmel, und der Wald war voll vom Gesang der Vögel.

Der Leichnam lag vor dem Fenster; dort hatte die Bestie ihn liegenlassen, von Mündungsfeuer und Knall des Gewehrs in die Flucht geschlagen. Die Kleidung war zerknüllt, das lange Haar zerzaust, die Gliedmaßen verrenkt. Aus der furchtbar zerfleischten Kehle war Blut getropft und hatte eine Lache gebildet, die noch nicht ganz trocken war. Das Band, mit dem Murlock die Hände zusammengebunden hatte, war zerrissen; die Hände waren geballt. Zwischen den Zähnen steckte ein Fetzen vom Ohr des Tieres.

When the time for his examination drew near Malcolm Malcolmson made up his mind to go somewhere to read by himself. He feared the attractions of the seaside, and also he feared completely rural isolation, for of old he knew its charms, and so he determined to find some unpretentious little town where there would be nothing to distract him. He refrained from asking suggestions from any of his friends, for he argued that each would recommend some place of which he had knowledge, and where he had already acquaintances. As Malcolmson wished to avoid friends he had no wish to encumber himself with the attention of friends' friends, and so he determined to look out for a place for himself. He packed a portmanteau with some clothes and all the books he required, an then took ticket for the first name on the local time-table which he did not know.

When at the end of three hours' journey he alighted at Benchurch, he felt satisfied that he had so far obliterated his tracks as to be sure of having a peaceful opportunity of pursuing his studies. He went straight to the one inn which the sleepy little place contained, and put up for the night. Benchurch was a market town, and once in three weeks was crowded to excess, but for the remainder of the twenty-one days it was as attractive as a desert. Malcolmson, looked around the day after his arrival to try to find quarters more isolated than even so quiet an inn as "The Good Traveller" afforded. There was only one place which took his fancy, and it certainly satisfied his wildest ideas regarding quiet; in fact, quiet was not the proper word to apply to it – desolation was the only term conveying any suitable idea of its isolation. It was an old rambling, heavy-built house of the Jacobean style, with heavy gables

Bram Stoker
Das Haus des Richters

Als der Termin für sein Examen heranrückte, beschloß Malcolm Malcolmson, sich irgendwohin zurückzuziehen, um für sich alleine zu lernen. Die Küste scheute er wegen des dortigen Betriebes, aber ebenso scheute er die vollkommene ländliche Abgeschiedenheit, denn von jeher kannte er ihre Verzauberung. So entschied er sich, irgend ein schlichtes Städtchen ausfindig zu machen, in dem ihn nichts ablenken würde. Er unterließ es, Ratschläge von Freunden einzuholen, denn er nahm an, daß jeder einen Ort empfehlen würde, der ihm vertraut war und wo er bereits Bekanntschaften hatte. Und wie Malcolmson jetzt seinen Freunden ausweichen wollte, so hatte er auch nicht den Wunsch, sich mit der Beachtung durch Freunde seiner Freunde zu belasten. Er beschloß also, einen Ort zu suchen, wo er ganz auf sich gestellt war. Er packte einen Handkoffer mit ein paar Kleidungsstücken und allen Büchern, die er brauchte, und löste eine Fahrkarte nach der ersten Station im regionalen Kursbuch, die ihm unbekannt war.

Als er nach einer dreistündigen Fahrt in Benchurch ausstieg, war er überzeugt, seine Spuren so weit verwischt zu haben, daß ihm eine gute Zeit für ungestörte Studien sicher war. Er ging sogleich zu dem einzigen Gasthof, den der verschlafene kleine Ort besaß, und brachte sich dort für die Nacht unter. Benchurch war ein Marktflecken und alle drei Wochen von Menschen überlaufen, doch die übrigen einundzwanzig Tage war es so anziehend wie die Wüste. Am Tag nach seiner Ankunft sah sich Malcolmson nach einem Quartier um, das noch einsamer war als ein so ruhig gelegener Gasthof wie «The Good Traveller». Es gab nur ein Haus, das ihm zusagte und seine hochgespannten Ansprüche an Ruhe zufriedenstellte. Ruhe war nicht einmal das richtige Wort für diesen Platz. Vollkommene Verlassenheit war die einzige Bezeichnung, die eine annähernde Vorstellung von seiner Einsamkeit vermitteln konnte. Es war ein altes, weiträumiges, solides Haus im

and windows, unusually small, and set higher than was customary in such houses, and was surrounded with a high brick wall massively built. Indeed, on examination, it looked more like a fortified house than an ordinary dwelling. But all these things pleased Malcolmson. "Here," he thought, "is the very spot I have been looking for, and if I can get opportunity of using it I shall be happy." His joy was increased when he realised beyond doubt that it was not at present inhabited.

From the post-office he got the name of the agent, who was rarely surprised at the application to rent a part of the old house. Mr Carnford, the local lawyer and agent, was a genial old gentleman, and frankly confessed his delight at anyone being willing to live in the house.

"To tell you the truth," said he, "I should be only too happy, on behalf of the owners, to let anyone have the house rent free for a term of years if only to accustom the people here to see it inhabited. It has been so long empty that some kind of absurd prejudice has grown up about it, and this can be best put down by its occupation – if only," he added with a sly glance at Malcolmson, "by a scholar like yourself, who wants its quiet for a time."

Malcolmson thought it needless to ask the agent about the "absurd prejudice"; he knew he would get more information, if he should require it, on that subject from other quarters. He paid his three months' rent, got a receipt, and the name of an old woman who would probably undertake to "do" for him, and came away with the keys in his pocket. He then went to the landlady of the inn, who was a cheerful and most kindly person, and asked her advice to such stores and provisions as he would be likely to require. She threw up her hands in amazement when he told her where he was going to settle himself.

Stil der Zeit Jakobs I., mit schweren Giebeln und ungewöhnlich kleinen Fenstern, die höher lagen als es sonst bei solchen Häusern üblich ist, und war von einer hohen, festen Ziegelmauer umgeben. Betrachtete man es genauer, so glich es wirklich eher einer Festung als einem gewöhnlichen Wohnsitz. Aber das alles gefiel Malcolmson. «Genau der Platz, den ich gesucht habe», dachte er. «Und wenn ich es zuwege bringe, hier zu wohnen, werde ich glücklich sein.» Seine Freude stieg noch, als er sich überzeugen konnte, daß das Haus im Augenblick unbewohnt war.

Auf der Post erfuhr er den Namen des Maklers, der höchst erstaunt war über das Ersuchen, einen Teil des alten Hauses zu mieten. Mr Carnford, Rechtsanwalt am Ort und Makler, war ein freundlicher alter Herr, der offen seine Freude darüber zeigte, daß überhaupt jemand in dem Haus wohnen wollte.

«Um ehrlich zu sein», sagte er, «ich würde das Haus nur zu gern im Interesse der Besitzer für einige Jahre an jemanden mietfrei vermitteln – und wäre es auch nur, damit die Leute hier sich daran gewöhnen, es bewohnt zu sehen. Es hat so lange leergestanden, daß ein ganz abwegiges Vorurteil dagegen sich gebildet hat; das könnte man am besten beseitigen, indem jemand einzieht – vielleicht einfach», fügte er verschmitzt hinzu, «ein Student wie Sie, der eine Zeitlang dort Ruhe sucht.»

Es erschien Malcolmson überflüssig, sich bei dem Makler nach dem «abwegigen Vorurteil» zu erkundigen. Er war sicher, er würde aus anderen Quellen mehr darüber herausbekommen, wenn er wollte. Er bezahlte die Miete für drei Monate, erhielt eine Quittung und den Namen einer alten Frau, die es wahrscheinlich übernehmen würde, für ihn zu sorgen, und zog mit dem Schlüssel in der Tasche los. Dann ging er zur Wirtin des Gasthauses, einer fröhlichen und sehr entgegenkommenden Person, und erbat ihren Rat, was er wohl an Ausstattung und Vorräten voraussichtlich benötigen würde. Sie schlug vor Verwunderung die Hände über dem Kopf zusammen, als er ihr erzählte, wohin er sich zurückziehen wolle.

"Not in the Judge's House!" she said, and grew pale as she spoke. He explained the locality of the house, saying that he did not know its name. When he had finished she answered. "Aye, sure enough – sure enough the very place! It is the Judge's House sure enough."

He asked her to tell him about the place, why so called, and what there was against it. She told him that it was so called locally because it had been many years before – how long she could not say, as she was herself from another part of the country, but she thought it must have been a hundred years or more – the abode of a judge who was held in great terror on account of his harsh sentences and his hostility to prisoners at Assizes. As to what there was against the house itself she could not tell. She had often asked, but no one could inform her; but there was a general feeling that there was something, and for her own part she would not take all the money in Drinkwater's Bank and stay in the house an hour by herself. Then she apologised to Malcolmson for her disturbing talk.

"It is too bad of me, sir, and you – and a young gentleman, too – if you will pardon me saying it, going to live there all alone. If you were my boy – and you'll excuse me for saying it – you wouldn't sleep there a night, not if I had to go there myself and pull the big alarm bell that's on the roof!"

The good creature was so manifestly in earnest, and was so kindly in her intentions, that Malcolmson, although amused, was touched. He told her kindly how much he appreciated her interest in him, and added: "But, my dear Mrs Witham, indeed you need not be concerned about me! A man who is reading for the Mathematical Tripos has too much to think of to be disturbed by any of these mysterious 'somethings', and his work is of too exact and prosaic a kind to allow of his having any

«Doch nicht in das Haus des Richters!» sagte sie und wurde dabei blaß. Malcolmson beschrieb die Lage des Hauses und sagte, daß er dessen Namen nicht wisse. Als er ausgeredet hatte, antwortete sie: «Aber freilich, ganz gewiß – genau an dieser Stelle steht es! Es ist das Haus des Richters, aber sicher.»

Er bat sie, ihm etwas über das Anwesen zu erzählen, warum es so hieß und was man dagegen hätte. Sie berichtete ihm, daß es im Ort so genannt würde, weil es vor vielen Jahren – wie lange her, konnte sie nicht sagen, weil sie selbst aus einer anderen Gegend stammte, doch glaubte sie, vor hundert oder mehr Jahren – der Wohnsitz eines Richters gewesen war, der wegen seiner furchtbaren Urteile und wegen seiner Grausamkeit gegen Strafgefangene Angst und Schrecken verbreitete. Aber sie konnte nicht sagen, was man eigentlich gegen das Haus hatte. Sie hatte oft gefragt, doch niemand hatte es ihr erklären können. Nur hatte man ganz allgemein das Gefühl, daß dort «irgend etwas» war, und sie für ihren Teil würde nicht um sämtliches Geld der Rothschilds auch nur eine Stunde allein in dem Haus bleiben. Dann entschuldigte sie sich bei Malcolmson für ihr lästiges Gerede.

«Es wäre nicht gut für mich, aber auch nicht für Sie – einen so jungen Herrn, wenn ich mir das erlauben darf –, dort ganz allein wohnen zu wollen. Wenn Sie mein Sohn wären – verzeihen Sie meine Worte –, dann würden Sie dort keine Nacht schlafen, und wenn ich selber hingehen und die große Sturmglocke auf dem Dach läuten müßte.»

Die gute Frau meinte es so offensichtlich ernst und redete so liebenswürdig auf ihn ein, daß Malcolmson, wenn auch belustigt, gerührt war. Er sagte ihr freundlich, wie sehr er ihre Anteilnahme schätze und fügte hinzu: «Aber liebe Mrs Witham, Sie brauchen sich doch meinetwegen keine Sorgen zu machen. Wenn man sich auf sein Mathematik-Examen vorbereitet, hat man zu viel anderes zu denken, als daß man von diesem geheimnisvollen ‹irgend etwas› zu stören wäre. Die Arbeit ist so methodisch und nüchtern, daß sie kein freies Eckchen im Kopf für irgend-

corner in his mind for mysteries of any kind. Harmonical Progression, Permutations and Combinations, and Elliptic Functions have sufficient mysteries for me!"

Mrs Witham kindly undertook to see after his commissions, and he went himself to look for the old woman who had been recommended to him. When he returned to the Judge's House with her, after an interval of a couple of hours, he found Mrs Witham herself waiting with several men and boys carrying parcels, and an upholsterer's man with a bed in a car, for she said, though tables and chairs might be all very well, a bed that hadn't been aired for mayhap fifty years was not proper for young bones to lie on. She was evidently curious to see the inside of the house; and though manifestly so afraid of the "somethings" that at the slightest sound she clutched on to Malcolmson, whom she never left for a moment, went over the whole place.

After his examination of the house, Malcolmson decided to take up his abode in the great dining-room, which was big enough to serve for all his requirements; and Mrs Witham, with the aid of the charwoman, Mrs Dempster, proceeded to arrange matters. When the hampers were brought in and unpacked, Malcolmson saw that with much kind forethought she had sent from her own kitchen sufficient provisions to last for a few days. Before going she expressed all sorts of kind wishes; and at the door turned and said: "And perhaps, sir, as the room is big and draughty it might be well to have one of those big screens put round your bed at night – though, truth to tell, I would die myself if I were to be so shut in with all kinds of – of ‹things›, that put their heads round the sides, or over the top, and look on me!" The image which she had called up was too much for her nerves, and she fled incontinently.

welche Geheimnisse läßt. Harmonische Reihe, Permutationen, Kombinationen und elliptische Funktionen sind mir geheimnisvoll genug!»

Mrs Witham übernahm es netterweise, seine Besorgungen zu erledigen, und er selbst begab sich zu der alten Frau, die ihm empfohlen worden war. Als er einige Stunden später zusammen mit ihr wieder zum Haus des Richters kam, wartete dort bereits Mrs Witham mit mehreren Männern und Burschen, die Pakete schleppten, und mit einem Polsterergehilfen, der auf einem Karren ein Bett dabei hatte. Denn, so meinte sie, der Tisch und die Stühle möchten wohl noch gut sein, aber ein Bett, das vielleicht seit fünfzig Jahren nicht mehr gelüftet worden war, sei nicht das Richtige, um einen jungen Körper darauf ausruhen zu lassen. Offenbar war sie neugierig, das Haus von innen zu sehen, und obwohl sie ihre Angst vor «irgend etwas» nicht verhehlen konnte und sich beim geringsten Geräusch an Malcolmson, dem sie nicht einen Augenblick von der Seite wich, klammerte, besichtigte sie doch den ganzen Wohnsitz.

Nach diesem Rundgang beschloß Malcolmson, sich im weiträumigen Speisezimmer einzurichten, das groß genug war, um allen seinen Erfordernissen zu dienen. Mrs Witham machte sich mit Hilfe der Aufwartefrau, Mrs Dempster, an die Arbeit und ordnete alles Nötige. Als die Körbe hereingebracht und ausgepackt wurden, sah Malcolmson, daß sie mit viel freundlicher Vorsorge aus ihrer eigenen Küche reichlich Vorräte für wenigstens einige Tage hatte bringen lassen. Bevor sie ihn verließ, erteilte sie ihm noch viele wohlmeinende Ratschläge, und an der Tür drehte sie sich noch einmal um und sagte: «Und vielleicht, mein Herr, weil der Raum so groß und zugig ist, wäre es vielleicht gut, wenn Sie nachts einen der großen Wandschirme dort um ihr Bett stellten. Ich allerdings würde vor Angst vergehen, wahrhaftig, wenn ich so eingesperrt wäre mit allerhand – hm – ‹Dingern›, die ihre Köpfe von rechts und links und darüber weg streckten und auf mich schauten!» Die Vorstellung, die sie heraufbeschworen hatte, war zu viel für ihre Nerven, und sie floh auf der Stelle.

Mrs Dempster sniffed in a superior manner as the landlady disappeared, and remarked that for her own part she wasn't afraid of all the bogies in the kingdom. "I'll tell you what it is, sir," she said; "bogies is all kinds and sorts of things – except bogies! Rats and mice, and beetles; and creaky doors, and loose slates, and broken panes, and stiff drawer handles, that stay out when you pull them and then fall down in the middle of the night. Look at the wainscot of the room! It is old – hundreds of years old! Do you think there's no rats and beetles there! And do you imagine, sir, that you won't see none of them? Rats is bogies, I tell you, and bogies is rats; and don't you get to think anything else!"

"Mrs Dempster," said Malcolmson gravely, making her a polite bow, "you know more than a Senior Wrangler! And let me say, that, as a mark of esteem for your indubitable soundness of head and heart, I shall, when I go, give you possession of this house, and let you stay here by yourself for the last two months of my tenancy, for four weeks will serve my purpose."

"Thank you kindly, sir!" she answered, "but I couldn't sleep away from home a night. I am in Greenhow's Charity, and if I slept a night away from my rooms I should lose all I have got to live on. The rules is very strict; and there's too many watching for a vacancy for me to run any risks in the matter. Only for that, sir, I'd gladly come here and attend on you altogether during your stay."

"My good woman," said Malcolmson hastily, "I have come here on purpose to obtain solitude; and believe me that I am grateful to the late Greenhow for having so organised his admirable charity – whatever it is – that I am perforce denied the opportunity of suffering from such a form of temptation! Saint Anthony himself could not be more rigid on the point!"

Mrs Dempster rümpfte überlegen die Nase, als die Gastwirtin verschwand und erklärte, daß sie sich vor keinem einzigen Gespenst im ganzen Königreich fürchte. «Ich will Ihnen was sagen», meinte sie; «Gespenster sind alles mögliche – nur keine Gespenster! Vielleicht Ratten, Mäuse, Käfer, knarrende Türen, lose Dachschindeln, zerbrochene Fensterscheiben oder Schubladengriffe, die sich lockern, wenn man zieht, und dann mitten in der Nacht herausfallen. Schauen Sie sich die Holztäfelung in diesem Zimmer an! Sie ist alt – hunderte von Jahren. Glauben Sie, daß es dahinter keine Ratten und Käfer gibt? Und meinen Sie, junger Herr, daß Sie sie nicht zu Gesicht bekommen? Ratten sind Gespenster, das sage ich Ihnen, und Gespenster sind Ratten. Glauben Sie ja nichts anderes!»

«Mrs Dempster», sagte Malcolmson feierlich und mit einer höflichen Verbeugung, «Sie wissen mehr als einer, der mit ‹summa cum laude› abgeschlossen hat. Als ein Zeichen meiner Hochachtung vor der unbestreitbaren Klarheit Ihres Verstandes und Herzens werde ich Ihnen, und zwar zur alleinigen Nutzung, das Wohnrecht für die letzten beiden Monate meiner Mietdauer übermachen, wenn ich gehe; denn vier Wochen werden für meine Zwecke ausreichen.»

«Freundlichsten Dank, junger Herr», antwortete sie, «doch ich darf keine einzige Nacht auswärts schlafen. Ich wohne in Greenhows Stift, und wenn ich nur eine Nacht nicht in meinen Räumen bin, verliere ich alles, was ich zum Leben habe. Die Regeln sind sehr streng, und es gibt zu viele, die auf einen Freiplatz warten, als daß ich da etwas aufs Spiel setzen dürfte. Wenn das nicht wäre, würde ich Sie gern ganz versorgen, solange Sie hier wohnen.»

«Aber gute Frau», sagte Malcolmson hastig, «ich bin ja mit der Absicht hierher gekommen, es einsam zu haben. Glauben Sie mir, dem verstorbenen Greenhow bin ich dankbar, sein bewundernswertes Stift – oder was es ist – so eingerichtet zu haben, daß ich gewaltsam von der Möglichkeit abgehalten werde, einer solchen Form der Versuchung zu erliegen. Selbst der heilige Antonius könnte in diesem Punkt nicht unbeugsamer sein.»

The old woman laughed harshly. "Ah, you young gentlemen," she said, "you don't fear for naught; and belike you'll get all the solitude you want here." She set to work with her cleaning; and by nightfall, when Malcolmson returned from his walk – he always had one of his books to study as he walked – he found the rooms swept and tidied, a fire burning in the old hearth, the lamp lit, and the table spread for supper with Mrs Witham's excellent fare. "This is comfort, indeed," he said, as he rubbed his hands.

When he had finished his supper, and lifted the tray to the other end of the great oak dining-table, he got out his books again, put fresh wood on the fire, trimmed his lamp, and set himself down to a spell of real hard work. He went on without pause till about eleven o'clock, when he knocked off for a bit to fix his fire and lamp, and to make himself a cup of tea. He had always been a tea-drinker, and during his college life had sat late at work and had taken tea late. The rest was a great luxury to him, and he enjoyed it with a sense of delicious, voluptuous ease. The renewed fire leaped and sparkled, and threw quaint shadows through the great old room; and as he sipped his hot tea he revelled in the sense of isolation from his kind. Then it was that he began to notice for the first time what a noise the rats were making.

"Surely," he thought, "they cannot have been at it all the time I was reading. Had they been, I must have noticed it!" Presently, when the noise increased, he satisfied himself that it was really new. It was evident that at first the rats had been frightened at the presence of a stranger, and the light of fire and lamp; but that as the time went on they had grown bolder and were now disporting themselves as was their wont.

How busy they were! and hark to the strange noises! Up and down behind the old wainscot, over

Die alte Frau lachte rauh. «Ach, ihr jungen Herren», sagte sie, «ihr fürchtet euch vor nichts. Wahrscheinlich werden Sie all die Einsamkeit haben, die Sie sich hier wünschen.» Die alte Frau begann sauberzumachen, und als Malcolmson bei Anbruch der Dunkelheit von seinem Spaziergang (bei dem er immer ein Buch bei sich hatte) zurückkam, fand er das Zimmer sauber und aufgeräumt vor, im alten Kamin brannte ein Feuer, die Lampe war angezündet und der Tisch zum Abendessen mit der ausgezeichneten Kost von Mrs Witham gedeckt. «Das nenne ich gemütlich», sagte er und rieb sich die Hände.

Nach dem Abendessen rückte er das Tablett an das andere Ende des großen eichenen Eßtisches, holte seine Bücher wieder hervor, legte frisches Holz aufs Feuer, putzte die Lampe und setzte sich zu einem ernsthaften Arbeitspensum nieder. Ohne Unterbrechung blieb er bis elf Uhr dabei. Dann hielt er für kurze Zeit inne, um Feuer und Lampe zu richten und um sich einen Tee aufzugießen. Er war von jeher ein Teetrinker und hatte während seiner Studienzeit immer bis spät gearbeitet und dabei Tee getrunken. Das letztere war ihm immer ein Hochgenuß gewesen, und er genoß es mit einem Gefühl herrlich wollüstigen Behagens. Das wieder belebte Feuer loderte auf, sprühte Funken und warf wunderliche Schatten in den großen, alten Raum, und während er seinen heißen Tee schlürfte, schwelgte er im Gefühl der Abgeschiedenheit von seinesgleichen. Dann aber bemerkte er zum ersten Mal, was für einen Lärm die Ratten veranstalteten.

«Das können sie doch unmöglich die ganze Zeit über getan haben, während ich las», dachte er; «das müßte ich doch bemerkt haben.» Und als das Geräusch gleich darauf stärker wurde, kam er zu der Überzeugung, daß es wirklich neu war. Offenbar hatten sich die Ratten vor der Gegenwart eines Fremden und vor dem Licht des Feuers und der Lampe gefürchtet, doch mit der Zeit waren sie mutiger geworden und tollten jetzt ihrer Gewohnheit gemäß herum.

Wie geschäftig sie waren! Und hör mal die merkwürdigen Geräusche! Auf und nieder huschten sie hinter der alten

the ceiling and under the floor they raced, and gnawed, and scratched! Malcolmson smiled to himself as he recalled to mind the saying of Mrs Dempster, "Bogies is rats, and rats is bogies!" The tea began to have its effect of intellectual and nervous stimulus, he saw with joy another long spell of work to be done before the night was past, and in the sense of security which it gave him, he allowed himself the luxury of a good look round the room. He took his lamp in one hand, and went all around, wondering that so quaint and beautiful an old house had been so long neglected. The carving of the oak on the panels of the wainscot was fine, and on and round the doors and windows it was beautiful and of rare merit. There were some old pictures on the walls, but they were coated so thick with dust and dirt that he could not distinguish any detail of them, though he held his lamp as high as he could over his head. Here and there as he went round he saw some crack or hole blocked for a moment by the face of a rat with its bright eyes glittering in the light, but in an instant it was gone, and a squeak and a scamper followed. The thing that most struck him, however, was the rope of the great alarm bell on the roof, which hung down in a corner of the room on the right-hand side of the fireplace. He pulled up close to the hearth a great high-backed carved oak chair, and sat down to his last cup of tea. When this was done he made up the fire, and went back to his work, sitting at the corner of the table, having the fire to his left. For a little while the rats disturbed him somewhat with their perpetual scampering, but he got accustomed to the noise as one does to the ticking of a clock or to the roar of moving water; and he became so immersed in his work that everything in the world, except the problem which he was trying to solve, passed away from him.

He suddenly looked up, his problem was still

55

Täfelung, über die Decke und unter dem Fußboden; und wie sie nagten und kratzten! Malcolmson lächelte vor sich hin, als er an die Worte von Mrs Dempster dachte: «Gespenster sind Ratten, und Ratten sind Gespenster!» Der Tee begann auf Geist und Nerven anregend zu wirken, und er freute sich auf ein weiteres gutes Stück Arbeit bis zum Morgengrauen. In dem Empfinden von Sicherheit, das ihn dabei überkam, nahm er sich die Zeit, sich endlich im Zimmer umzuschauen. Er ergriff die Lampe zu einem Rundgang und wunderte sich, daß so ein seltsames und schönes altes Haus so lange vernachlässigt worden war. Die Schnitzereien auf den Eichenpaneelen der Täfelung waren erlesen, und auf den Türen und den Tür- und Fensterumrandungen waren sie wunderschön und von seltener Kostbarkeit. An den Wänden hingen alte Bilder, doch sie waren so dick mit Staub und Schmutz bedeckt, daß er keine Einzelheiten erkennen konnte, obwohl er die Lampe so hoch er konnte über den Kopf hielt.

Auf seinem Rundgang sah er hier und da eine Spalte oder ein Loch, für Augenblicke versperrt durch Gesichter von Ratten, deren leuchtende Augen im Licht glitzerten, doch dann waren sie gleich verschwunden, und es folgte ein Pfeifen und ein Davonhasten. Am meisten beeindruckte ihn das Seil zur großen Sturmglocke auf dem Dach, das rechts vom Kamin in einer Ecke des Zimmers herunterhing. Er rückte einen geschnitzten Eichensessel mit hoher Rückenlehne dicht vors Feuer und ließ sich zu seiner letzten Tasse Tee darin nieder. Als er ausgetrunken hatte, legte er Holz nach, kehrte zu seiner Arbeit zurück und setzte sich so an den Tisch, daß das Feuer links von ihm war. Eine kleine Weile noch fühlte er sich durch die Ratten mit ihrem unentwegten Umherhasten gestört, aber dann gewöhnte er sich an das Geräusch, wie man sich an das Ticken einer Uhr oder an das Rauschen von laufendem Wasser gewöhnt, und vertiefte sich so in seine Arbeit, daß die ganze Welt für ihn versank – mit Ausnahme des Problems, das er zu lösen versuchte.

Plötzlich hob er seinen Blick – das Problem war noch

unsolved, and there was in the air that sense of the hour before the dawn, which is so dread to doubtful life. The noise of the rats had ceased. Indeed it seemed to him that it must have ceased but lately and that it was the sudden cessation which had disturbed him. The fire had fallen low, but still it threw out a deep red glow. As he looked he started in spite of his *sang froid.*

There on the great high-backed carved oak chair by the right side of the fireplace sat an enormous rat, steadily glaring at him with baleful eyes. He made a motion to it as though to hunt it away, but it did not stir. Then he made the motion of throwing something. Still it did not stir, but showed its great white teeth angrily, and its cruel eyes shone in the lamplight with an added vindictiveness.

Malcolmson felt amazed, and seizing the poker from the hearth ran at it to kill it. Before, however, he could strike it, the rat, with a squeak that sounded like the concentration of hate, jumped upon the floor, and, running up the rope of the alarm bell, disappeared in the darkness beyond the range of the green shaded lamp. Instantly, strange to say, the noisy scampering of the rats in the wainscot began again.

By this time Malcolmson's mind was quite off the problem; and as a shrill cock-crow outside told him of the approach of morning, he went to bed and to sleep.

He slept so sound that he was not even waked by Mrs Dempster coming in to make up his room. It was only when she had tidied up the place and got his breakfast ready and tapped on the screen which closed in his bed that he woke. He was a little tired still after his night's hard work, but a strong cup of tea soon freshened him up and, taking his book, he went out for his morning walk, bringing with him a few sandwiches lest he should not care to return

immer ungelöst – und spürte in der Luft die Stimmung der Stunde kurz vor Morgengrauen, die für einen unsicheren Menschen so furchteinflößend ist. Die Ratten waren verstummt. Es schien ihm, daß ihr Lärm gerade erst aufgehört haben mußte und daß die plötzliche Ruhe ihn aufgestört hatte. Das Feuer war heruntergebrannt, doch warf es immer noch einen dunkelroten Schein. Als er aufsah, erschrak er trotz seiner Furchtlosigkeit.

Auf dem großen, hochlehnigen geschnitzten Eichensessel rechts vom Kamin saß eine riesige Ratte, die ihn fortwährend mit unheilvollen Augen anstarrte. Er machte eine Bewegung, so als wollte er sie davonjagen, doch sie rührte sich nicht. Dann tat er so, so als wollte er etwas nach ihr werfen. Doch noch immer rührte sie sich nicht, sondern zeigte böse ihre großen weißen Zähne, und ihre grausamen Augen blitzten im Lampenlicht mit zunehmender Rachsucht auf.

Malcolmson war überrascht. Er packte den Feuerhaken vom Kamin und stürzte vor, um sie totzuschlagen. Doch bevor er den Schlag führen konnte, sprang die Ratte mit einem Quiek, der wie der Inbegriff von Haß klang, auf den Boden, kletterte am Seil der Sturmglocke hinauf und verschwand in der Dunkelheit außerhalb der Reichweite der grünbeschirmten Lampe. Merkwürdigerweise begann sofort das lärmende Trippeln der Ratten hinter der Täfelung von neuem.

Jetzt hatte sich Malcolmsons Denken völlig von seinem Mathematikproblem entfernt, und als ein schriller Hahnenschrei ihm das Nahen des Morgens ankündigte, ging er zu Bett und schlief ein.

Er schlief so fest, daß er nicht einmal durch Mrs Dempster gestört wurde, die kam, um sein Zimmer zu richten. Erst nachdem sie mit allem fertig war, das Frühstück bereitstand und sie an den Wandschirm klopfte, der sein Bett umgab, wachte er auf. Er war noch etwas müde von der anstrengenden Nachtarbeit, aber eine Tasse starken Tees ließ ihn bald völlig munter werden. Er nahm sein Buch und machte sich auf zu seinem Morgenspaziergang, und für den Fall, daß er nicht vor dem Abendessen zurückkehren wür-

till dinner time. He found a quiet walk between high elms some way outside the town, and here he spent the greater part of the day studying his Laplace. On his return he looked in to see Mrs Witham and to thank her for her kindness. When she saw him coming through the diamond-paned bay window of her sanctum she came out to meet him and asked him in. She looked at him searchingly and shook her head as she said:

"You must not overdo it, sir. You are paler this morning than you should be. Too late hours and too hard work on the brain isn't good for any man! But tell me, sir, how did you pass the night? Well, I hope? But my heart! sir, I was glad when Mrs Dempster told me this morning that you were all right and sleeping sound when she went in."

"Oh, I was all right," he answered smiling, "the 'somethings' didn't worry me, as yet. Only the rats; and they had a circus, I tell you, all over the place. There was one wicked looking old devil that sat up on my own chair by the fire, and wouldn't go till I took the poker to him, and then he ran up the rope of the alarm bell and got to somewhere up the wall or the ceiling – I couldn't see where, it was so dark."

"Mercy on us," said Mrs Witham, "an old devil, and sitting on a chair by the fireside! Take care, sir! take care! There's many a true word spoken in jest."

"How do you mean? Pon my word I don't understand."

"An old devil! The old devil, perhaps. There! sir, you needn't laugh," for Malcolmson had broken into a hearty peal.

"You young folks thinks it easy to laugh at things that makes older ones shudder. Never mind, sir! never mind! Please God, you'll laugh all the time. It's what I wish you myself!" and

de, nahm er ein paar Brote mit. Er fand einen ruhigen Weg zwischen hohen Ulmen etwas außerhalb der Stadt, und hier verbrachte er den größten Teil des Tages beim Studium seines Laplace. Auf dem Rückweg ging er bei Mrs Witham vorbei, um ihr für ihre Freundlichkeit zu danken. Als sie ihn durch die rautenförmigen Erkerfensterscheiben ihres Privatzimmers kommen sah, ging sie ihm entgegen und bat ihn, einzutreten. Sie betrachtete ihn aufmerksam und schüttelte den Kopf.

«Sie dürfen es nicht übertreiben, junger Herr. Sie sind heute blasser, als Sie sein sollten. Allzu spätes Aufsein und allzu schwere Kopfarbeit tut keinem Menschen gut! Wie haben Sie denn die Nacht verbracht? Ich hoffe doch gut! Bei meiner Seele, junger Herr, ich war erleichtert, als Mrs Dempster mir heute morgen erzählte, daß es Ihnen gut geht und daß Sie noch fest schliefen, als sie kam.»

«Ja, es ging ganz gut», antwortete er lächelnd. «Das ‹irgend etwas› hat mich nicht belästigt – wenigstens bis jetzt nicht. Nur die Ratten; die haben einen Zirkus aufgeführt, sage ich Ihnen; die waren überall. Eine war dabei – eine bös aussehende, ein richtiger alter Teufel, die saß auf meinem Sessel beim Feuer und lief erst weg, als ich mit dem Feuerhaken auf sie losging. Dann kletterte sie am Seil der Sturmglocke hinauf und verzog sich hinter die Wand oder die Decke – ich weiß nicht, wohin, es war so dunkel.»

«Gott schütze uns!» sagte Mrs Witham. «Ein alter Teufel, der auf einem Sessel am Feuer sitzt! Sehen Sie sich vor! Passen Sie auf! Wie oft spricht man nicht im Scherz eine Wahrheit aus!»

«Wie meinen Sie das? Ehrlich gesagt: ich verstehe Sie nicht.»

«Ein alter Teufel! Der alte Teufel vielleicht. Sie brauchen gar nicht zu lachen, junger Herr!» (denn Malcolmson war in schallendes Gelächter ausgebrochen). «Ihr jungen Leute lacht immer gern über Dinge, die Ältere schaudern lassen. Macht nichts, junger Herr, macht gar nichts! Gott wolle, daß Sie bis zuletzt lachen. Das wünsche auch ich Ihnen!» und die gute Frau strahlte über ihr ganzes Gesicht

the good lady beamed all over in sympathy with his enjoyment, her fears gone for a moment.

"Oh, forgive me!" said Malcolmson presently. "Don't think me rude; but the idea was too much for me – that the old devil himself was on the chair last night!" And at the thought he laughed again. Then he went home to dinner.

This evening the scampering of the rats began earlier; indeed it had been going on before his arrival, and only ceased whilst his presence by its freshness disturbed them. After dinner he sat by the fire for a while and had a smoke; and then, having cleared his table, began to work as before. Tonight the rats disturbed him more than they had done on the previous night. How they scampered up and down and under and over! How they squeaked, and scratched, and gnawed! How they, getting bolder by degrees, came to the mouths of their holes and to the chinks and cracks and crannies in the wainscoting till their eyes shone like tiny lamps as the firelight rose and fell. But to him, now doubtless accustomed to them, their eyes were not wicked; only their playfulness touched him. Sometimes the boldest of them made sallies out on the floor or along the mouldings of the wainscot. Now and again as they disturbed him Malcolmson made a sound to frighten them, smiting the table with his hand or giving a fierce "Hsh, hsh," so that they fled straightway to their holes.

And so the early part of the night wore on; and despite the noise Malcolmson got more and more immersed in his work.

All at once he stopped, as on the previous night, being overcome by a sudden sense of silence. There was not the faintest sound of gnaw, or scratch, or squeak. The silence was as of the grave. He remembered the odd occurrence of the previous night, and instinctively he looked at the chair standing close by the fireside. And then a very odd sensation

im Einklang mit seiner Erheiterung und vergaß für einen Augenblick ihre Ängste.

«Verzeihung!» sagte Malcolmson sogleich. «Bitte, halten Sie mich nicht für taktlos; doch die Vorstellung hat mich einfach überwältigt – der alte Teufel in Person sollte letzte Nacht auf dem Stuhl gesessen haben!» Bei dem Gedanken lachte er wieder. Dann ging er zum Abendessen nach Hause.

An diesem Abend begann das Herumtrippeln der Ratten früher, ja, es hatte offenbar schon vor seiner Rückkehr angefangen und nur aufgehört, solange seine frische Gegenwart sie irritierte. Nach dem Essen saß er eine Zeitlang am Feuer und rauchte; dann räumte er seinen Tisch auf und begann wieder zu arbeiten. An diesem Abend störten ihn die Ratten mehr als am vorhergehenden. Wie sie hinauf und hinunter, hierhin und dorthin liefen! Wie sie quiekten, kratzten und nagten! Wie sie, allmählich kühner geworden, zu den Öffnungen ihrer Löcher und an die Ritzen und Rillen und Risse in der Täfelung kamen und ihre Augen wie winzige Lampen aufleuchteten beim Auf und Ab des Feuerscheins. Ihm, der sich jetzt zweifelsohne an sie gewöhnt hatte, kamen ihre Augen nicht böse vor. Nur ihre Ausgelassenheit berührte ihn. Manchmal wagten die dreistesten einen Ausflug auf den Fußboden oder entlang den Zierleisten der Täfelung. Und von Zeit zu Zeit, wenn sie ihn störten, machte Malcolmson ein Geräusch, um sie zu erschrecken, schlug mit der Hand auf den Tisch oder ließ ein zischendes «Husch!» hören, so daß sie auf der Stelle in ihre Löcher flohen.

Auf diese Weise verging der erste Teil der Nacht, und, dem Lärm zum Trotz, versenkte sich Malcolmson immer tiefer in seine Arbeit.

Plötzlich hielt er inne. Wie in der vorhergehenden Nacht überkam ihn das Gefühl völliger Stille. Es gab nicht das leiseste Geräusch von Nagen, Kratzen oder Quieken. Es herrschte Grabesstille.

Er entsann sich der merkwürdigen Begebenheit der vorhergegangenen Nacht und blickte unwillkürlich nach dem Sessel vor dem Feuer. Da durchfuhr

thrilled through him. There, on the great old high-backed carved oak chair beside the fireplace sat the same enormous rat, steadily glaring at him with baleful eyes.

Instinctively he took the nearest thing to his hand, a book of logarithms, and flung it at it. The book was badly aimed and the rat did not stir, so again the poker performance of the previous night was repeated; and again the rat, being closely pursued, fled up the rope of the alarm bell. Strangely too, the departure of this rat was instantly followed by the renewal of the noise made by the general rat community. On this occasion, as on the previous one, Malcolmson could not see at what part of the room the rat disappeared, for the green shade of his lamp left the upper part of the room in darkness, and the fire had burned low.

On looking at his watch he found it was close on midnight; and, not sorry for the *divertissement*, he made up his fire and made himself his nightly pot of tea. He had got through a good spell of work, and thought himself entitled to a cigarette; and so he sat on the great oak chair before the fire and enjoyed it. Whilst smoking he began to think that he would like to know where the rat disappeared to, for he had certain ideas for the morrow not entirely disconnected with a rat-trap. Accordingly he lit another lamp and placed it so that it would shine well into the right-hand corner of the wall by the fireplace. Then he got all the books he had with him, and placed them handy to throw at the vermin. Finally he lifted the rope of the alarm bell and placed the end of it on the table, fixing the extreme end under the lamp. As he handled it he could not help noticing how pliable it was, especially for so strong a rope, and one not in use. "You could hang a man with it," he thought to himself. When his preparations were made he looked around, and said com-

ihn eine ganz sonderbare Erregung. Dort, auf dem großen alten hochlehnigen geschnitzten eichenen Stuhl vor dem Feuer saß die selbe riesige Ratte und starrte ihn mit unheilverkündenden Augen an.

Instinktiv nahm er den nächstbesten Gegenstand, eine Logarithmentafel, zur Hand und schleuderte sie nach ihr. Das Buch war schlecht gezielt, und die Ratte blieb regungslos sitzen, also wurde das Feuerhaken-Manöver der vorigen Nacht wiederholt, und auch diesmal floh die Ratte, dicht verfolgt, das Seil der Sturmglocke hinauf. Seltsamerweise folgte dem Abzug dieser Ratte alsbald das erneute Geräusch, das die allgemeine Rattengemeinde veranstaltete. Auch diesmal, wie das vorige Mal, konnte Malcolmson nicht sehen, in welchen Teil des Zimmers die Ratte verschwunden war, denn der grüne Lampenschirm hielt den oberen Teil des Raumes in Dunkelheit, und das Feuer war heruntergebrannt.

Ein Blick auf die Uhr sagte ihm, daß es fast Mitternacht war, und ohne Bedauern über das Zwischenspiel legte er Holz nach und bereitete sich seine nächtliche Kanne Tee. Er hatte ein großes Arbeitspensum geschafft und sah sich zu einer Zigarette berechtigt. Also setzte er sich auf den großen Eichenstuhl vorm Feuer und genoß sie. Beim Rauchen kam ihm der Gedanke, daß er eigentlich gern wüßte, wohin die Ratte entschwunden war, denn er hatte bestimmte Pläne für den Morgen, die nicht gewisser Beziehungen zu einer Rattenfalle entbehrten. Er zündete also eine zweite Lampe an und stellte sie so, daß die rechte Wandecke am Kamin gut ausgeleuchtet war. Dann holte er alle seine mitgebrachten Bücher heran und legte sie in Reichweite, um sie auf das wüste Getier zu werfen. Schließlich hob er das Seil der Sturmglocke, legte das untere Stück auf den Tisch und band das Ende am Lampenfuß fest. Als er es anfaßte, fiel ihm auf, wie geschmeidig es war, besonders in Anbetracht seiner Stärke und dafür, daß es nie benutzt wurde. «Damit könnte man jemanden aufhängen», dachte er bei sich. Nachdem er seine Vorbereitungen getroffen hatte, blickte er sich um und sagte zufrieden: «So, mein Freund-

placently: "There now, my friend, I think we shall learn something of you this time!" He began his work again, and though as before somewhat disturbed at first by the noise of the rats, soon lost himself in his propositions and problems.

Again he was called to his immediate surroundings suddenly. This time it might not have been the sudden silence only which took his attention; there was a slight movement of the rope, and the lamp moved. Without stirring, he looked to see if his pile of books was within range, and then cast his eye along the rope. As he looked he saw the great rat drop from the rope on the oak armchair and sit there glaring at him. He raised a book in his right hand, and taking careful aim, flung it at the rat. The latter, with a quick movement, sprang aside and dodged the missile. He then took another book, and a third, and flung them one after another at the rat, but each time unsuccessfully. At last, as he stood with a book poised in his hand to throw, the rat squeaked and seemed afraid. This made Malcolmson more than ever eager to strike, and the book flew and struck the rat a resounding blow. It gave a terrified squeak, and turning on his pursuer a look of terrible malevolence, ran up the chair-back and made a great jump to the rope of the alarm bell and ran up it like lightning. The lamp rocked under the sudden strain, but it was a heavy one and did not topple over. Malcolmson kept his eyes on the rat, and saw it by the light of the second lamp leap to a moulding of the wainscot and disappear through a hole in one of the great pictures which hung on the wall, obscured and invisible through its coating of dirt and dust.

"I shall look up my friend's habitation in the morning," said the student, as he went over to collect his books. "The third picture from the fireplace; I shall not forget." He picked up the books one by

chen, jetzt werden wir wohl etwas über dich in Erfahrung bringen!» Er ging zurück an seine Arbeit, und obwohl anfänglich wieder durch das Geräusch der Ratten ein wenig gestört, war er bald in seinen Aufgaben und Problemen versunken.

Aber erneut wurde er sich seiner unmittelbaren Umgebung ganz plötzlich bewußt. Diesmal war es vielleicht nicht nur die plötzliche Stille, die ihn aufhorchen ließ. Das Seil bewegte sich ein klein wenig und mit ihm die Lampe. Ohne sich zu regen, prüfte er mit einem Blick, ob die Bücher alle griffbereit dalagen, und sah dann zum Seil hinauf. Da plumpste die große Ratte vom Seil auf den Eichensessel, blieb dort sitzen und starrte ihn an. Mit der rechten Hand hob er ein Buch, zielte vorsichtig und schleuderte es nach der Ratte. Mit einer raschen Bewegung sprang sie zur Seite und wich dem Geschoß aus. Er nahm ein zweites, dann ein drittes Buch und schleuderte sie hintereinander nach der Ratte, doch jedes Mal ohne Erfolg. Zuletzt, als er ein Buch in der Hand zum Wurf abwog, quiekte die Ratte und schien sich zu fürchten. Das machte Malcolmson noch begieriger zu treffen; das Buch flog los und versetzte der Ratte einen klatschenden Schlag. Sie quiekte schreckerfüllt, warf ihrem Verfolger einen Blick voll entsetzlicher Feindseligkeit zu, kletterte am Stuhlrücken hinauf, tat einen großen Sprung nach dem Seil und glitt blitzschnell daran in die Höhe. Die Lampe schaukelte unter dem plötzlichen Zerren, doch sie war zu schwer und stürzte nicht um. Malcolmsons Blick folgte der Ratte, und beim Schein der zweiten Lampe sah er sie auf eine Zierleiste der Täfelung springen und durch ein Loch in einem der großen Bilder an den Wänden verschwinden, auf dem man wegen der daraufliegenden Staubschicht nichts erkennen, nichts deuten konnte.

«Morgen früh werde ich mir die Wohnung meines Freundes einmal ansehen», sagte der Student, während er seine Bücher aufsammelte. «Das dritte Bild nach dem Kamin; ich werde mir's merken.» Er hob seine Bücher auf, eines nach dem anderen, und machte seine Bemerkungen über sie.

one, commenting on them as he lifted them. "*Conic Sections* he does not mind, nor *Cycloidal Oscillations*, nor the *Principia*, nor *Quaternions*, nor *Thermodynamics*. Now for the book that fetched him!" Malcolmson took it up and looked at it. As he did so he started, and a sudden pallor overspread his face. He looked round uneasily and shivered slightly, as he murmured to himself: "The Bible my mother gave me! What an odd coincidence."

He sat down to work again, and the rats in the wainscot renewed their gambols. They did not disturb him, however; somehow their presence gave him a sense of companionship. But he could not attend to his work, and after striving to master the subject on which he was engaged gave it up in despair, and went to bed as the first streak of dawn stole in through the eastern window.

He slept heavily but uneasily, and dreamed much; and when Mrs Dempster woke him late in the morning he seemed ill at ease, and for a few minutes did not seem to realise exactly where he was. His first request rather surprised the servant. "Mrs Dempster, when I am out today I wish you would get the steps and dust or wash those pictures – specially that one the third from the fireplace – I want to see what they are."

Late in the afternoon Malcolmson worked at his books in the shaded walk, and the cheerfulness of the previous day came back to him as the day wore on, and he found that his reading was progressing well. He had worked out to a satisfactory conclusion all the problems which had as yet baffled him, and it was in a state of jubilation that he paid a visit to Mrs Witham at "The Good Traveller". He found a stranger in the cosy sitting-room with the landlady, who was introduced to him as Dr Thornhill. She was not quite at ease, and this, combined with the doctor's plunging at once into a series of questions,

«‹Kegelschnitte› machen ihr nichts aus, auch nicht ‹Zykloide Schwingungen›, auch nicht die ‹Principia›, auch nicht ‹Das Rechnen mit Hyperkomplexen Zahlen›, auch nicht die ‹Thermodynamik›. Doch jetzt das Buch, das getroffen hat!» Er hob es auf und sah es an und fuhr zusammen. Eine plötzliche Blässe überzog sein Gesicht. Er schaute sich unbehaglich um und zitterte leicht, als er vor sich hin murmelte: «Die Bibel, die mir meine Mutter gegeben hat! Was für ein seltsamer Zufall.»

Er setzte sich wieder an die Arbeit, und die Ratten begannen erneut mit ihren Sprüngen hinter der Täfelung. Sie störten ihn jedoch nicht mehr. Ihre Gegenwart gab ihm vielmehr ein Gefühl der Gemeinschaft. Doch er konnte sich nicht in seine Arbeit vertiefen, und nach dem vergeblichen Versuch, das Problem, das ihn beschäftigte, zu meistern, gab er verzweifelt auf. Er ging zu Bett, als die ersten Strahlen der Morgendämmerung sich durch das Ostfenster hereinstahlen.

Er schlief tief, obwohl unruhig, und träumte viel. Als Mrs Dempster ihn am späten Morgen weckte, fühlte er sich nicht sehr wohl und wußte zunächst gar nicht, wo er war. Von seiner ersten Bitte zeigte sich die Bedienerin überrascht. «Mrs Dempster, wenn ich fort bin, nehmen Sie bitte die Leiter und stauben oder waschen Sie diese Bilder ab – besonders das dritte vom Kamin aus; ich möchte wissen, was sie darstellen.»

Auf seinem schattigen Spazierweg las Malcolmson am späten Nachmittag eifrig in seinen Büchern, und die Fröhlichkeit des Vortages kehrte im Verlauf der Zeit zu ihm zurück; er fand, daß seine Arbeit gute Fortschritte machte. Er hatte alle Probleme, die ihm bislang Schwierigkeiten bereitet hatten, zu einer befriedigenden Lösung gebracht, und in diesem Hochgefühl stattete er Mrs Witham im «Good Traveller» einen Besuch ab. In der gemütlichen Gaststube traf er bei der Wirtin einen Fremden an, der ihm als Dr. Thornhill vorgestellt wurde. Die Wirtin schien ein wenig befangen zu sein. Dadurch und weil der Arzt sofort und zügig eine Reihe von Fragen an ihn richtete, gewann Mal-

made Malcolmson come to the conclusion that his presence was not an accident, so without preliminary he said: "Dr Thornhill, I shall with pleasure answer you any question you may choose to ask me if you will answer me one question first."

The doctor seemed surprised, but he smiled and answered at once, "Done! What is it?"

"Did Mrs Witham ask you to come here and see me and advise me?"

Dr Thornhill for a moment was taken aback, and Mrs Witham got fiery red and turned away; but the doctor was an frank and ready man, and he answered at once and openly. "She did: but she didn't intend you to know it. I suppose it was my clumsy haste that made you suspect. She told me that she did not like the idea of your being in that house all by yourself, and that she thought you took too much strong tea. In fact, she wants me to advise you if possible to give up the tea and the very late hours. I was a keen student in my time, so I suppose I may take the liberty of a college man, and without offence, advise you not quite as a stranger."

Malcolmson with a bright smile held out his hand. "Shake! as they say in America," he said. "I must thank you for your kindness and Mrs Witham too, and your kindness deserves a return on my part. I promise to take no more strong tea – no tea at all till you let me – and I shall go to bed tonight at one o'clock at latest. Will that do?"

"Capital," said the doctor. "Now tell us all that you noticed in the old house," and so Malcolmson then and there told in minute detail all that had happened in the last two nights. He was interrupted every now and then by some exclamation from Mrs Witham, till finally when he told of the episode of the Bible the landlady's pent-up emotions found vent in a shriek; and it was not till a stiff glass of

colmson den Eindruck, daß seine Anwesenheit kein Zufall war; also sagte er ohne Umschweife: «Dr. Thornhill, es wird mir ein Vergnügen sein, alle Fragen zu beantworten, die Sie mir stellen möchten, wenn Sie mir eine einzige zuerst beantworten wollen.»

Der Arzt schien überrascht zu sein, aber er lächelte und antwortete sogleich: «Gut – stellen Sie sie.»

«Hat Mrs Witham Sie hierher gebeten, damit Sie nach mir sehen und mir Ratschläge erteilen?»

Einen Augenblick war Dr. Thornhill verblüfft, und Mrs Witham errötete und wandte ihr Gesicht ab. Doch der Arzt war ein offener und schlagfertiger Mann und antwortete rasch und ganz ehrlich: «So ist es; doch sie wollte nicht, daß Sie es wissen. Wahrscheinlich hat meine ungeschickte Hast Sie mißtrauisch gemacht. Mrs Witham hat mir gesagt, sie habe es gar nicht gern, daß Sie allein in dem Haus seien, und sie glaubte, Sie tränken zu viel starken Tee. Ja, sie hat mich gebeten, Ihnen zu raten, wenn irgend möglich, den Tee und das späte Schlafengehen aufzugeben. Ich war auch einmal ein lernbegieriger Student. So darf ich sozusagen als Kommilitone, als nicht ganz Fremder mir die Freiheit nehmen, Ihnen einen Rat zu geben, ohne Sie zu kränken.»

Malcolmson streckte ihm mit einem strahlenden Lächeln die Hand entgegen und sagte: «‹Handschlag›, wie man in Amerika sagt. Ich muß Ihnen für Ihre Freundlichkeit danken und Mrs Witham auch. Und Ihre Freundlichkeit verlangt eine Erwiderung von meiner Seite. Ich verspreche, keinen so starken Tee mehr zu trinken – oder gar keinen, bis Sie es mir wieder erlauben. Und heute Nacht werde ich spätestens um ein Uhr zu Bett gehen. Reicht das?»

«Großartig», sagte der Arzt. «Und jetzt erzählen Sie uns alles, was Sie in dem alten Haus bemerkt haben.» Also berichtete Malcolmson auf der Stelle bis zur kleinsten Einzelheit alles, was sich während der beiden vergangenen Nächte zugetragen hatte. Hin und wieder wurde er durch Ausrufe von Mrs Witham unterbrochen, und als er schließlich die Geschichte von der Bibel erzählte, machten sich ihre aufgestauten Gefühle in einem Schrei Luft. Erst als

brandy and water had been administered that she grew composed again.

Dr Thornhill listened with a face of growing gravity, and when the narrative was complete and Mrs Witham had been restored he asked: "The rat always went up the rope of the alarm bell?"

"Always."

"I suppose you know," said the Doctor after a pause, "what the rope is?"

"No!"

"It is," said the Doctor slowly, "the very rope which the hangman used for all the victims of the Judge's judicial rancour!" Here he was interrupted by another scream from Mrs Witham, and steps had to be taken for her recovery. Malcolmson having looked at his watch, and found that it was close to his dinner hour, had gone home before her complete recovery.

When Mrs Witham was herself again she almost assailed the Doctor with angry questions as to what he meant by putting such horrible ideas into the poor young man's mind. "He has quite enough there already to upset him," she added.

Dr Thornhill replied: "My dear madam, I had a distinct purpose in it! I wanted to draw his attention to the bell rope, and to fix it there. It may be that he is in a highly overwrought state, and has been studying too much, although I am bound to say that he seems as sound and healthy a young man, mentally and bodily, as ever I saw – but then the rats – and that suggestion of the devil." The doctor shook his head and went on. "I would have offered to go and stay the first night with him but that I felt sure it would have been a cause of offence. He may get in the night some strange fright or hallucination; and if he does I want him to pull that rope. All alone as he is it will give us warning, and we may reach him in time to be of service. I shall be

ihr ein steifer Brandy mit Wasser verabreicht worden war, beruhigte sie sich wieder.

Dr. Thornhill lauschte mit wachsendem Ernst, und als die Erzählung beendet und Mrs Witham wiederhergestellt war, fragte er: «Ist die Ratte immer am Seil der Sturmglocke hinaufgelaufen?»

«Immer.»

«Sie wissen doch wohl», sagte der Arzt, «was das für ein Seil ist?»

«Nein.»

«Es ist», sagte der Arzt langsam, «der Strick, den der Henker für alle die Opfer des richterlichen Hasses benutzt hat!» Hier wurde er durch einen weiteren Aufschrei von Mrs Witham unterbrochen, und man mußte einige Anstalten zu ihrer Beruhigung treffen. Ein Blick auf die Uhr zeigte Malcolmson, daß schon Essenszeit war, und so ging er vor Mrs Withams völliger Wiederherstellung in sein Quartier.

Als Mrs Witham sich wieder gefaßt hatte, überhäufte sie den Arzt mit zornigen Fragen, was er sich dabei gedacht habe, im Kopf des armen jungen Mannes so grausige Vorstellungen zu wecken. «Er hat dort schon genug, was ihn aufregen kann», fügte sie hinzu.

Dr. Thornhill erwiderte: «Damit, meine Liebe, habe ich ein bestimmtes Ziel verfolgt! Ich wollte seine Aufmerksamkeit auf das Glockenseil lenken und sie dort festmachen. Er ist möglicherweise sehr überarbeitet, hat zu viel gelernt – obwohl ich sagen muß, daß er körperlich wie geistig so kerngesund wirkt, wie man sich einen jungen Mann nur vorstellen kann. Aber dann die Ratten – und diese Idee mit dem Teufel.» Der Arzt schüttelte den Kopf und fuhr fort: «Ich hätte ihm ja gern angeboten, diese Nacht bei ihm zu verbringen, doch das hätte ihn, da bin ich mir sicher, schwer beleidigt. Vielleicht überkommt ihn während der Nacht irgendeine sonderbare Phobie oder eine Sinnestäuschung; da möchte ich, daß er an dem Seil zieht. Allein wie er ist, wäre es für uns ein Warnsignal, und wir könnten rechtzeitig zu ihm kommen und ihm beistehen. Ich werde

sitting up pretty late tonight and shall keep my ears open. Do not be alarmed if Benchurch gets a surprise before morning."

"Oh, Doctor, what do you mean? What do you mean?"

"I mean this; that possibly – nay, more probably – we shall hear the great alarm bell from the Judge's House tonight," and the Doctor made about as effective an exit as could be thought of.

When Malcolmson arrived home he found that it was a little after his usual time, and Mrs Dempster had gone away – the rules of Greenhow's Charity were not to be neglected. He was glad to see that the place was bright and tidy with a cheerful fire and a welltrimmed lamp. The evening was colder than might have been expected in April, and a heavy wind was blowing with such rapidly-increasing strength that there was every promise of a storm during the night. For a few minutes after his entrance the noise of the rats ceased; but so soon as they became accustomed to his presence they began again. He was glad to hear them, for he felt once more the feeling of companionship in their noise, and his mind ran back to the strange fact that they only ceased to manifest themselves when that other – the great rat with the baleful eyes – came upon the scene. The reading-lamp only was lit and its green shade kept the ceiling and the upper part of the room in darkness, so that the cheerful light from the hearth spreading over the floor and shining on the white cloth laid over the end of the tables was warm and cheery. Malcolmson sat down to his dinner with a good appetite and a buoyant spirit. After his dinner and a cigarette he sat steadily down to work, determined not to let anything disturb him, for he remembered his promise to the doctor, and made up his mind to make the best of the time at his disposal.

For an hour or so he worked all right, and then

heute Nacht ziemlich lang auf sein und die Ohren offen halten. Regen Sie sich nicht auf, wenn es noch vor Morgengrauen eine Überraschung in Benchurch gibt!»

«Ach, Doktor, was meinen Sie bloß damit? Was meinen Sie bloß damit?»

«Ich meine, daß wir vielleicht, ja sogar höchstwahrscheinlich heute Nacht die Sturmglocke vom Haus des Richters zu hören bekommen», und der Abgang des Doktors war so wirkungsvoll, wie man sich nur vorstellen kann.

Als Malcolmson in sein Quartier kam, war es etwas später als zur gewohnten Zeit, und Mrs Dempster war gegangen – die Regeln von Greenhows Stift durften nicht vernachlässigt werden. Er freute sich, daß alles so hell und ordentlich aussah und ein lustiges Feuer und eine gut geputzte Lampe brannten. Der Abend war kälter, als im April zu erwarten war, und ein heftiger Wind wehte, dessen Stärke derart zunahm, daß man für die Nacht mit einem Sturm rechnen mußte. Für kurze Zeit hörte das Getobe der Ratten bei seinem Eintritt auf; aber sobald sie sich an seine Anwesenheit gewöhnt hatten, begann es wieder. Er war froh, sie zu hören, denn er empfand sie mit ihrem Lärm wiederum als Gesellschaft; und er entsann sich der merkwürdigen Tatsache, daß sie nur aufhörten mit ihren Lebenszeichen, wenn jene andere, jene große Ratte mit den unheilverheißenden Augen, zum Vorschein kam. Nur die Leselampe war angezündet, und ihr grüner Schirm hielt die Decke und den oberen Teil des Zimmers in Dunkelheit, so daß das heitere Licht vom Kamin, das sich über den Fußboden ausbreitete und auf das weiße Tuch überm Tischende schien, warm und froh wirkte. Malcolmson setzte sich mit gutem Appetit und in lebensfroher Laune an seine Mahlzeit. Nach dem Essen und einer Zigarette machte er sich gewohnheitsmäßig an seine Arbeit, fest entschlossen, sich durch nichts ablenken zu lassen, denn er erinnerte sich des Versprechens, das er dem Arzt gegeben hatte, und wollte die Zeit, die ihm zur Verfügung stand, aufs beste nutzen.

Während etwas über einer Stunde arbeitete er sehr gut,

his thoughts began to wander from his books. The actual circumstances around him, the calls on his physical attention, and his nervous susceptibility were not to be denied. By this time the wind had become a gale, and the gale a storm. The old house, solid though it was, seemed to shake to its foundations, and the storm roared and raged through its many chimneys and its queer old gables, producing strange, unearthly sounds in the empty rooms and corridors. Even the great alarm bell on the roof must have felt the force of the wind, for the rope rose and fell slightly, as though the bell were moved a little from time to time, and the limber rope fell on the oak floor with a hard and hollow sound.

As Malcolmson listened to it he bethought himself of the doctor's words, "It is the rope which the hangman used for the victims of the Judge's judicial rancour," and he went over to the corner of the fireplace and took it in his hand to look at it. There seemed a sort of deadly interest in it, and as he stood there he lost himself for a moment in speculation as to who these victims were, and the grim wish of the Judge to have such a ghastly relic ever under his eyes. As he stood there the swaying of the bell on the roof still lifted the rope now and again; but presently there came a new sensation – a sort of tremor in the rope, as though something was moving along it.

Looking up instinctively Malcolmson saw the great rat coming slowly down towards him, glaring at him steadily. He dropped the rope and started back with a muttered curse, and the rat turning ran up the rope again and disappeared, and at the same instant Malcolmson became conscious that the noise of the rats, which had ceased for a while, began again.

All this set him thinking, and it occurred to him that he had not investigated the lair of the rat or

dann fingen seine Gedanken an, von den Büchern wegzuwandern. Die eigentlichen Umstände, die ihn umgaben, die Anforderungen an seine Leistungsfähigkeit und seine gereizte Empfindlichkeit konnte er nicht einfach übersehen. Aus dem Wind war inzwischen ein Sturm geworden, und aus dem Sturm ein Unwetter. Das alte Haus, so gut es auch gebaut war, schien in seinen Grundmauern zu schwanken, und der Sturm heulte und tobte durch die vielen Schornsteine und um die eigenartigen alten Giebel und brachte in den leeren Zimmern und Gängen seltsam schauerliche Geräusche hervor. Selbst die große Sturmglocke auf dem Dach fühlte die Macht des Windes, denn das Seil hob und senkte sich leicht, als wenn die Glocke dann und wann ein wenig bewegt würde, und das geschmeidige Seil schlug mit hartem, hohlen Laut gegen den Eichenfußboden.

Als Malcolmson dem lauschte, fielen ihm die Worte des Arztes ein. «Das ist der Strick, den der Henker für die Opfer des richterlichen Hasses benutzt hat.» Er ging hinüber in die Ecke zum Kamin und nahm das Seil in die Hand, um es zu betrachten. Es schien eine tödliche Anziehungskraft zu besitzen. Wie Malcolmson so dastand, geriet er für eine Weile ins Grübeln über jene Opfer – und wer sie wohl gewesen waren – und über den grausigen Wunsch des Richters, ein so scheußliches Andenken immer vor Augen zu haben. Und so im Dastehen, hob noch immer das Schwanken der Glocke auf dem Dach dann und wann das Seil, doch nun spürte er plötzlich eine neue Bewegung – etwas wie ein Zucken ging durch das Seil, als ob sich etwas an ihm entlangbewegte.

Sofort blickte Malcolmson hinauf und sah die große Ratte langsam auf sich zugleiten. Sie starrte ihn unverwandt an. Er ließ das Seilende fallen und sprang zurück mit einem gemurmelten Fluch; die Ratte drehte sich um, rannte wieder hoch und verschwand. Im selben Augenblick merkte Malcolmson, daß der Lärm der Ratten, der eine Weile aufgehört hatte, erneut begann.

All dies machte ihn nachdenklich, und es fiel ihm ein, daß er den Unterschlupf der Ratte nicht erforscht und auch

looked at the pictures, as he had intended. He lit the other lamp without the shade, and, holding it up went and stood opposite the third picture from the fireplace on the right-hand side where he had seen the rat disappear on the previous night.

At the first glance he started back so suddenly that he almost dropped the lamp, and a deadly pallor overspread his face. His knees shook, and heavy drops of sweat came on his forehead, and he trembled like an aspen. But he was young and plucky, and pulled himself together, and after the pause of a few seconds stepped forward again, raised the lamp, and examined the picture which had been dusted and washed, and now stood out clearly.

It was of a judge dressed in his robes of scarlet and ermine. His face was strong and merciless, evil, crafty, and vindictive, with a sensual mouth, hooked nose of ruddy colour, and shaped like the beak of a bird of prey. The rest of the face was of a cadaverous colour. The eyes were of peculiar brilliance and with a terribly malignant expression. As he looked at them, Malcolmson grew cold, for he saw there the very counterpart of the eyes of the great rat. The lamp almost fell from his hand, he saw the rat with its baleful eyes peering out through the hole in the corner of the picture, and noted the sudden cessation of the noise of the other rats. However, he pulled himself together, and went on with his examination of the picture.

The Judge was seated in a great high-backed carved oak chair, on the right-hand side of a great stone fireplace where, in the corner, a rope hung down from the ceiling, its end lying coiled on the floor. With a feeling of something like horror, Malcolmson recognised the scene of the room as it stood, and gazed around him in an awestruck manner as though he expected to find some strange presence behind him. Then he looked over to the

nicht die Bilder, wie beabsichtigt, angeschaut hatte. Er zündete die schirmlose Lampe an, hielt sie hoch und trat nun entschlossen vor das dritte Bild rechts vom Kamin, wo er die Ratte in der vorhergehenden Nacht hatte verschwinden sehen.

Kaum hatte er einen Blick darauf geworfen, prallte er so plötzlich zurück, daß ihm fast die Lampe entglitten wäre, und Todesblässe überzog sein Gesicht. Die Knie wankten ihm, große Schweißtropfen traten ihm auf die Stirn, und er zitterte wie Espenlaub. Doch er war jung und beherzt und riß sich zusammen. Nach einer Pause von wenigen Sekunden ging er wieder ein paar Schritte vor, hob die Lampe in die Höhe und prüfte das Bild, das entstaubt und gereinigt und klar zu erkennen war.

Es war das Bildnis eines Richters in seiner Robe aus Scharlachtuch und Hermelin. Sein Gesicht war hart und gnadenlos, böse, verschlagen und rachsüchtig, mit einem wollüstigen Mund und einer geröteten Hakennase, die wie der Schnabel eines Raubvogels wirkte. Das übrige Gesicht hatte eine leichenhafte Farbe. Die Augen waren von außerordentlichem Glanz und erschreckend arglistigem Ausdruck. Als Malcolmson sie betrachtete, überlief es ihn eiskalt, denn er sah in ihnen das genaue Gegenstück zu den Augen der großen Ratte. Beinahe wäre ihm die Lampe aus der Hand gefallen, denn aus einem Loch in der Ecke des Bildes sah er die Ratte ihn mit ihren unheilverheißenden Augen anstarren, und er merkte, daß der Lärm der anderen Ratten mit einem Mal verstummt war. Er nahm sich jedoch zusammen und fuhr mit der aufmerksamen Betrachtung des Bildes fort.

Der Richter saß auf einem großen geschnitzten Eichensessel mit hoher Rückenlehne rechts von einem großen, steinernen Kamin, neben dem in einer Ecke ein Seil von der Decke herabhing, dessen Ende auf dem Boden zusammengerollt lag. Mit einem Gefühl, das sich zum Entsetzen steigerte, erkannte Malcolmson den Raum, wie er wirklich war. Er blickte auf eine scheue Art um sich, als erwarte er eine fremde Erscheinung hinter sich. Dann sah er nach der

corner of the fireplace and with a loud cry he let the lamp fall from his hand.

There, in the Judge's arm-chair, with the rope hanging behind, sat the rat with the Judge's baleful eyes, now intensified and with a fiendish leer. Save for the howling of the storm without there was silence.

The fallen lamp recalled Malcolmson to himself. Fortunately it was of metal, and so the oil was not spilt. However, the practical need of attending to it settled at once his nervous apprehensions. When he had turned it out, he wiped his brow and thought for a moment.

"This will not do," he said to himself. "If I go on like this I shall become a crazy fool. This must stop! I promised the doctor I would not take tea. Faith, he was pretty right! My nerves must have been getting into a queer state. Funny I did not notice it. I never felt better in my life. However, it is all right now, and I shall not be such a fool again." Then he mixed himself a good stiff glass of brandy and water and resolutely sat down to his work.

It was nearly an hour when he looked up from his book, disturbed by the sudden stillness. Without, the wind howled and roared louder than ever, and the rain drove in sheets against the windows, beating like hail on the glass; but within there was no sound whatever save the echo of the wind as it roared in the great chimney, and now and then a hiss as a few raindrops found their way down the chimney in a lull of the storm. The fire had fallen low and had ceased to flame, though it threw out a red glow. Malcolmson listened attentively, and presently heard a thin, squeaking noise, very faint. It came from the corner of the room where the rope hung down, and he thought it was the creaking of the rope on the floor as the swaying of the bell raised and lowered it. Looking up, however, he saw

Kaminecke – und mit einem Schrei ließ er die Lampe zu Boden fallen.

Dort, auf dem Sessel des Richters, hinter sich das Seil, saß die Ratte mit den unheilvollen Augen des Richters, jetzt noch drohender und mit geradezu teuflischem Blinzeln. Nichts war zu hören außer dem Heulen des Sturmes draußen.

Die heruntergefallene Lampe brachte Malcolmson wieder zu Sinnen. Zum Glück war sie aus Metall, so daß kein Öl verschüttet worden war. Auf jeden Fall beruhigte die einfache Notwendigkeit, sich um die Lampe zu kümmern, Malcolmsons erregte Nerven. Als er sie gelöscht hatte, wischte er sich die Stirn und dachte eine Weile nach.

«So geht es nicht», sagte er zu sich selbst. «Wenn ich so weitermache, werde ich noch wirklich überschnappen. Es muß jetzt Schluß damit sein. Ich habe dem Doktor versprochen, keinen Tee mehr zu trinken. Wie recht er hatte! Meine Nerven sind ja in einem schönen Zustand! Komisch, daß ich es gar nicht gemerkt habe. Eigentlich habe ich mich niemals besser gefühlt. Na, jetzt geht es ja wieder, und ich werde mich nicht mehr wie so ein Narr aufführen.» Dann goß er sich eine kräftige Mischung von Brandy und Wasser ein und machte sich energisch wieder an die Arbeit.

Fast eine Stunde war vergangen, als er von seinem Buch aufsah, weil ihn die plötzliche Stille störte. Draußen heulte und tobte der Wind noch stärker als vorher, und der Regen trieb in Schauern gegen die Fenster und klatschte wie Hagel auf das Glas. Doch drinnen war nicht der geringste Laut zu vernehmen, außer dem Echo des Windes, der im großen Kamin heulte, und hin und wieder ein Zischen, wenn einige Regentropfen bei einem Nachlassen des Sturmes ihren Weg den Kamin hinunter gefunden hatten. Das Feuer war niedergebrannt, keine Flamme züngelte mehr, aber ein roter Schein ging von ihm aus. Malcolmson lauschte aufmerksam und hörte alsbald ein ganz dünnes, quiekendes Geräusch, nur sehr schwach. Es kam aus der Ecke des Zimmers, wo das Seil hing – er hielt es für das Schleifen des Strickes am Boden durch die Bewegung der Glocke. Aber dann beim

in the dim light the great rat clinging to the rope and gnawing it. The rope was already nearly gnawed through – he could see the lighter colour where the strands were laid bare. As he looked the job was completed, and the severed end of the rope fell clattering on the oaken floor, whilst for an instant the great rat remained like a knob or tassel at the end of the rope, which now began to sway to and fro. Malcolmson felt for a moment another pang of terror as the thought that now the possibility of calling the outer world to his assistance was cut off, but an intense anger took its place, and seizing the book he was reading he hurled it at the rat. The blow was well aimed, but before the missile could reach him the rat dropped off and struck the floor with a soft thud. Malcolmson instantly rushed over towards him, but it darted away and disappeared in the darkness of the shadows of the room.

Malcolmson felt that his work was over for the night, and determined then and there to vary the monotony of the proceedings by a hunt for the rat, and took off the green shade of the lamp so as to insure a wider spreading light. As he did so the gloom of the upper part of the room was relieved, and in the new flood of light, great by comparison with the previous darkness, the pictures on the wall stood out boldly. From where he stood, Malcolmson saw right opposite to him the third picture on the wall from the right of the fireplace. He rubbed his eyes in surprise, and then a great fear began to come upon him.

In the centre of the picture was a great irregular patch of brown canvas, as fresh as when it was stretched on the frame. The background was as before, with chair and chimney-corner and rope, but the figure of the Judge had disappeared.

Malcolmson, almost in a chill of horror, turned slowly round, and then he began to shake and trem-

Hinblicken sah er im düsteren Licht, daß die große Ratte sich an das Seil geklammert hatte und daran nagte. Sie hatte es fast schon durchgenagt – er konnte die hellere Farbe der freigelegten Duchte sehen. Malcolmson sah dabei zu, wie die Ratte ihr Werk vollendete; das abgetrennte Ende des Seils fiel polternd auf den Eichenfußboden, während die große Ratte für kurze Zeit wie ein Knoten oder eine Quaste am Ende des Strickes hängenblieb, der nun hin und her zu schwingen begann. Malcolmson fühlte sich einen Moment lang wieder von Entsetzen gepackt, als er daran dachte, daß jetzt die Möglichkeit, die Außenwelt zu Hilfe zu rufen, abgeschnitten war. Doch ein wütender Ärger verdrängte das, und er griff nach dem Buch, in dem er gelesen hatte, und schleuderte es nach der Ratte. Der Wurf war gut gezielt, doch noch bevor das Geschoß treffen konnte, ließ sich die Ratte fallen und landete mit einem weichen Aufprall auf dem Boden. Malcolmson stürzte sofort auf sie zu, doch sie schoß davon und verschwand in der Dunkelheit der Schatten im Zimmer.

Malcolmson spürte, daß für diese Nacht an Arbeit nicht mehr zu denken war, und beschloß, nun doch mal eine Abwechslung ins Einerlei zu bringen, Jagd auf die Ratte zu machen. Er nahm den grünen Lampenschirm ab, um sich ein weiter reichendes Licht zu sichern. Auf diese Weise war die Düsternis in der Höhe des Zimmers abgeschwächt, und in dieser neuen Lichtflut (im Vergleich mit der zuvor herrschenden Dunkelheit) kamen die Bilder an der Wand deutlich hervor. Von dort, wo er stand, sah Malcolmson genau gegenüber das dritte Bild rechts vom Kamin. Er rieb sich erstaunt die Augen, und dann überkam ihn langsam große Furcht.

In der Mitte des Bildes war ein großer, unregelmäßiger Flecken brauner Leinwand, so frisch, als sei sie gerade in den Rahmen gespannt worden. Der Hintergrund war unverändert – mit dem Sessel, der Kaminecke und dem Seil; doch die Gestalt des Richters war verschwunden.

Fast starr vor Schrecken wandte Malcolmson sich langsam um, und dann begann er zu zittern und zu beben wie in

ble like a man in a palsy. His strength seemed to have left him, and he was incapable of action or movement, hardly even of thought. He could only see and hear.

There, on the great high-backed carved oak chair sat the Judge in his robes of scarlet and ermine, with his baleful eyes glaring vindictively, and a smile of triumph on the resolute, cruel mouth, as he lifted with his hands a *black cap*. Malcolmson felt as if the blood was running from his heart, as one does in moments of prolonged suspense. There was a singing in his ears. Without, he could hear the roar and howl of the tempest, and through it, swept on the storm, came the striking of midnight by the great chimes in the market place. He stood for a space of time that seemed to him endless still as a statue, and with wide-open, horror-struck eyes, breathless. As the clock struck, so the smile of triumph on the Judge's face intensified, and at the last stroke of midnight he placed the black cap on his head.

Slowly and deliberately the Judge rose from his chair and picked up the piece of the rope of the alarm bell which lay on the floor, drew it through his hands as if he enjoyed its touch, and then deliberately began to knot one end of it, fashioning it into a noose. This he tightened and tested with his foot, pulling hard at it till he was satisfied and then making a running noose of it, which he held in his hand. Then he began to move along the table on the opposite side to Malcolmson keeping his eyes on him until he had passed him, when with a quick movement he stood in front of the door. Malcolmson then began to feel that he was trapped, and tried to think of what he should do. There was some fascination in the Judge's eyes, which he never took off him, and he had, perforce, to look. He saw the Judge approach – still keeping between him and the door – and raise the noose and throw it to-

krankhafter Lähmung. Seine Kraft schien von ihm gewichen zu sein, und er war unfähig zu handeln oder sich zu bewegen, konnte kaum noch denken. Er konnte nur noch sehen und hören.

Dort, auf dem großen geschnitzten Eichensessel mit der hohen Rückenlehne, saß der Richter in seiner scharlachroten, hermelinverbrämten Robe, seine unheilbringenden Augen starrten voller Rachsucht, und ein frohlockendes Lächeln lag auf seinem entschlossenen, grausamen Mund, als er mit den Händen die Schwarze Kappe lüpfte. Es war Malcolmson, als strömte alles Blut aus seinem Herzen, so wie man in Augenblicken bangster Erwartung verspürt. In seinen Ohren rauschte es. Von draußen vernahm er das Toben und Heulen des Windes, und dazwischen drangen, vom Sturm getragen, die Klänge der großen Dorfglocken auf dem Marktplatz, die Mitternacht schlugen. Er stand eine geraume Zeit, die ihm endlos vorkam, wie ein Steinbild, atemlos mit aufgerissenen, schreckerfüllten Augen. Das frohlockende Lächeln auf dem Gesicht des Richters wuchs bei den Schlägen der Glocke, und beim letzten Schlag der Mitternacht setzte er sich die Schwarze Kappe auf.

Langsam und bedächtig erhob sich der Richter aus dem Sessel, ergriff das Stück Seil der Sturmglocke, das auf dem Boden lag, ließ es durch die Hand gleiten, als erfreute ihn die Berührung, und begann dann bedächtig, ein Ende zu verknoten und eine Schlinge zu bilden. Er zog sie an und prüfte sie mit einem Fuß, zog fest an ihr, bis er zufrieden war, und machte dann daraus eine Laufschlinge, die er in der Hand hielt. Nun bewegte er sich Malcolmson gegenüber am Tisch entlang, ohne seine Augen von ihm zu wenden, bis er an ihm vorbei war, und stellte sich dann mit einer raschen Bewegung vor die Tür. Malcolmson spürte allmählich, daß er in eine Falle geraten war, und überlegte, was er machen sollte. Die Augen des Richters, die er nie abwandte, hatten eine seltsame Anziehungskraft und zwangen Malcolmson, ihn anzuschauen. Er sah den Richter näher kommen, immer zwischen ihm und der Tür, die Schlinge heben und nach ihm werfen, wie um ihn einzufangen. Mit großer

wards him as if to entangle him. With a great effort he made a quick movement to one side, and saw the rope fall beside him, and heard it strike the oaken floor. Again the Judge raised the noose and tried to ensnare him, ever keeping his baleful eyes fixed on him, and each time by a mighty effort the student just managed to evade it. So this went on for many times, the Judge seeming never discouraged nor discomposed at failure, but playing as a cat does with a mouse. At last in despair, which had reached its climax, Malcolmson cast a quick glance round him. The lamp seemed to have blazed up, and there was a fairly good light in the room. At the many rat-holes and in the chinks and crannies of the wainscot he saw the rats' eyes; and this aspect, that was purely physical, gave him a gleam of comfort. He looked around and saw that the rope of the great alarm bell was laden with rats. Every inch of it was covered with them, and more and more were pouring through the small circular hole in the ceiling whence it emerged, so that with their weight the bell was beginning to sway.

Hark! it had swayed till the clapper had touched the bell. The sound was but a tiny one, but the bell was only beginning to sway, and it would increase.

At the sound the Judge, who had been keeping his eyes fixed on Malcolmson, looked up, and a scowl of diabolical anger overspread his face. His eyes fairly glowed like hot coals, and he stamped his foot with a sound that seemed to make the house shake. A dreadful peal of thunder broke overhead as he raised the rope again, whilst the rats kept running up and down the rope as though working against time. This time, instead of throwing it, he drew close to his victim, and held open the noose as he approached. As he came closer there seemed something paralysing in his very presence, and Malcolmson stood rigid as a corpse. He felt the Judge's icy fingers

Anstrengung machte er eine rasche Bewegung seitwärts, sah das Seil neben sich niederfallen und hörte, wie es auf den Eichenboden aufschlug. Und wieder hob der Richter die Schlinge und versuchte ihn zu fangen und hielt seine unheilbringenden Augen unverwandt auf ihn gerichtet, und wieder gelang es dem Studenten mit großem Kraftaufwand gerade noch zu entwischen. So ging es weiter, immer von neuem, und nie schien der Richter den Mut zu verlieren noch durch den Mißerfolg enttäuscht zu sein. Er spielte wie die Katze mit der Maus. Schließlich in Verzweiflung, die ihren Höhepunkt erreicht hatte, warf Malcolmson ganz rasch einen Blick um sich. Die Lampe schien aufgeflammt zu sein, und im Zimmer herrschte ein recht gutes Licht. Aus den vielen Rattenlöchern und aus den Rissen und Ritzen der Täfelung glitzerten Rattenaugen. Und dieser nur sinnlich wahrnehmbare Umstand gab ihm einen Schimmer der Beruhigung. Er blickte umher und sah, daß das Seil der Sturmglocke mit Ratten besetzt war, jeder Zentimeter war mit ihnen bedeckt, und mehr und mehr ergossen sich durch das kleine runde Loch in der Decke, aus dem es herausging, so daß unter ihrem Gewicht die Glocke zu pendeln anfing.

Da! der Strick hatte sich so stark bewegt, daß der Klöppel die Glocke berührte. Es war nur ein sehr leiser Klang, aber die Glocke fing ja erst an zu schwingen, sie würde nun immer lauter werden.

Als der Richter, der Malcolmson nicht aus den Augen gelassen hatte, diesen Ton vernahm, blickte er auf, und ein wütender, teuflischer Ausdruck breitete sich über sein Gesicht aus. Seine Augen glühten wie Kohlen, und er stampfte so hart mit dem Fuß auf, daß das Haus zu erzittern schien. Ein furchtbarer Donnerschlag ertönte, als er den Strang wieder anhob, während die Ratten unausgesetzt an dem Seil auf und ab rannten, als dürften sie keine Zeit verlieren. Diesmal warf er das Seil nicht, sondern näherte sich seinem Opfer, wobei er die Schlinge offen hielt. Indem er näher herankam, schien irgendeine lähmende Kraft von ihm auszugehen, und Malcolmson stand starr wie ein Toter. Schon fühlte er, wie die eisigen Finger des Richters seinen

touch his throat as he adjusted the rope. The noose tightened – tightened. Then the Judge, taking the rigid form of the student in his arms, carried him over and placed him standing in the oak chair, and stepping up beside him, put his hand up and caught the end of the swaying rope of the alarm bell. As he raised his hand the rats fled squeaking, and disappeared through the hole in the ceiling. Taking the end of the noose which was round Malcolmson's neck he tied it to the hanging-bell rope, and then descending pulled away the chair.

When the alarm bell of the Judge's House began to sound a crowd soon assembled. Lights and torches of various kinds appeared, and soon a silent crowd was hurrying to the spot. They knocked loudly at the door, but there was no reply. Then they burst in the door, and poured into the great dining-room, the doctor at the head.

There at the end of the rope of the great alarm bell hung the body of the student, and on the face of the Judge in the picture was a malignant smile.

Hals berührten und ihm das Seil umlegten. Die Schlinge wurde enger, immer enger. Nun umklammerte der Richter den reglosen Körper des Studenten, hob ihn hoch und stellte ihn aufrecht in den Eichensessel; er stieg hinauf und stellte sich neben ihn; er hob die Hand und ergriff das Ende des schwingenden Seiles der Sturmglocke. Bei dieser Bewegung entflohen die Ratten mit Quietschen und verschwanden in dem Loch in der Decke. Der Richter nahm das Ende der Schlinge, die um Malcolmsons Hals lag, und verknüpfte es mit dem Glockenseil. Dann stieg er hinunter und zerrte den Sessel weg.

Als die Sturmglocke im Haus des Richters zu läuten begann, strömten sogleich viele Menschen zusammen. Lichter und Lampen aller Art wurden gebracht, und bald machte sich eine Schar schweigender Menschen eilig auf den Weg. Die vordersten klopften laut an die Tür, bekamen aber keine Antwort. Dann brachen sie die Tür auf und stürzten in das große Speisezimmer, allen voran der Arzt.

Am Ende des Seiles der großen Sturmglocke hing die Leiche des Studenten, und das Gesicht des Richters auf dem Bilde zeigte ein böses Lächeln.

"You are not really dying, are you?" asked Amanda.

"I have the doctor's permission to live till Tuesday," said Laura.

"But today is Saturday; this is serious!" gasped Amanda.

"I don't know about it being serious; it is certainly Saturday," said Laura.

"Death is always serious," said Amanda.

"I never said I was going to die. I am presumably going to leave off being Laura, but I shall go on being something. An animal of some kind, I suppose. You see, when one hasn't been very good in the life one has just lived, one reincarnates in some lower organism. And I haven't been very good, when one comes to think of it. I've been petty and mean and vindictive and all that sort of thing when circumstances have seemed to warrant it."

"Circumstances never warrant that sort of thing," said Amanda hastily.

"If you don't mind my saying so," observed Laura, "Egbert is a circumstance that would warrant any amount of that sort of thing. You're married to him – that's different; you've sworn to love, honour, and endure him: I haven't."

"I don't see what's wrong with Egbert," protested Amanda.

"Oh, I dare say the wrongness has been on my part," admitted Laura dispassionately; "he has merely been the extenuating circumstance. He made a thin, peevish kind of fuss, for instance, when I took the collie puppies from the farm out for a run the other day."

"They chased his young broods of speckled Sussex and drove two sitting hens off their nests, besides

Saki
Laura

«Es wird dir doch nicht einfallen zu sterben?» fragte Amanda.

«Der Doktor gestattet mir, bis Dienstag am Leben zu bleiben», sagte Laura.

«Und heute ist Samstag. Das ist ja wirklich ernst», stammelte Amanda.

«Was heißt hier ernst?» sagte Laura. «Natürlich ist heute Samstag.»

«Sterben ist jedenfalls etwas Ernstes», sagte Amanda.

«Ich habe ja nie gesagt, daß ich sterben würde. Voraussichtlich werde ich aufhören, Laura zu sein. Aber irgendetwas werde ich auch nachher sein. Irgendein Tier, nehme ich an. Du weißt doch: wenn man in dem Leben, das man gerade gelebt hat, nicht sehr brav gewesen ist, dann ersteht man in einem niederen Organismus wieder. Und ich bin tatsächlich nicht besonders brav gewesen, wenn man es sich mal überlegt. Ich war gemein und kleinlich und nachtragend und so weiter, wenn die Umstände es halbwegs rechtfertigten.»

«So etwas rechtfertigen die Umstände niemals!» unterbrach sie Amanda.

«Nimm es mir nicht übel, aber zum Beispiel Egbert ist ein Umstand, der jede Menge von ‹so etwas› rechtfertigt. Du bist mit ihm verheiratet, das ist etwas anderes. Du hast geschworen, daß du ihn lieben, ehren und ertragen willst. Ich habe das nicht.»

«Ich verstehe wirklich nicht, was an Egbert zu beanstanden ist», protestierte Amanda.

«Na, mag sein, daß ich selber zu beanstanden war», gab Laura gelassen zu. «Immerhin war er der mildernde Umstand. Zum Beispiel: was hat er neulich für eine lächerliche, dumme Geschichte draus gemacht, als ich die Collie-Welpen vom Hof auf einen Spaziergang mitnahm!»

«Nun, sie haben seine gesprenkelten Sussexküken gejagt und zwei Hennen von ihrem Gelege aufgescheucht, und

running all over the flower beds. You know how devoted he is to his poultry and garden."

"Anyhow, he needn't have gone on about it for the entire evening and then have said, 'Let's say no more about it' just when I was beginning to enjoy the discussion. That's where one of my petty vindictive revenges came in," added Laura with an unrepentant chuckle; "I turned the entire family of speckled Sussex into his seedling shed the day after the puppy episode."

"How could you?" exclaimed Amanda.

"It came quite easy," said Laura; "two of the hens pretended to be laying at the time, but I was firm."

"And we thought it was an accident!"

"You see," resumed Laura, "I really have some grounds for supposing that my next incarnation will be in a lower organism. I shall be an animal of some kind. On the other hand, I haven't been a bad sort in my way, so I think I may count on being a nice animal, something elegant and lively, with a love of fun. An otter, perhaps."

"I can't imagine you as an otter," said Amanda.

"Well, I don't suppose you can imagine me as an angel, if it comes to that," said Laura.

Amanda was silent. She couldn't.

"Personally I think an otter life would be rather enjoyable," continued Laura; "salmon to eat all the year around, and the satisfaction of being able to fetch the trout in their own homes without having to wait for hours till they condescend to rise to the fly you've been dangling before them; and an elegant svelte figure —"

"Think of the otter hounds," interposed Amanda; "how dreadful to be hunted and harried and finally worried to death!"

"Rather fun with half the neighbourhood looking on, and anyhow not worse than this Saturday-to-

dabei sind sie über die Blumenbeete gerast. Du weißt doch, wie er an seinem Geflügel und an seinem Garten hängt.»

«Jedenfalls brauchte er nicht den geschlagenen Abend davon zu reden und dann zu sagen: ‹Nun aber nichts mehr davon!› – gerade als die Auseinandersetzung anfing, mich zu amüsieren. In diesem Moment erwachte meine kleinliche Rachsucht.» Laura fuhr mit einem Kichern fort, in dem keinerlei Bedauern mitschwang: «Ich jagte die ganze gesprenkelte Sussex-Familie in sein Frühbeet am Tag nach der Geschichte mit den kleinen Hunden.»

«Wie konntest du aber auch!» rief Amanda.

«Oh, es ging ganz leicht», meinte Laura. «Zwei Hennen taten so, als ob sie brüteten, aber ich ließ nicht locker.»

«Und wir dachten, es sei ein unglücklicher Zufall!»

«Siehst du», erklärte Laura, «ich habe tatsächlich allen Grund, anzunehmen, daß meine nächste Wiedergeburt in einem niedrigeren Organismus stattfinden wird. Ich werde irgendein Tier sein. Andrerseits, auf meine Art bin ich gar nicht so übel gewesen, und so rechne ich halbwegs damit, ein nettes Tier zu werden, irgendein anmutiges, lebhaftes, mit Freude am Spaß. Vielleicht ein Otter.»

«Ich kann dich mir nicht als Otter vorstellen», sagte Amanda.

«Na, was das betrifft … als einen Engel kannst du mich dir aber doch auch nicht vorstellen», sagte Laura.

Amanda schwieg. Das konnte sie wirklich nicht.

«Ich für mein Teil könnte mir so ein Otterleben ganz vergnüglich denken», fuhr Laura fort. «Das ganze Jahr Lachs essen – und stell dir vor: der Spaß, die Forelle direkt aus ihrem Schlupfwinkel zu greifen und nicht stundenlang lauern zu müssen, bis sie sich herabläßt, die Fliege anzunehmen, die du vor ihr hast baumeln lassen! Außerdem eine anmutige, geschmeidige Figur…»

«Aber denk doch an die Otterhunde», fiel Amanda ihr ins Wort. «Wie gräßlich, von ihnen gejagt und gequält und schließlich zu Tode gepeinigt zu werden.»

«Ist doch ganz lustig, wenn die ganze Nachbarschaft zusieht! jedenfalls nicht schlimmer, als diese stückchenweise

Tuesday business of dying by inches; and then I should go on into something else. If I had been a moderately good otter I suppose I should get back into human shape of some sort; probably something rather primitive – a little brown, unclothed Nubian boy, I should think."

"I wish you would be serious," sighed Amanda; "you really ought to be if you're only going to live till Tuesday."

As a matter of fact Laura died on Monday.

"So dreadfully upsetting," Amanda complained to her uncle-in-law, Sir Lulworth Quayne. "I've asked quite a lot of people down for golf and fishing, and the rhododendrons are just looking their best."

"Laura always was inconsiderate," said Sir Lulworth; "she was born during Goodwood week, with an Ambassador staying in the house who hated babies."

"She had the maddest kind of ideas," said Amanda; "do you know if there was any insanity in her family?"

"Insanity? No, I never heard of any. Her father lives in West Kensington, but I believe he's sane on all other subjects."

"She had an idea that she was going to be reincarnated as an otter," said Amanda.

"One meets with those ideas of reincarnation so frequently, even in the West," said Sir Lulworth, "that one can hardly set them down as being mad. And Laura was such an unaccountable person in this life that I should not like to lay down definite rules as to what she might be doing in an after state."

"You think she really might have passed into some animal form?" asked Amanda. She was one of those who shape their opinions rather readily from the standpoint of those around them.

Just then Egbert entered the breakfast-room, wearing an air of bereavement that Laura's demise

Von-Samstag-bis-Dienstag-Sterberei. Und danach würde ich mich in etwas anderes verwandeln. Wenn ich ein leidlich anständiger Otter gewesen wäre, dann würde ich wohl wieder irgendeine menschliche Gestalt annehmen. Wahrscheinlich etwas ziemlich Primitives. Zum Beispiel ein kleiner brauner, nackter Nubierjunge.»

«Ich wünschte, du wärest etwas ernster», seufzte Amanda. «Das wäre wirklich angebracht – wenn du nur noch bis Dienstag zu leben hast...»

Tatsächlich starb Laura am Montag.

«Schrecklich ungelegen», klagte Amanda ihrem Schwiegeronkel, Sir Lulworth Quayne. «Eben habe ich eine Menge Leute zum Golf und zum Fischen eingeladen, und die Rhododendren stehen in herrlichster Blüte.»

«Laura war stets unüberlegt», erwiderte Sir Lulworth. «Ausgerechnet in der Goodwood-Woche kam sie damals auf die Welt, und ausgerechnet war ein Botschafter Hausgast, dem kleine Kinder ein Greuel waren.»

«Sie hatte die verrücktesten Einfälle», sagte Amanda. «Weißt du, ob in ihrer Familie jemals Geisteskrankheit aufgetreten ist?»

«Geisteskrankheit? Nicht, daß ich wüßte. Ihr Vater lebt in West Kensington, aber im übrigen ist er, glaube ich, ganz normal.»

«Sie hat sich eingebildet, sie werde als ein Otter wiedererstehen», sagte Amanda.

«Man begegnet diesen Gedanken an Seelenwanderung so häufig, sogar im Westen», meinte Sir Lulworth, «daß man sie kaum als verrückt abtun kann. Und Laura war in diesem Leben eine so närrische Person, daß ich mich nicht darauf festlegen möchte, was in einem künftigen Leben aus ihr werden könnte.»

«Du meinst tatsächlich, daß sie in die Gestalt irgend eines Tieres eingehen könnte?» fragte Amanda. Sie gehörte zu den Leuten, die ihre Ansichten denen ihrer Umgebung bereitwillig anpassen.

In diesem Augenblick betrat Egbert das Frühstückszimmer, und zwar mit einer so schmerzlichen Trauermiene,

would have been insufficient, in itself, to account for.

"Four of my speckled Sussex have been killed," he exclaimed; "the very four that were to go to the show on Friday. One of them was dragged away and eaten right in the middle of that new carnation bed that I've been to such trouble and expense over. My best flower bed and my best fowls singled out for destruction; it almost seems as if the brute that did the deed had special knowledge how to be as devastating as possible in a short space of time."

"Was it a fox, do you think?" asked Amanda.

"Sounds more like a polecat," said Sir Lulworth.

"No," said Egbert, "there were marks of webbed feet all over the place, and we followed the tracks down to the stream at the bottom of the garden; evidently an otter."

Amanda looked quickly and furtively across at Sir Lulworth.

Egbert was too agitated to eat any breakfast, and went out to superintend the strengthening of the poultry yard defences.

"I think she might at least have waited till the funeral was over," said Amanda in a scandalized voice.

"It's her own funeral, you know," said Sir Lulworth; "it's a nice point in etiquette how far one ought to show respect to one's own mortal remains."

Disregard for mortuary convention was carried to further lengths next day; during the absence of the family at the funeral ceremony the remaining survivors of the speckled Sussex were massacred. The marauder's line of retreat seemed to have embraced most of the flower beds on the lawn, but the strawberry beds in the lower garden had also suffered.

"I shall get the otter hounds to come here at the earliest possible moment," said Egbert savagely.

wie sie Lauras Hinscheiden allein gewiß nicht bewirkt haben konnte.

«Vier von meinen gesprenkelten Sussexhühnern sind getötet worden», rief er. «Gerade die vier, die zu der Ausstellung am Freitag geschickt werden sollten. Eins von ihnen wurde fortgeschleppt und mitten in dem neuen Nelkenbeet aufgefressen, das mich so viel Mühe und Geld gekostet hat. Ausgerechnet mein bestes Blumenbeet und meine besten Hennen sind zugrundegerichtet worden! Es sieht wirklich so aus, als wenn das Tier, das da am Werk war, genau gewußt hätte, wie es möglichst schnell möglichst viel kaputtmachen könnte.»

«Meinst du, es war ein Fuchs?» fragte Amanda.

«Es klingt mehr nach einem Iltis», sagte Sir Lulworth.

«Nein», sagte Egbert. «Überall im Gelände waren Trittspuren von Schwimmflossen. Wir sind ihnen bis zum Fluß am Ende des Gartens nachgegangen. Augenscheinlich ein Otter.»

Amanda warf einen schnellen, verstohlenen Blick hinüber zu Sir Lulworth.

Egbert war zu aufgeregt, um irgendetwas zu frühstücken, und so ging er hinaus, um die Verstärkung der Hühnerstallzäune zu überwachen.

«Ich finde, sie hätte wenigstens das Begräbnis abwarten können», sagte Amanda entrüstet.

«Schließlich ist es ihr eigenes Begräbnis», meinte Sir Lulworth. «Es wäre eine interessante Frage der Etikette, wie weit man den eigenen sterblichen Überresten Respekt zu erzeigen hat.»

Am folgenden Tage ging diese Mißachtung von Begräbnis-Gepflogenheiten noch weiter. Während die Familie zur Beerdigung abwesend war, wurden die überlebenden gesprenkelten Sussexhühner massakriert. Der Rückzug des Räubers hatte offensichtlich den meisten Blumenrabatten im Rasen übel mitgespielt, aber auch die Erdbeerbeete im unteren Garten waren arg betroffen.

«Ich werde so schnell wie möglich die Otterhunde kommen lassen», rief Egbert wutschnaubend.

"On no account! You can't dream of such a thing!" exclaimed Amanda. "I mean, it wouldn't do, so soon after a funeral in the house."

"It's a case of necessity," said Egbert; "once an otter takes to that sort of thing it won't stop."

"Perhaps it will go elsewhere now that there are no more fowls left," suggested Amanda.

"One would think you wanted to shield the beast," said Egbert.

"There's been so little water in the stream lately," objected Amanda; "it seems hardly sporting to hunt an animal when it has so little chance of taking refuge anywhere."

"Good gracious!" fumed Egbert, "I'm not thinking about sport. I want to have the animal killed as soon as possible."

Even Amanda's opposition weakened when, during church time on the following Sunday, the otter made its way into the house, raided half a salmon from the larder and worried it into scaly fragments on the Persian rug in Egbert's studio.

"We shall have it hiding under our beds and biting pieces out of our feet before long," said Egbert, and from what Amanda knew of this particular otter she felt that the possibility was not a remote one.

On the evening preceding the day fixed for the hunt Amanda spent a solitary hour walking by the banks of the stream, making what she imagined to be hound noises. It was charitably supposed by those who overheard her performance, that she was practising for farmyard imitations at the forthcoming village entertainment.

It was her friend and neighbour, Aurora Burret, who brought her news of the day's sport.

"Pity you weren't out; we had quite a good day. We found it at once, in the pool just below your garden."

"Did you – kill?" asked Amanda.

«Keinesfalls! Davon kannst du doch nicht einmal träumen», rief Amanda. «Ich meine, ich würde das nicht tun, so kurze Zeit nach dem Trauerfall hier im Hause.»

«Es ist unvermeidlich», sagte Egbert. «Wenn ein Otter erst einmal mit so etwas angefangen hat, dann gibt's kein Halten mehr.»

«Vielleicht geht er nun anderswohin, weil hier ja keine Hühner mehr sind», erwog Amanda.

«Man könnte wirklich meinen, daß du das Biest schützen möchtest», sagte Egbert.

«Der Fluß hat in letzter Zeit so wenig Wasser», widersprach Amanda. «Es ist unsportlich, ein Tier zu jagen, wenn es so wenig Möglichkeit hat, sich irgendwo zu verbergen.»

«Zum Teufel», schäumte Egbert, «ich denke doch jetzt nicht an Sport! Ich will das Tier so bald wie möglich getötet haben.»

Selbst Amandas Widerstand erlahmte, als am nächsten Sonntag während der Kirchzeit der Otter sich ins Haus schlich, einen halben Lachs aus der Speisekammer stahl und ihn auf dem Perserteppich in Egberts Zimmer in schuppige Reste zerzauste.

«Nächstens werden wir es erleben, daß er sich unter unseren Betten versteckt und unsere Füße anknabbert», sagte Egbert. Und nach allem, was Amanda speziell von diesem Otter wußte, konnte sie sich vorstellen, daß dieser Gedanke nicht ganz abwegig war.

Am Abend vor der Jagd verbrachte Amanda eine einsame Stunde auf- und abgehend am sandigen Flußufer und gab Töne von sich, die wie Hundegebell klingen sollten. Zufällige Zeugen dieser Darbietung nahmen gutmütigerweise an, daß sie Bauernhof-Geräusche für die geplante Aufführung des Dorftheaters übte.

Aurora Barrett, ihre Freundin und Nachbarin, war es dann, die ihr den Verlauf des kurzweiligen Tages schilderte.

«Zu schade, daß du nicht dabei warst. Wir hatten eine gute Jagd. Wir fanden ihn gleich in dem Teich unterhalb eures Gartens.»

«Habt ihr ihn – getötet?» fragte Amanda.

"Rather. A fine she-otter. Your husband got rather badly bitten in trying to 'tail it.' Poor beast, I felt quite sorry for it, it had such a human look in its eyes when it was killed. You'll call me silly, but do you know who the look reminded me of? My dear woman, what is the matter?"

When Amanda had recovered to a certain extent from her attack of nervous prostration Egbert took her to the Nile Valley to recuperate. Change of scene speedily brought about the desired recovery of health and mental balance. The escapades of an adventurous otter in search of a variation of diet were viewed in their proper light. Amanda's normally placid temperament reasserted itself. Even a hurricane of shouted curses, coming from her husband's dressing-room, in her husband's voice, but hardly in his usual vocabulary, failed to disturb her serenity as she made a leisurely toilet one evening in a Cairo hotel.

"What is the matter? What has happened?" she asked in amused curiosity.

"The little beast has thrown all my clean shirts into the bath! Wait till I catch you, you little –"

"What little beast?" asked Amanda, suppressing a desire to laugh; Egbert's language was so hopelessly inadequate to express his outraged feelings.

"A little beast of a naked brown Nubian boy," spluttered Egbert.

And now Amanda is seriously ill.

«Aber sicher! Ein prächtiges Otterweibchen. Dein Mann wurde schrecklich von ihm gebissen, als er es am Schwanz packen wollte. Das arme Tier – mir tat es leid: es hatte solch einen menschlichen Ausdruck, als man es tötete. Du magst mich für verdreht halten, aber weißt du, an wen sein Blick mich erinnerte? Aber meine Gute, was ist mit dir los?»

Nachdem Amanda sich von ihrem nervösen Schwächezustand einigermaßen erholt hatte, fuhr Egbert mit ihr zu ihrer völligen Wiederherstellung nach Ägypten ins Niltal. Dieser Szenenwechsel brachte bald die erhoffte körperliche und seelische Genesung. Die Streiche eines abenteuerlustigen Otters, der Abwechslung in seinen Eßgewohnheiten suchte, erschienen ihr längst als etwas Normales. Ihre typische gelassene Gemütsverfassung stellte sich wieder ein. Sogar ein Donnerwetter von heftigen Flüchen, die aus dem Ankleidezimmer ihres Mannes kamen – in seiner Stimme, aber durchaus nicht in seinem sonstigen Wortschatz – vermochten sie nicht aus der Ruhe zu bringen; sie machte gerade gemächlich Toilette, es war im Hotel in Kairo.

Amüsiert und neugierig fragte sie: «Was ist denn los? Was ist passiert?»

«Das kleine Biest hat meine sauberen Hemden in die Badewanne geworfen. Warte! Wenn ich dich kriege, du...»

«Was für ein kleines Biest?» fragte Amanda, indem sie ihre Lachlust unterdrückte. Egberts Wortschatz reichte anscheinend nicht aus, seine Empörung auszudrücken.

Hastig stieß er hervor: «Ein kleines Biest von einem nackten, braunen Nubierjungen!»

Und nun ist Amanda ernstlich krank.

Mary Cholmondeley
Let Loose

The dead abide with us! Though stark and cold
Earth seems to grip them, they are with us still.

Some years ago I took up architecture, and made a tour through Holland, studying the buildings of that interesting country. I was not then aware that it is not enough to take up art. Art must take you up, too. I never doubted but that my passing enthusiasm for her would be returned. When I discovered that she was a stem mistress, who did not immediately respond to my attentions, I naturally transferred them to another shrine. There are other things in the world besides art. I am now a landscape gardener.

But at the time of which I write I was engaged in a violent flirtation with architecture. I had one companion on this expedition, who has since become one of the leading architects of the day. He was a thin, determined-looking man with a screwed-up face and heavy jaw, slow of speech, and absorbed in his work to a degree which I quickly found tiresome. He was possessed of a certain quiet power of overcoming obstacles which I have rarely seen equalled. He has since become my brother-in-law, so I ought to know; for my parents did not like him much and opposed the marriage, and my sister did not like him at all, and refused him over and over again; but, nevertheless, he eventually married her.

I have thought since that one of his reasons for choosing me as his travelling companion on this occasion was because he was getting up steam for what he subsequently termed "an alliance with my family", but the idea never entered my head at the time.

A more careless man as to dress I have rarely

Mary Cholmondeley
Losgelassen

Die Toten verweilen bei uns! Auch wenn die starre kalte
Erde sie festzuhalten scheint, sie sind stets bei uns.

Vor einigen Jahren wandte ich mich der Architektur zu und
machte eine Rundreise durch Holland, um die Bauwerke
dieses interessanten Landes zu studieren. Es war mir damals
nicht klar, daß es nicht genügt, sich der Kunst zuzuwenden.
Die Kunst muß sich auch dir zuwenden. Ich hatte keinen
Zweifel gehabt, daß sie meine flüchtige Begeisterung erwi-
dern würde. Als ich entdeckte, daß sie eine spröde Geliebte
war, die nicht gleich auf meine Aufmerksamkeit einging,
übertrug ich diese natürlich auf ein anderes Heiligtum. Es
gibt auch noch etwas anderes auf der Welt als Kunst. Ich
bin jetzt Landschaftsgärtner.

Doch zu der Zeit, von der ich schreibe, hatte ich mich auf
einen heftigen Flirt mit der Architektur eingelassen. Ich
hatte einen Gefährten auf dieser Expedition, der inzwischen
einer der führenden Architekten unserer Zeit geworden ist.
Er war ein dünner, entschieden aussehender Mann mit ver-
schlossenem Gesicht und starkem Unterkiefer, sprach langsam und ging in seiner Arbeit in einem Maße auf, das ich
rasch ermüdend fand. Er besaß eine gewisse stille Fähigkeit, Hindernisse zu überwinden, die ich in diesem Ausmaß
sonst kaum je gefunden habe. Mittlerweile ist er mein
Schwager geworden, also muß ich es wissen. Meine Eltern
mochten ihn nicht sonderlich und waren gegen die Ehe, und
meine Schwester mochte ihn überhaupt nicht und wies
ihn wieder und wieder ab; und dennoch heiratete er sie
schließlich.

Ich bin seither zu dem Schluß gekommen, daß einer der
Gründe, warum er mich als Reisegefährten für diese Gelegenheit auswählte, der Plan war, die, wie er es später nannte, «Verbindung mit meiner Familie» ins Werk zu setzen.
Doch damals kam mir diese Idee nicht.

Einen bezüglich der Kleidung sorgloseren Menschen habe

met, and yet, in all the heat of July in Holland, I noticed that he never appeared without a high, starched collar, which had not even fashion to commend it at that time.

I often chaffed him about his splendid collars, and asked him why he wore them, but without eliciting any response. One evening, as we were walking back to our lodgings in Middeburg, I attacked him for about the thirtieth time on the subject.

"Why on earth do you wear them?" I said.

"You have, I believe, asked me that question many times," he replied, in his slow, precise utterance; "but always on occasions when I was occupied. I am now at leisure, and I will tell you."

And he did.

I have put down what he said, as nearly in his own words as I can remember them.

Ten years ago, I was asked to read a paper on English Frescoes at the Institute of British Architects. I was determined to make the paper as good as I could, down to the slightest details, and I consulted many books on the subject, and studied every fresco I could find. My father, who had been an architect, had left me, at his death, all his papers and note-books on the subject of architecture. I searched them diligently, and found in one of them a slight unfinished sketch of nearly fifty years ago that specially interested me. Underneath was noted, in his clear, small hand – *Fresco east wall of crypt. Parish Church. Wet Waste-on-the-Wolds, Yorkshire (via Pickering).*

The sketch had such a fascination for me that I decided to go there and see the fresco for myself. I had only a very vague idea as to where Wet Waste-on-the-Wolds was, but I was ambitious for the success of my paper, it was hot in London, and I set off on my long journey not without a certain degree

ich selten getroffen, und doch fiel mir auf, daß er in der ganzen holländischen Julihitze nie ohne einen hohen, gestärkten Kragen ausging, der nicht einmal durch modische Form sich empfohlen hätte.

Ich neckte ihn oft wegen seiner formidabel hohen Krägen und fragte ihn, warum er sie trage, ohne ihm irgendeine Antwort zu entlocken. Als wir eines Abends zu unserer Herberge in Middeburg zurückkehrten, ging ich ihn etwa zum dreißigsten Male deswegen an.

«Warum, um Himmels willen, trägst du sie?» fragte ich.

«Du hast mir diese Frage, glaube ich, viele Male gestellt», antwortete er in seiner bedächtigen Ausdrucksweise, «doch immer, wenn ich beschäftigt war. Jetzt habe ich Zeit, darum will ich es dir erzählen.»

Und das tat er.

Ich habe aufgeschrieben, was er sagte, so wortgetreu wie ich mich erinnern kann.

Vor zehn Jahren wurde ich gebeten, im Institut für Britische Architekten einen Vortrag über britische Fresken zu halten. Ich hatte mir vorgenommen, den Vortrag so gut wie möglich zu machen, bis hin zu den geringsten Einzelheiten. Ich zog viele Bücher über das Thema zu Rate und studierte jedes Fresko, das ich finden konnte. Mein Vater, der Architekt gewesen war, hatte mir nach seinem Tode all seine Papiere und Notizbücher über Architektur hinterlassen. Ich durchforschte sie sorgfältig und fand in einem von ihnen eine fast fünfzig Jahre alte, nicht ganz zu Ende geführte Skizze, die mich besonders interessierte. Darunter stand in seiner klaren kleinen Handschrift: *Freskierte Ostwand der Krypta. Dorfkirche. Wet Waste-on-the-Wolds, Yorkshire (via Pickering).*

Die Zeichnung faszinierte mich so sehr, daß ich beschloß, dorthin zu fahren und das Fresko selbst zu besichtigen. Ich hatte nur eine sehr unklare Vorstellung, wo Wet Waste-on-the-Wolds lag, doch mich trieb der Ehrgeiz nach dem Erfolg meines Vortrags; zudem war es in London heiß, so daß ich zu meiner langen Reise nicht ohne ein gewisses Vergnügen

of pleasure, with my dog Brian, a large nondescript brindled creature, as my only companion.

I reached Pickering, in Yorkshire, in the course of the afternoon, and then began a series of experiments on local lines which ended, after several hours, in my finding myself deposited at a little out-of-the-world station within nine or ten miles of Wet Waste. As no conveyance of any kind was to be had, I shouldered my portmanteau, and set out on a long white road that stretched away into the distance over the bare, treeless wold. I must have walked for several hours, over a waste of moorland patched with heather, when a doctor passed me, and gave me a lift to within a mile of my destination. The mile was a long one, and it was quite dark by the time I saw the feeble glimmer of lights in front of me, and found that I had reached Wet Waste. I had considerable difficulty in getting any one to take me in; but at last I persuaded the owner of the public-house to give me a bed, and, quite tired out, I got into it as soon as possible, for fear he should change his mind, and fell asleep to the sound of a little stream below my window.

I was up early next morning, and inquired directly after breakfast the way to the clergyman's house, which I found was close at hand. At Wet Waste everything was close at hand. The whole village seemed composed of a straggling row of one-storeyed grey stone houses, the same colour as the stone walls that separated the few fields enclosed from the surrounding waste, and as the little bridges over the beck that ran down one side of the grey wide street. Everything was grey. The church, the low tower of which I could see at a little distance, seemed to have been built of the same stone; so was the parsonage when I came up to it, accompanied on my way by a mob of rough, uncouth children, who eyed me and Brian with half-defiant curiosity.

aufbrach, mit meinem Hund Brian, einer großen, scheckigen Promenadenmischung, als einzigem Begleiter.

Ich erreichte Pickering in Yorkshire im Laufe des Nachmittags und unternahm dann eine Reihe von Versuchen mit den örtlichen Verkehrslinien, die nach einigen Stunden damit endeten, daß ich mich schließlich an einem kleinen, abgelegenen Bahnhof, neun oder zehn Meilen von Wet Waste entfernt, abgesetzt fand. Da keinerlei Fahrgelegenheit zu bekommen war, schulterte ich meinen Mantelsack und begann eine lange weiße Landstraße entlangzuwandern, die sich über die kahle, baumlose Hochebene erstreckte. Ich muß mehrere Stunden durch ödes, mit Heidekraut geflecktes Moorland gegangen sein, als ein Arzt mich überholte und mich bis auf eine Meile vor meinen Zielort mitnahm. Diese Meile war lang, und es war vollkommen dunkel, bis ich vor mir den schwachen Schimmer von Lichtern sah und erkannte, daß ich Wet Waste erreicht hatte. Es bereitete beträchtliche Schwierigkeiten, jemanden dazu zu bringen, mich aufzunehmen; schließlich konnte ich den Besitzer des Wirtshauses überreden, mir ein Bett zu geben, legte mich völlig übermüdet so bald als möglich hinein, aus Furcht, er könnte seine Meinung ändern, und sank zu dem Murmeln eines kleinen Bachs unter meinem Fenster in Schlaf.

Am nächsten Morgen stand ich früh auf, und gleich nach dem Frühstück erkundigte ich mich nach dem Weg zum Pfarrhaus, das, wie ich erfuhr, nahebei lag. In Wet Waste war alles nahebei. Das ganze Dorf schien aus einer einzigen langen Reihe einstöckiger grauer Steinhäuser zu bestehen, von gleicher Farbe wie die Steinmauern, die die wenigen Felder von dem umgebenden Ödland trennten, und wie die kleinen Brücken über den Bach, der zur Seite der breiten grauen Straße floß. Alles war grau. Die Kirche, deren niedrigen Turm ich schon von etwas weiter weg sehen konnte, schien aus dem gleichen Stein gebaut zu sein, ebenso das Pfarrhaus, das ich nun erreichte, begleitet von einer Bande wilder, derber Kinder, die mich und Brian mit geradezu herausfordernder Neugier beäugten.

The clergyman was at home, and after a short delay I was admitted. Leaving Brian in charge of my drawing materials, I followed the servant into a low panelled room, in which, at a latticed window, a very old man was sitting. The morning light fell on his white head bent low over a litter of papers and books.

"Mr er – ?" he said, looking up slowly, with one finger keeping his place in a book.

"Blake."

"Blake," he repeated after me, and was silent.

I told him that I was an architect; that I had come to study a fresco in the crypt of his church, and asked for the keys.

"The crypt," he said, pushing up his spectacles and peering hard at me. "The crypt has been closed for thirty years. Ever since –" and he stopped short.

"I should be much obliged for the keys," I said again.

He shook his head.

"No," he said. "No one goes in there now."

"It is a pity," I remarked, "for I have come a long way with that one object"; and I told him about the paper I had been asked to read, and the trouble I was taking with it.

He became interested. "Ah!" he said, laying down his pen, and removing his finger from the page before him, "I can understand that. I also was young once, and fired with ambition. The lines have fallen to me in somewhat lonely places, and for forty years I have held the cure of souls in this place, where, truly, I have seen but little of the world, though myself may be not unknown in the paths of literature. Possibly you may have read a pamphlet written by myself, on the Syrian version of the Three Authentic Epistles of Ignatius?"

"Sir," I said, "I am ashamed to confess that I have

Der Pfarrer war zu Hause, und nach kurzer Wartezeit wurde ich eingelassen. Ich ließ mein Malzeug unter Brians Aufsicht und folgte dem Bediensteten in einen niedrigen, getäfelten Raum, wo ein sehr alter Mann vor einem Sprossenfenster saß. Das Morgenlicht fiel auf sein weißes Haupt, das über einen Wust von Papieren und Büchern gebeugt war.

«Mister em ... ?» sagte er und schaute langsam auf, wobei ein Finger seine Stelle in einem Buch markierte.

«Blake.»

«Blake», wiederholte er und schwieg.

Ich erklärte ihm, daß ich Architekt sei; daß ich gekommen sei, um ein Fresko in der Krypta seiner Kirche zu studieren, und bat um die Schlüssel.

«Die Krypta», sagte er, schob seine Brille nach oben und starrte mich unverwandt an. «Die Krypta ist seit dreißig Jahren geschlossen. Ohne Unterbrechung seit ...» Er hielt inne.

«Ich wäre sehr dankbar für die Schlüssel», sagte ich wieder.

Er schüttelte den Kopf.

«Nein», sagte er. «Niemand geht da mehr hinein.»

«Das ist ein Jammer», bemerkte ich, «denn ich bin von weither gekommen allein mit diesem Ziel.» Und ich erzählte ihm von dem Vortrag, den ich halten sollte, und der Mühe, die ich mir damit gab.

Er bekam Interesse. «Ach», sagte er, legte seine Feder weg und nahm den Finger von der Seite des Buches, das vor ihm lag, «das kann ich verstehen. Ich war auch einmal jung und ehrgeizig. Das Schicksal hat mich an etwas einsame Orte verschlagen; seit vierzig Jahren bin ich Seelsorger in diesem Dorf, wo ich, offen gestanden, nur wenig von der Welt mitbekommen habe, obgleich ich auf den Pfaden der Literatur vielleicht nicht ganz unbewandert bin. Möglicherweise haben Sie eine von mir verfaßte Abhandlung über die Syrische Fassung der drei authentischen Ignatius-Briefe gelesen?»

«Sir», sagte ich, «ich muß zu meiner Schande gestehen,

not time to read the most celebrated books. My one object in life is my art. *Ars longa, vita brevis*, you know."

"You are right, my son," said the old man, evidently disappointed, but looking at me kindly. "There are diversities of gifts, and if the Lord has entrusted you with a talent, look to it. Lay it not up in a napkin."

I said I would not do so if he would lend me the keys of the crypt. He seemed startled by my recurrence to the subject and looked undecided.

"Why not?" he murmured to himself. "The youth appears a good youth. And superstition! What is it but distrust in God!"

He got up slowly, and taking a large bunch of keys out of his pocket, opened with one of them an oak cupboard in the corner of the room.

"They should be here," he muttered, peering in; "but the dust of many years deceives the eye. See, my son, if among these parchments there be two keys; one of iron and very large, and the other steel, and of a long thin appearance."

I went eagerly to help him, and presently found in a back drawer two keys tied together, which he recognised at once.

"Those are they," he said. "The long one opens the first door at the bottom of the steps which go down against the outside wall of the church hard by the sword graven in the wall. The second opens (but it is hard of opening and of shutting) the iron door within the passage leading to the crypt itself. My son, is it necessary to your treatise that you should enter this crypt?"

I replied that it was absolutely necessary.

"Then take them," he said, "and in the evening you will bring them to me again."

I said I might want to go several days running, and asked if he would not allow me to keep them

daß ich nicht einmal die Zeit habe, die allerberühmtesten Bücher zu lesen. Der einzige Zweck meines Lebens ist die Kunst. *Ars longa, vita brevis,* wie Sie wissen.»

«Sie haben recht, mein Sohn», sagte der alte Mann offensichtlich enttäuscht, doch er sah mich freundlich an. «Es gibt die verschiedensten Begabungen, und wenn der Herr Ihnen ein Talent gegeben hat, dann pflegen Sie dieses. Stellen Sie es nicht unter den Scheffel.»

Ich sagte, das würde ich dann nicht tun, wenn er mir die Schlüssel für die Krypta auslihe. Er schien erschrocken über meine Rückwendung zu diesem Thema und wirkte unentschlossen.

«Warum auch nicht?» sprach er leise vor sich hin. «Der Junge scheint ein guter Junge zu sein. Und Aberglaube! Was ist er anderes als mangelndes Vertrauen zu Gott!»

Er stand schwerfällig auf, nahm einen großen Schlüsselbund aus seiner Tasche und schloß einen Eichenschrank in der Ecke des Zimmers auf.

«Hier müßten sie sein», murmelte er, während er hineinspähte, «doch der Staub vieler Jahre täuscht das Auge. Schauen Sie, mein Sohn, ob zwischen diesen Pergamenten zwei Schlüssel sind; einer aus Eisen und sehr groß, der andere aus Stahl, dünn und lang.»

Ich kam begierig, ihm zu helfen, und fand bald in einer hinteren Schublade zwei zusammengebundene Schlüssel, die er sofort erkannte.

«Das sind sie», sagte er. «Der lange öffnet die erste Tür am Fuß der Treppe, die an der Außenmauer der Kirche hinunterführt, direkt bei dem Schwert, das in die Mauer eingemeißelt ist. Der zweite öffnet die Eisentür – sie schließt allerdings schwer – innerhalb des Ganges, der zur Krypta selbst führt. Ist es nötig für Ihre Abhandlung, mein Sohn, daß Sie die Krypta betreten?»

Ich antwortete, es sei unbedingt nötig.

«Dann nehmen Sie die Schlüssel», sagte er, «und heute abend bringen Sie sie mir wieder.»

Ich würde vielleicht mehrere Tage hintereinander gehen, sagte ich und fragte, ob ich sie nicht behalten dürfte, bis

till I had finished my work; but on that point he was firm.

"Likewise," he added, "be careful that you lock the first door at the foot of the steps before you unlock the second, and lock the second also while you are within. Furthermore, when you come out lock the iron inner door as well as the wooden one."

I promised I would do so, and, after thanking him, hurried away, delighted at my success in obtaining the keys. Finding Brian and my sketching materials waiting for me in the porch, I eluded the vigilance of my escort of children by taking the narrow private path between the Parsonage and the church which was close at hand, standing in a quadrangle of ancient yews.

The church itself was interesting, and I noticed that it must have arisen out of the ruins of a previous building, judging from the number of fragments of stone caps and arches, bearing traces of very early carving, now built into the walls. There were incised crosses, too, in some places, and one especially caught my attention, being flanked by a large sword. It was in trying to get a nearer look at this that I stumbled, and, looking down, saw at my feet a flight of narrow stone steps green with moss and mildew. Evidently this was the entrance to the crypt. I at once descended the steps, taking care of my footing, for they were damp and slippery in the extreme. Brian accompanied me, as nothing would induce him to remain behind. By the time I had reached the bottom of the stairs, I found myself almost in darkness, and I had to strike a light before I could find the keyhole and the proper key to fit into it. The door, which was of wood, opened inwards fairly easily, although an accumulation of mould and rubbish on the ground outside showed it had not been used for many years. Having got through it, which was not altogether an

ich meine Arbeit beendet hätte, doch in diesem Punkt blieb er fest.

«Übrigens», fügte er hinzu, «achten Sie darauf, daß Sie die erste Tür am Fuß der Stufen abschließen, bevor Sie die zweite öffnen, und verschließen Sie auch die zweite, während Sie drinnen sind. Und nachher, wenn Sie herauskommen, schließen Sie die innere Eisentür ebenso wie die Holztür ab.»

Ich versprach, daß ich alles so machen wolle, dankte ihm und eilte fort, glücklich über meinen Erfolg, die Schlüssel ergattert zu haben. Ich fand Brian und mein Zeichenmaterial im Hausflur und entging der Eskorte von Kindern, indem ich den engen Privatweg zwischen dem Pfarrhaus und der Kirche nahm, welche in einem Geviert uralter Eiben stand.

Die Kirche selbst war interessant; ich stellte fest, daß sie aus der Ruine eines vorangegangenen Baus erstanden sein mußte, nach allerhand Fragmenten von Kapitellen und Bögen zu urteilen, die Spuren sehr früher Steinmetzarbeit trugen und nun in den Mauern verbaut waren. An manchen Stellen waren Kreuze eingemeißelt; eines von ihnen erregte meine besondere Aufmerksamkeit, da es von einem großen Schwert flankiert war. Beim Versuch, es näher zu betrachten, stolperte ich und sah zu meinen Füßen eine Treppe aus schmalen Steinstufen, grün schimmernd von Moos und Moder. Offenbar war dies der Eingang zur Krypta. Sogleich stieg ich die Stufen hinunter, vorsichtig, da sie äußerst feucht und rutschig waren. Brian kam mit mir, denn nichts konnte ihn bewegen, zurückzubleiben.

Als ich schließlich das untere Ende der Treppe erreicht hatte, befand ich mich nahezu im Dunkeln und mußte ein Licht anzünden, um das Schlüsselloch und den dazu passenden Schlüssel zu finden. Die hölzerne Tür ging einigermaßen leicht nach innen auf, obwohl ein Haufen modrigen Abfalls auf dem Boden davor zu erkennen gab, daß sie seit vielen Jahren nicht benutzt worden war. Nachdem ich mich durch die Tür gezwängt hatte, was alles in allem nicht einfach war, da sie sich durchaus

easy matter, as nothing would induce it to open more than about eighteen inches, I carefully locked it behind me, although I should have preferred to leave it open, as there is to some minds an unpleasant feeling in being locked in anywhere, in case of a sudden exit seeming advisable.

I kept my candle alight with some difficulty, and after groping my way down a low and of course exceedingly dank passage, came to another door. A toad was squatting against it, who looked as if he had been sitting there about a hundred years. As I lowered the candle to the floor, he gazed at the light with unblinking eyes, and then retreated slowly into a crevice in the wall, leaving against the door a small cavity in the dry mud which had gradually silted up round his person. I noticed that this door was of iron, and had a long bolt, which, however, was broken. Without delay, I fitted the second key into the lock, and pushing the door open after considerable difficulty, I felt the cold breath of the crypt upon my face. I must own I experienced a momentary regret at locking the second door again as soon as I was well inside, but I felt it my duty to do so. Then, leaving the key in the lock, I seized my candle and looked round. I was standing in a low vaulted chamber with grained roof, cut out of the solid rock. It was difficult to see where the crypt ended, as further light thrown on my point only showed other rough archways or openings, cut in the rock, which had probably served at one time for family vaults. A peculiarity of the Wet Waste crypt, which I had not noticed in other places of that description, was the tasteful arrangement of skulls and bones which were packed about four feet high on either side. The skulls were symmetrically built up to within a few inches of the top of the low archway on my left, and the shin bones were arranged in the same manner on my right. *But the fresco!* I looked round

nicht weiter als etwa zwei Spannen weit öffnen ließ, schloß ich sie sorgfältig hinter mir ab; lieber hätte ich sie offengelassen, denn für manche Gemüter ist es ein unangenehmes Gefühl, irgendwo eingeschlossen zu sein; es könnte sich ja als ratsam erweisen, schnell hinauszukommen.

Ich konnte die Kerze nur mit Mühe am Brennen halten. Nachdem ich mich einen niedrigen und, versteht sich, überaus feuchten Gang entlanggetastet hatte, kam ich zu einer weiteren Tür. Eine Kröte hockte davor, die aussah, als hätte sie hier schon hundert Jahre gesessen. Als ich die Kerze dem Boden näherte, blickte sie ohne zu blinzeln ins Licht und zog sich dann langsam in eine Ritze in der Mauer zurück; vor der Tür hinterließ sie eine kleine Mulde getrockneten Schlamms, der sich allmählich um ihren Körper angesammelt hatte. Ich stellte fest, daß diese Tür aus Eisen war und einen langen, allerdings zerbrochenen Riegel hatte. Ohne Zögern steckte ich den zweiten Schlüssel in das Schloß. Nachdem ich mit beträchtlicher Anstrengung die Tür aufgestoßen hatte, spürte ich den kalten Hauch der Krypta auf meinem Gesicht. Ich muß gestehen, ich empfand für einen Moment ein kurzes Mißbehagen, als ich die zweite Tür von innen abschloß, aber ich hielt es für meine Pflicht, dies zu tun. Ich ließ den Schlüssel im Schloß, ergriff meine Kerze und schaute mich um. Ich stand in einem niedrigen Raum mit Kreuzgewölbe, das aus dem harten Felsen gemeißelt war. Es war schwierig zu erkennen, wo die Krypta endete, da die Beleuchtung in jeder Richtung nur andere grobe Bogenöffnungen oder Höhlen offenbarte, die in den Fels gehauen waren und wahrscheinlich früher als Familiengrüfte gedient hatten. Eine Besonderheit der Wet-Waste-Krypta, die ich an vergleichbaren Orten nicht gesehen hatte, war die sorgfältige Anordnung der Schädel und Knochen, die auf jeder Seite etwas über einen Meter hoch gestapelt lagen. Die Schädel waren symmetrisch aufgeschichtet bis beinahe an die Wölbung des Bogens zu meiner Linken, und die Schienbeine waren auf dieselbe Weise zu meiner Rechten angeordnet. *Aber das Fresko!* Ich schaute mich vergebens danach um. Am hin-

for it in vain. Perceiving at the further end of the crypt a very low and very massive archway, the entrance to which was not filled up with bones, I passed under it, and found myself in a second smaller chamber. Holding my candle above my head, the first object its light fell upon was – the fresco, and at a glance I saw that it was unique. Setting down some of my things with a trembling hand on a rough stone shelf hard by, which had evidently been a credence table, I examined the work more closely. It was a reredos over what had probably been the altar at the time the priests were proscribed. The fresco belonged to the earliest part of the fifteenth century, and was so perfectly preserved that I could almost trace the limits of each day's work in the plaster, as the artist had dashed it on and smoothed it out with his trowel. The subject was the Ascension, gloriously treated. I can hardly describe my elation as I stood and looked at it, and reflected that this magnificent specimen of English fresco painting would be made known to the world by myself. Recollecting myself at last, I opened my sketching bag, and, lighting all the candles I had brought with me, set to work.

Brian walked about near me, and though I was not otherwise than glad of his company in my rather lonely position, I wished several times I had left him behind. He seemed restless, and even the sight of so many bones appeared to exercise no soothing effect upon him. At last, however, after repeated commands, he lay down, watchful but motionless, on the stone floor.

I must have worked for several hours, and I was pausing to rest my eyes and hands, when I noticed for the first time the intense stillness that surrounded me. No sound from *me* reached the outer world. The church clock which had clanged out so loud and ponderously as I went down the steps, had not since sent the faintest whisper of its iron tongue

teren Ende der Krypta entdeckte ich einen sehr niedrigen
sehr massiven Bogengang, dessen Eingang nicht mit Knochen gefüllt war; ich ging gebückt durch ihn hindurch und
befand mich in einem zweiten, kleineren Raum. Ich hielt
die Kerze über meinen Kopf, und der erste Gegenstand, auf
den ihr Licht fiel, war – das Fresko.

Auf den ersten Blick
erkannte ich, daß es einzigartig war. Ich legte ein paar von
meinen Sachen mit zitternder Hand auf einen rauhen
Steinvorsprung, der offenbar einmal als Kredenztisch gedient hatte, und untersuchte das Kunstwerk näher. Es war
ein Altarbild, vermutlich Teil eines Altars aus der Zeit der
Priesterächtung. Das Fresko stammte aus dem Beginn
des 15. Jahrhunderts und war so vollkommen erhalten, daß
ich beinahe die Umrisse jedes Tagwerks im Verputz verfol-
gen konnte, wie es der Künstler auf die Wand geworfen und
mit der Kelle geglättet hatte. Dargestellt war die Himmel-
fahrt, herrlich ausgeführt. Ich kann kaum meine Begeisterung beschreiben, als ich dastand und es anschaute und bedachte, daß dieses großartige Beispiel englischer Fresken-
malerei von mir der Welt bekanntgemacht werden würde.
Schließlich besann ich mich, öffnete meine Zeichentasche,
zündete alle Kerzen an, die ich mitgebracht hatte, und
machte mich ans Werk.

Brian drückte sich in meiner Nähe herum, und obwohl
ich in meiner ziemlich einsamen Lage durchaus froh über
seine Gesellschaft war, wünschte ich mehrfach, ich hätte ihn
draußen gelassen. Er war unruhig, und selbst der Anblick
so vieler Knochen hatte keine besänftigende Wirkung auf
ihn. Schließlich, nach wiederholten Befehlen, legte er sich
wachsam, doch reglos auf den Steinfußboden.

Ich muß einige Stunden gearbeitet haben und machte eine
Pause, um meine Augen und Hände auszuruhen, als ich
zum ersten Mal die tiefe Stille wahrnahm, die mich umgab.
Kein Laut von *mir* konnte die Außenwelt erreichen. Die
Kirchenuhr, die so durchdringend und gewichtig geschlagen hatte, als ich die Treppe hinabstieg, hatte seitdem
nicht das leiseste Flüstern ihrer ehernen Zunge zu mir in

down to me below. All was silent as the grave. This *was* the grave. Those who had come here had indeed gone down into silence. I repeated the words to myself, or rather they repeated themselves to me.

Gone down into silence.

I was awakened from my reverie by a faint sound. I sat still and listened. Bats occasionally frequent vaults and underground places.

The sound continued, a faint, stealthy, rather unpleasant sound. I do not know what kinds of sounds bats make, whether pleasant or otherwise. Suddenly there was a noise as of something falling, a momentary pause and then – an almost imperceptible but distant jangle as of a key.

I had left the key in the lock after I had turned it, and I now regretted having done so. I got up, took one of the candles, and went back into the larger crypt – for though I trust I am not so effeminate as to be rendered nervous by hearing a noise for which I cannot instantly account still, on occasions of this kind, I must honestly say I should prefer that they did not occur. As I came towards the iron door, there was another distinct (I had almost said hurried) sound. The impression on my mind was one of great haste. When I reached the door, and held the candle near the lock to take out the key, I perceived that the other one, which hung by a short string to its fellow, was vibrating slightly. I should have preferred not to find it vibrating, as there seemed no occasion for such a course, but I put them both into my pocket, and turned to go back to my work. As I turned, I saw on the ground what had occasioned the louder noise I had heard, namely, a skull which had evidently just slipped from its place, on the top of one of the walls of bones, and had rolled almost to my feet. There, disclosing a few more inches of the top of an archway behind, was the place from which it had been dislodged. I stooped to pick it up,

die Tiefe gesandt. Alles war still wie das Grab. Dies *war* das Grab. Alle hierher Gekommenen waren tatsächlich ins Schweigen hinabgestiegen. Ich wiederholte diese Worte für mich, oder vielmehr wiederholten sie sich selbst in mir:

Ins Schweigen hinabgestiegen.

Aus meiner Träumerei wurde ich durch ein schwaches Geräusch geweckt. Ich saß still und lauschte. Fledermäuse suchen gelegentlich Gewölbe und unterirdische Orte auf.

Das Geräusch dauerte fort, ein leise verstohlenes, eher unangenehmes Geräusch. Ich weiß nicht, was für Geräusche Fledermäuse machen, ob angenehm oder nicht. Plötzlich klang es, als ob etwas fiele, eine kurze Pause – und dann – ein fast unhörbares, entferntes, aber doch ein Klimpern wie von einem Schlüssel.

Ich hatte den Schlüssel im Schloß stecken lassen, nachdem ich ihn umgedreht hatte, und das bedauerte ich jetzt. Ich stand auf, nahm eine der Kerzen und ging zurück in die größere Krypta – denn obwohl ich mich nicht für so zartbesaitet halte, durch jedes Geräusch, das ich nicht erklären kann, enerviert zu werden, so muß ich doch wirklich sagen, daß ich in Situationen wie dieser wünsche, sie blieben mir erspart. Indem ich mich der Eisentür näherte, gab es erneut einen deutlichen (fast hätte ich gesagt: hastigen) Laut. Ich hatte einen Eindruck von großer Eile. Da ich die Tür erreichte und die Kerze vors Schloß hielt, um den Schlüssel herauszuziehen, bemerkte ich, daß der andere, der mit einer kurzen Schnur an ihm hing, ein wenig schaukelte. Es wäre mir lieber gewesen, er hätte nicht geschaukelt, da es keinen Grund für einen solchen Vorgang gab. Ich steckte beide Schlüssel in die Tasche und wollte wieder an meine Arbeit gehen. Indem ich mich umwandte, sah ich auf dem Boden, was das stärkere Geräusch verursacht hatte, nämlich einen Schädel, der offenbar soeben von seinem Platz, oben auf einem der Knochenwälle, gerutscht und fast vor meine Füße gerollt war. Dort, wo nun eine Handbreit mehr von der Wölbung eines dahinter liegenden Bogengangs sichtbar wurde, befand sich die Stelle, aus der er herausgefallen war. Ich bückte mich, um ihn aufzuheben,

but fearing to displace any more skulls by meddling with the pile, and not liking to gather up its scattered teeth, I let it lie, and went back to my work, in which I was soon so completely absorbed that I was only roused at last by my candles beginning to burn low and go out one after another.

Then, with a sigh of regret, for I had not nearly finished, I turned to go. Poor Brian, who had never quite reconciled himself to the place, was beside himself with delight. As I opened the iron door he pushed past me, and a moment later I heard him whining and watching, and I had almost added, beating, against the wooden one. I locked the iron door, and hurried down the passage as quickly as I could, and almost before I had got the other one ajar there seemed to be a rush past me into the open air, and Brian was bounding up the steps and out of sight. As I stopped to take out the key, I felt quite deserted and left behind. When I came out once more into the sunlight, there was a vague sensation all about me in the air of exultant freedom.

It was already late in the afternoon, and after I had sauntered back to the parsonage to give up the keys, I persuaded the people of the public-house to let me join in the family meal, which was spread out in the kitchen. The inhabitants of Wet Waste were primitive people, with the frank, unabashed manner that flourishes still in lonely places, especially in the wilds of Yorkshire; but I had no idea that in these days of penny posts and cheap newspapers such entire ignorance of the outer world could have existed in any corner, however remote, of Great Britain. When I took one of the neighbour's children on my knee – a pretty little girl with the palest aureole of flaxen hair I had ever seen – and began to draw pictures for her of the birds and beasts of other countries, I was instantly surrounded by a crowd of children, and even grown-up people, while others

doch aus Furcht, noch mehr Schädel zu verrücken, wenn ich am Stapel hantierte, und weil ich nicht gern seine verstreuten Zähne aufsammeln wollte, ließ ich ihn liegen und kehrte zu meiner Arbeit zurück, in die ich bald so vertieft war, daß ich erst aufschrak, als meine Kerzen nach und nach niederbrannten und eine nach der anderen ausging.

Dann, mit einem Seufzer des Bedauerns, denn ich war längst noch nicht fertig, wandte ich mich zum Gehen. Der arme Brian, der sich nie so recht mit dem Ort angefreundet hatte, war außer sich vor Freude. Als ich die Eisentür öffnete, drängte er sich an mir vorbei, und einen Augenblick später hörte ich ihn jaulen und kratzen und, fast hätte ich gesagt, gegen die Holztür poltern. Ich schloß die Eisentür ab und eilte, so schnell ich konnte, den Gang entlang, und fast noch bevor ich die andere Tür einen Spalt geöffnet hatte, schien etwas an mir vorbei ins Freie zu schnellen, und Brian sprang die Stufen hinauf und außer Sicht. Da ich noch blieb, um den Schlüssel herauszuziehen, fühlte ich mich reichlich im Stich gelassen. Wieder ins Sonnenlicht eintretend, empfand ich eine Art jubelnder Freiheit in der Luft um mich her.

Es war schon später Nachmittag. Nachdem ich zum Pfarrhaus zurückgeschlendert war, den Schlüssel abzugeben, konnte ich die Gastwirtsleute dazu bewegen, mich an der Mahlzeit der Familie teilnehmen zu lassen, für die in der Küche gedeckt war. Die Einwohner von Wet Waste waren einfache Menschen, mit dem offenen, ungekünstelten Benehmen, das sich immer noch an abgelegenen Orten erhält, besonders in der Wildnis von Yorkshire; freilich hatte ich keine Ahnung, daß es in den Tagen von Pfennig-Post und billigen Zeitungen eine derart vollständige Unkenntnis der äußeren Welt in einem noch so abgelegenen Winkel Großbritanniens geben konnte. Als ich eines der Nachbarkinder auf meine Knie nahm – ein niedliches kleines Mädchen mit dem hellsten flachsfarbenen Haarkranz, den ich je gesehen habe – und begann, ihr Bilder von den Vögeln und Tieren anderer Länder aufzumalen, war ich sogleich umringt von einer Kinderschar und sogar von

came to their doorways and looked on from a distance calling to each other in the strident unknown tongue which I have since discovered goes by the name of "Broad Yorkshire".

The following morning, as I came out of my room, I perceived that something was amiss in the village. A buzz of voices reached me as I passed the bar, and in the next house I could hear through the open window a high-pitched wail of lamentation.

The woman who brought me my breakfast was in tears, and in answer to my questions, told me that the neighbour's child, the little girl whom I had taken on my knee the evening before, had died in the night.

I felt sorry for the general grief that the little creature's death seemed to arouse, and the uncontrolled wailing of the poor mother took my appetite away.

I hurried off early to my work, calling on my way for the keys, and with Brian for my companion descended once more into the crypt, and drew and measured with an absorption that gave me no time that day to listen for sounds real or fancied. Brian, too, on this occasion seemed quite content, and slept peacefully beside me on the stone floor. When I had worked as long as I could, I put away my books with regret that even then I had not quite finished, as I had hoped to do. It would be necessary to come again for a short time on the morrow. When I returned the keys late that afternoon, the old clergyman met me at the door, and asked me to come in and have tea with him.

"And has the work prospered?" he asked, as we sat down in the long, low room, into which I had been ushered, and where he seemed to live entirely.

I told him it had, and showed it to him.

"You have seen the original, of course?" I said.

"Once," he replied, gazing fixedly at it. He

Erwachsenen, während andere an die Türen kamen und aus der Distanz zusahen; sie riefen sich gegenseitig zu, in der schrillen, fremdartigen Sprechweise, die – wie ich inzwischen gelernt habe – als «breites Yorkshire» bezeichnet wird.

Am nächsten Morgen, als ich mein Zimmer verließ, bemerkte ich, daß im Dorf etwas in Unordnung war. Ein Stimmengewirr erreichte mich, als ich an der Bar vorbeiging, und aus dem Haus daneben hörte ich einen hohen jammernden Klagelaut.

Die Frau, die mir das Frühstück brachte, war in Tränen. Auf meine Fragen antwortete sie mir, das Kind der Nachbarin, das kleine Mädchen, das ich am Vorabend auf meine Knie genommen hatte, sei in dieser Nacht gestorben.

Ich fühlte mit dem allgemeinen Gram, den der Tod des kleinen Wesens erregte, und das ungezügelte Jammern der armen Mutter raubte mir den Appetit.

Ich eilte früh an meine Arbeit und holte auf dem Weg die Schlüssel ab, und mit Brian als Begleiter stieg ich wieder in die Krypta hinab und zeichnete und maß mit solcher Hingabe, daß ich keine Zeit hatte, an diesem Tag auf wirkliche oder eingebildete Geräusche zu lauschen. Brian schien diesmal auch ganz zufrieden und schlief ruhig neben mir auf dem Steinfußboden. Als ich nicht mehr weiterarbeiten konnte, packte ich meine Skizzenbücher ein, bedauernd, daß ich entgegen meiner Hoffnung immer noch nicht ganz fertig war. Es würde nötig sein, am nächsten Morgen noch einmal herzukommen. Da ich am Spätnachmittag die Schlüssel zurückbrachte, kam der Pfarrer an die Tür und bat mich, hereinzukommen und mit ihm Tee zu trinken.

«Nun – sind Sie mit Ihrer Arbeit vorangekommen?» fragte er, als wir uns in dem langen, niedrigen Raum hinsetzten, in den er mich geführt hatte und wo er ausschließlich zu leben schien.

Ich bejahte und zeigte es ihm.

«Sie haben natürlich das Original gesehen?» sagte ich.

«Einmal», antwortete er und starrte unverwandt auf das

evidently did not care to be communicative, so I turned the conversation to the age of the church.

"All here is old," he said. "When I was young, forty years ago, and came here because I had no means of mine own, and was much moved to marry at that time, I felt oppressed that all was so old; and that this place was so far removed from the world, for which I had at times longings grievous to be borne; but I had chosen my lot, and with it I was forced to be content. My son, marry not in youth, for love, which truly in that season is a mighty power, turns away the heart from study, and young children break the back of ambition. Neither marry in middle life, when a woman is seen to be but a woman and her talk a weariness, so you will not be burdened with a wife in your old age."

I had my own views on the subject of marriage, for I am of opinion that a well-chosen companion of domestic tastes and docile and devoted temperament may be of material assistance to a professional man. But, my opinons once formulated, it is not of moment to me to discuss them with others, so I changed the subject, and asked if the neighbouring villages were as antiquated as Wet Waste.

"Yes, all about here is old," he repeated. "The paved road leading to Dyke Fens is an ancient pack road, made even in the time of the Romans. Dyke Fens, which is very near here, a matter of but four or five miles, is likewise old, and forgotten by the world. The Reformation never reached it. It stopped here. And at Dyke Fens they still have a priest and a bell, and bow down before the saints. It is a damnable heresy, and weekly I expound it as such to my people, showing them true doctrines; and I have heard that this same priest has so far yielded himself to the Evil One that he has preached against me as withholding gospel truths from my flock, but I take no heed of it, neither of his pamphlet touch-

Bild. Offensichtlich legte er keinen Wert darauf, mitteilsam zu sein, so lenkte ich das Gespräch auf das Alter der Kirche.

«Alles hier ist alt», sagte er. «Als ich jung war, vor vierzig Jahren, und hierherkam, weil ich mittellos war und unbedingt heiraten wollte, damals hat es mich bedrückt, daß alles so alt war und daß dieser Ort so weit außerhalb der Welt lag, nach der ich manchmal schmerzhafte Sehnsucht hegte. Doch ich hatte mein Los gewählt und war gezwungen, mich damit zufrieden zu geben. Mein Sohn, heiraten Sie nicht jung, denn die Liebe, die in diesem Lebensabschnitt eine wirklich große Macht ist, kehrt das Herz vom Studium ab, und kleine Kinder brechen dem Ehrgeiz das Rückgrat. Heiraten Sie auch nicht in mittleren Jahren, wenn man in einer Frau nur eine Frau sieht und in ihrem Gespräch nur Langeweile. Dann sind Sie im Alter nicht mit einer Ehefrau belastet.»

Ich hatte meine eigenen Ansichten bezüglich der Ehe. Ich bin der Meinung, daß eine gut gewählte Gefährtin mit häuslichen Neigungen und fügsamem, anhänglichem Charakter eine wesentliche Hilfe für einen berufstätigen Mann sein kann. Und wenn meine Ansichten einmal feststehen, sehe ich keinen Sinn darin, sie mit anderen zu diskutieren. Darum wechselte ich das Thema und fragte, ob die Nachbardörfer ebenso altertümlich seien wie Wet Waste.

«Ja, alles hier herum ist alt», wiederholte er. «Die gepflasterte Straße, die nach Dyke Fens führt, ist eine alte Handelsstraße, die schon unter den Römern gebaut wurde. Dyke Fens, das nur vier oder fünf Meilen entfernt liegt, ist ebenfalls alt und von der Welt vergessen. Die Reformation hat es nie erreicht. Sie endete hier. In Dyke Fens haben sie immer noch einen Priester und eine Glocke und knien vor den Heiligen. Es ist eine vermaledeite Ketzerei, und jede Woche erkläre ich das meinen Leuten und weise sie auf die rechte Lehre hin. Ich habe gehört, daß der Priester sich dem Bösen so weit angedient hat, daß er gegen mich eiferte, ich würde die Wahrheiten des Evangeliums meiner Gemeinde vorenthalten; doch ich kümmere mich nicht darum, ebenso wenig um sein Pamphlet über die

ing the Clementine Homilies, in which he vainly contradicts that which I have plainly set forth and proven beyond doubt, concerning the word *Asaph*."

The old man was fairly off on his favourite subject, and it was some time before I could get away. As it was, he followed me to the door, and I only escaped because the old clerk hobbled up at that moment, and claimed his attention.

The following morning I went for the keys for the third and last time. I had decided to leave early the next day. I was tired of Wet Waste, and a certain gloom seemed to my fancy to be gathering over the place. There was a sensation of trouble in the air, as if, although the day was bright and clear, a storm were coming.

This morning, to my astonishment the keys were refused to me when I asked for them. I did not, however, take the refusal as final – I make it a rule never to take a refusal as final – and after a short delay I was shown into the room where, as usual, the clergyman was sitting, or rather, on this occasion, was walking up and down.

"My son," he said with vehemence, "I know wherefore you have come, but it is of no avail. I cannot lend the keys again."

I replied that, on the contrary, I hoped he would give them to me at once.

"It is impossible," he repeated. "I did wrong, exceeding wrong – I will never part with them again."

"Why not?"

He hesitated, and then said slowly:

"The old clerk, Abraham Kelly, died last night." He paused, and went on: "The doctor has just been here to tell me of that which is a mystery to him. I do not wish the people of the place to know it, and only to me he has mentioned it, but he has discovered plainly on the throat of the old man, and also,

Clementinischen Predigten, in dem er vergeblich zu widerlegen sucht, was ich deutlich dargetan und zweifelsfrei bewiesen habe bezüglich des Wortes *Asaph*.»

Der alte Mann wurde von seinem Lieblingsthema fortgerissen, und es dauerte einige Zeit, bis ich loskam. Er verfolgte mich noch bis zur Tür, und ich entkam einzig und allein, weil in diesem Moment der alte Küster herbeihumpelte und seine Aufmerksamkeit in Anspruch nahm.

Am darauffolgenden Morgen wollte ich den Schlüssel zum dritten und letzten Mal holen. Ich hatte mir vorgenommen, am nächsten Tag frühmorgens abzufahren. Ich hatte Wet Waste satt, und in meiner Einbildung braute eine gewisse Düsternis sich über dem Ort zusammen. Es lag eine Empfindung von Unruhe in der Luft, als ob trotz des klaren, hellen Tages ein Gewitter im Anzug wäre.

An diesem Morgen wurden mir zu meinem Erstaunen die Schlüssel verweigert, als ich darum bat. Ich nahm jedoch die Absage nicht für endgültig – ich habe mir zur Regel gemacht, keine Absage für endgültig zu halten –, und nach kurzem Warten wurde ich in das Zimmer geführt, wo wie üblich der Pfarrer saß oder vielmehr diesmal auf und ab ging.

«Mein Sohn», sagte er heftig, «ich weiß, warum Sie gekommen sind, aber es ist umsonst. Ich kann die Schlüssel nicht mehr herleihen.»

Ich erwiderte, daß ich im Gegenteil hoffe, er würde sie mir ohne Verzug geben.

«Es ist unmöglich», wiederholte er. «Ich habe Unrecht getan, schweres Unrecht. Ich werde mich nie wieder von ihnen trennen.»

«Warum nicht?»

Er zögerte und sagte dann langsam:

«Der alte Küster, Abraham Kelly, ist gestern Nacht gestorben.» Er hielt inne, und fuhr dann fort: «Der Arzt ist gerade hier gewesen, um mir etwas ihm Unbegreifliches zu berichten. Ich will nicht, daß die Leute im Dorf es erfahren, er hat es nur mir gegenüber erwähnt, aber er hat deutlich am Hals des alten Mannes und ebenso, wenn auch

but more faintly on the child's, marks as of strangulation. None but he has observed it and he is at a loss how to account for it. I, alas! can account for it but in one way, but in one way!"

I did not see what all this had to do with the crypt, but to humour the old man, I asked what that way was.

"It is a long story, and, haply, to a stranger it may appear but foolishness, but I will even tell it for I perceive that unless I furnish a reason for withholding the keys, you will not cease to entreat me for them.

"I told you at first when you inquired of me concerning the crypt, that it had been closed these thirty years, and so it was. Thirty years ago a certain Sir Roger Despard departed this life, even the Lord of the manor of Wet Waste and Dyke Fens, the last of his family, which is now, thank the Lord, extinct. He was a man of a vile life, neither fearing God nor regarding man, nor having compassion on innocence, and the Lord appeared to have given him over to the tormentors even in this world, for he suffered many things of his vices, more especially from drunkenness, in which seasons, and they were many, he was as one possessed by seven devils, being an abomination to his household and a root of bitterness to all, both high and low.

"And, at last, the cup of his iniquity being full to the brim, he came to die, and I went to exhort him on his death-bed, for I heard that terror had come upon him, and that evil imaginations encompassed him so thick on every side, that few of them that were with him could abide in his presence. But when I saw him I perceived that there was no place of repentance left for him, and he scoffed at me and my superstition, even as he lay dying, and swore there was no God and no angel, and all were damned even as he was. And the next day, towards evening,

schwächer, an dem Nacken des Kindes Würgemale entdeckt. Niemand außer ihm hat diese Beobachtung gemacht; er kann sie sich nicht erklären. Aber ich, ach, ich kann sie nur auf eine Weise erklären, nur auf eine Weise!»

Ich verstand nicht, was das alles mit der Krypta zu tun hatte, doch um dem alten Mann den Gefallen zu tun, fragte ich, auf welche Weise.

«Es ist eine lange Geschichte, und einem Fremden wird sie vielleicht nur närrisch erscheinen, aber ich will sie trotzdem erzählen; denn ich merke, daß Sie nicht aufhören werden, mich um die Schlüssel zu bitten, wenn ich nicht einen Grund nenne, warum ich sie zurückhalte.

Ich hatte Ihnen zuerst gesagt, als Sie mich nach der Krypta fragten, daß sie die letzten dreißig Jahre geschlossen war, und so war es tatsächlich. Vor dreißig Jahren schied ein gewisser Sir Roger Despard aus dem Leben, der Lord des Herrenhauses von Wet Waste und Dyke Fens, der letzte seiner Familie, die jetzt, Gott sei Dank, erloschen ist. Er war ein Mann von lasterhaftem Lebenswandel; er fürchtete weder Gott, noch achtete er die Menschen oder hatte Erbarmen mit der Unschuld; der Herr übergab ihn schon in dieser Welt den Peinigern, denn er hatte viel unter seinen Sünden zu leiden, am meisten durch die Trunkenheit, zu deren Zeiten – und sie waren häufig – er wie von sieben Teufeln besessen schien. In seinem Hause war er ein Gegenstand des Abscheus und ein Anlaß zur Verbitterung für alle, hoch und niedrig.

Schließlich war der Becher seiner Schändlichkeit voll bis zum Rand, und er mußte sterben. Ich ging, um ihn auf dem Totenbett zu ermahnen, denn ich hatte gehört, daß Entsetzen über ihn gekommen war und daß böse Vorstellungen ihn mächtig von allen Seiten bedrängten und nur wenige von denen, die bei ihm waren, es in seiner Gegenwart aushalten konnten. Doch als ich ihn sah, erkannte ich, daß es keinen Ort der Reue mehr für ihn gab. Er spottete über mich und meinen Aberglauben, selbst im Sterben, und schwor, es gebe keinen Gott und keinen Engel, und alle seien verdammt wie er selber. Am nächsten Tag gegen

the pains of death came upon him, and he raved the more exceedingly, inasmuch as he said he was being strangled by the Evil One. Now on his table was his hunting knife, and with his last strength he crept and laid hold upon it, no man withstanding him, and swore a great oath that if he went down to burn in hell, he would leave one of his hands behind on earth, and that it would never rest until it had drawn blood from the throat of another and strangled him, even as he himself was being strangled. And he cut off his own right hand at the wrist and no man dared go near him to stop him, and the blood went through the floor, even down to the ceiling of the room below, and thereupon he died.

"And they called me in the night, and told me of his oath, and I counselled that no man should speak of it, and I took the dead hand, which none had ventured to touch, and I laid it beside him in his coffin; for I thought it better he should take it with him, so that he might have it, if haply some day after much tribulation he should perchance be moved to stretch forth his hands towards God. But the story got spread about, and the people were affrighted, so, when he came to be buried in the place of his fathers, he being the last of his family, and the crypt likewise full, I had it closed, and kept the keys myself, and suffered no man to enter therein any more; for truly he was a man of an evil life, and the devil is not yet wholly overcome, nor cast chained into the lake of fire. So in time the story died out, for in thirty years much is forgotten. And when you came and asked me for the keys, I was at the first minded to withhold them; but I thought it was a vain superstition, and I perceived that you do but ask a second time for what is first refused; so I let you have them, seeing it was not an idle curiosity, but a desire to improve the talent committed to you, that led you to require them."

Abend kamen die Todesqualen über ihn, und er tobte nur noch maßloser, indem er sagte, der Leibhaftige wolle ihn erwürgen. Auf seinem Tisch lag sein Jagdmesser; mit letzter Kraft kroch er hin und ergriff es, woran ihn niemand hinderte; er tat einen schrecklichen Schwur: Wenn er hinunterführe, um in der Hölle zu schmoren, wollte er eine seiner Hände auf Erden zurücklassen, und sie sollte nicht ruhen, bis sie Blut aus dem Hals eines anderen gepreßt und ihn ebenso erwürgt hätte, wie er selber gleich erwürgt würde. Damit hieb er sich seine eigene Rechte vom Handgelenk ab. Niemand wagte, sich ihm zu nähern und ihn davon abzuhalten; das Blut rann durch den Fußboden bis hinunter zur Decke des darunterliegenden Zimmers. Dann starb er.

Sie riefen mich in der Nacht und erzählten mir von seinem Schwur, und ich gab den Rat, es sollte niemand davon sprechen. Ich nahm die tote Hand, die niemand zu berühren gewagt hatte, und legte sie neben ihn in seinen Sarg, denn ich dachte, daß er sie besser mitnähme und bei sich hätte, wenn er eines Tages nach vieler Drangsal in die Lage käme, seine Hände nach Gott auszustrecken. Doch die Geschichte sprach sich herum, und die Leute waren entsetzt. Darum ließ ich, als er, der letzte seiner Familie, neben seinen Vätern begraben wurde und die Krypta voll war, dieselbe schließen, behielt die Schlüssel bei mir und erlaubte keinem Menschen, sie wieder zu betreten; denn wahrhaftig, er war ein Mensch von bösem Lebenswandel. Der Teufel ist keineswegs schon restlos besiegt, noch auch gefesselt in den See aus Feuer geworfen. Nach einiger Zeit verlor sich die Geschichte, denn in dreißig Jahren wird viel vergessen. Als Sie kamen und mich um die Schlüssel baten, hatte ich zuerst vor, sie zurückzuhalten, doch dann dachte ich, es sei ein leerer Aberglaube, und ich spürte, daß Sie ohnehin nicht ablassen würden zu erbitten, was zunächst verweigert wurde; also überließ ich Ihnen die Schlüssel; ich merkte ja auch, daß es nicht bloße Neugier war, sondern der Wunsch, Ihre Begabung zu vervollkommnen, was Sie bewog, darum zu bitten.»

The old man stopped, and I remained silent, wondering what would be the best way to get them just once more.

"Surely, sir," I said at last, "one so cultivated and deeply read as yourself cannot be biased by an idle superstition."

"I trust not," he replied, "and yet – it is a strange thing that since the crypt was opened two people have died, and the mark is plain upon the throat of the old man and visible on the young child. No blood was drawn, but the second time the grip was stronger than the first. The third time, perchance–"

"Superstition such as that," I said with authority, "is an entire want of faith in God. You once said so yourself."

I took a high moral tone which is often efficacious with conscientious, humble-minded people.

He agreed, and accused himself of not having faith as a grain of mustard seed; but even when I had got him so far as that, I had a severe struggle for the keys. It was only when I finally explained to him that if any malign influence had been let loose the first day, at any rate, it was out now for good or evil, and no further going or coming of mine could make any difference, that I finally gained my point. I was young, and he was old; and, being much shaken by what had occurred, he gave way at last, and I wrested the keys from him.

I will not deny that I went down the steps that day with a vague, indefinable repugnance, which was only accentuated by the closing of the two doors behind me. I remembered then, for the first time, the faint jangling of the key and other sounds which I had noticed the first day, and how one of the skulls had fallen. I went to the place where it still lay. I have already said these walls of skulls were built up so high as to be within a few inches of the top of the low archways that led into more distant

Der alte Mann hielt inne, und ich schwieg und dachte nach, wie ich es anstellen könnte, doch noch einmal in ihren Besitz zu gelangen.

«Gewiß, Sir», sagte ich schließlich, «jemand, der so gebildet und höchst belesen ist wie Sie, kann nicht in eitlem Aberglauben befangen sein.»

«Wahrhaftig nicht», antwortete er, «und doch ist es seltsam, daß zwei Menschen seit der Öffnung der Krypta gestorben sind; und die Würgemale sind deutlich auf dem Hals des alten Mannes und jedenfalls sichtbar auf dem des Kindes. Es ist kein Blut geflossen, aber beim zweiten Mal war der Griff fester als beim ersten. Beim dritten Mal, vielleicht…»

«Ein solcher Aberglaube», sagte ich mit Bestimmtheit, «ist ein völliger Mangel an Gottvertrauen. Das haben Sie selbst gesagt.»

Ich befleißigte mich eines hochmoralischen Tons, der oft bei gewissenhaften, demütigen Menschen Wirkung tut.

Er stimmte zu und klagte sich an, sein Glaube sei nicht einmal so groß wie ein Senfkorn; doch selbst als ich ihn so weit hatte, mußte ich um die Schlüssel einen heftigen Kampf ausfechten. Nur indem ich ihm erklärte, daß, falls tatsächlich eine unheilvolle Macht am ersten Tag losgelassen worden war, sie jetzt jedenfalls auf Gedeih und Verderb draußen sei und kein Kommen oder Gehen meinerseits daran etwas ändern werde, setzte ich mich schließlich durch. Ich war jung, er war alt; mitgenommen von den Ereignissen, gab er endlich nach, und ich entrang ihm die Schlüssel.

Ich will nicht leugnen, daß ich an diesem Tag die Stufen mit einem unbestimmten, unerklärlichen Widerwillen hinunterging, der durch das Zufallen der beiden Türen hinter mir noch verstärkt wurde. Erst jetzt erinnerte ich mich an das schwache Klimpern des Schlüssels und an die anderen Laute, die ich am ersten Tag gehört hatte, und wie einer der Schädel hinuntergefallen war. Ich ging zu der Stelle, wo er immer noch lag. Wie ich bereits gesagt habe, waren jene Stapel aus Schädeln bis fast an die Wölbung der niedrigen Bögen geschichtet, die in dahinterliegende Bereiche der

portions of the vault. The displacement of the skull in question had left a small hole just large enough for me to put my hand through. I noticed for the first time, over the archway above it, a carved coat-of-arms, and the name, now almost obliterated, of Despard. This, no doubt, was the Despard vault. I could not resist moving a few more skulls and looking in, holding my candle as near the aperture as I could. The vault was full. Piled high, one upon another, were old coffins, and remnants of coffins, and strewn bones. I attribute my present determination to be cremated to the painful impression produced on me by this spectacle. The coffin nearest the archway alone was intact, save for a large crack across the lid. I could not get a ray from my candle to fall on the brass plates, but I felt no doubt this was the coffin of the wicked Sir Roger. I put back the skulls, including the one which had rolled down, and carefully finished my work. I was not there much more than an hour, but I was glad to get away.

If I could have left Wet Waste at once I should have done so, for I had a totally unreasonable longing to leave the place; but I found that only one train stopped during the day at the station from which I had come, and that it would not be possible to be in time for it that day.

Accordingly I submitted to the inevitable, and wandered about with Brian for the remainder of the afternoon and until late in the evening, sketching and smoking. The day was oppressively hot, and even after the sun had set across the burnt stretches of the wolds, it seemed to grow very little cooler. Not a breath stirred. In the evening, when I was tired of loitering in the lanes, I went up to my own room, and after contemplating afresh my finished study of the fresco, I suddenly set to work to write the part of my paper bearing upon it. As a rule, I

Gruft führten. Die Herauslösung des besagten Schädels hatte ein Loch hinterlassen, gerade groß genug, daß ich meine Hand hindurchstecken konnte. Oberhalb des Bogens bemerkte ich nun zum ersten Mal ein gemeißeltes Wappen und – beinahe ausgelöscht – den Namen Despard. Ohne Zweifel war dies die Gruft dieser Familie. Ich konnte nicht widerstehen, noch einige Schädel zu entfernen und in die Öffnung zu schauen, wobei ich die Kerze so nah wie möglich daranhielt. Die Gruft war voll. Hochgetürmt, einer über dem anderen, waren alte Särge und Überreste von Särgen und verstreute Knochen. Ich schreibe meinen gegenwärtigen Entschluß, mich feuerbestatten zu lassen, dem schmerzlichen Eindruck zu, den dieser Anblick auf mich machte. Einzig der dem Bogen zunächst stehende Sarg war heil, bis auf einen großen Riß quer über den Deckel. Ich konnte den Lichtstrahl meiner Kerze nicht auf die Messingtafeln richten, doch hegte ich keinen Zweifel, daß dies der Sarg des gottlosen Sir Roger war. Ich schichtete die Schädel zurück, einschließlich des heruntergerollten, und brachte meine Arbeit sorgfältig zu Ende. Ich blieb nicht länger als eine Stunde, doch ich war froh, wegzukommen.

Hätte ich aus Wet Waste sofort abreisen können, ich hätte es getan, denn ich hatte ein ganz unerklärliches Bedürfnis, diesen Ort zu verlassen. Doch ich erfuhr, daß täglich nur ein einziger Zug an dem Bahnhof hielt, von dem ich gekommen war, und daß ich ihn an diesem Tag nicht mehr erreichen konnte.

Darum ergab ich mich ins Unausweichliche und wanderte den Rest des Nachmittags bis zum späten Abend mit Brian umher, skizzierend und rauchend. Der Tag war drückend heiß, und selbst als die Sonne jenseits der verbrannten Matten der Hochebene untergegangen war, schien es kaum kühler zu werden. Kein Hauch regte sich. Am Abend, als ich es müde war, in den Gassen herumzuschlendern, ging ich auf mein Zimmer und betrachtete erneut meine fertige Skizze des Freskos; sogleich begab ich mich an die Arbeit, den Teil meines Vortrags zu schreiben, der sich damit befaßte. Normalerweise schreibe ich mit großer Mühe, aber an diesem

write with difficulty, but that evening words came to me with winged speed, and with them a hovering impression that I must make haste, that I was much pressed for time. I wrote and wrote, until my candles guttered out and left me trying to finish by the moonlight which, until I endeavoured to write by it, seemed as clear as day.

I had to put away my MS., and, feeling it was too early to go to bed, for the church clock was just counting out ten, I sat down by the open window and leaned out to try and catch a breath of air. It was a night of exceptional beauty; and as I looked out my nervous haste and hurry of mind were allayed. The moon, a perfect circle, was – if so poetic an expression be permissible – as it were, sailing across a calm sky. Every detail of the little village was as clearly illuminated by its beams as if it were broad day; so, also, was the adjacent church with its primeval yews, while even the wolds beyond were dimly indicated, as if through tracing paper.

I sat a long time leaning against the window-sill. The heat was still intense. I am not, as a rule, easily elated or readily cast down; but as I sat that night in the lonely village on the moors, with Brian's head against my knee, how, or why, I know not, a great depression gradually came upon me.

My mind went back to the crypt and the countless dead who had been laid there. The sight of the goal to which all human life, and strength, and beauty, travel in the end, had not affected me at the time, but now the very air about me seemed heavy with death.

What was the good, I asked myself, of working and toiling, and grinding down my heart and youth in the mill of long and strenuous effort, seeing that in the grave folly and talent, idleness and labour lie together, and are alike forgotten? Labour seemed to stretch before me till my heart ached to

Abend kamen die Worte mit geflügelter Schnelligkeit zu mir, und mit ihnen ein schwebender Eindruck, mich beeilen zu müssen, keine Zeit mehr zu haben. Ich schrieb und schrieb, bis meine Kerzen austropften und ich mich genötigt sah, beim Mondlicht fertigzuwerden, welches, solange ich es nicht gerade zum Schreiben nutzen wollte, taghell wirkte.

Ich mußte mein Manuskript weglegen. Da ich es noch zu früh fand, schlafen zu gehen, denn die Kirchturmuhr schlug gerade Zehn, setzte ich mich ans offene Fenster und lehnte mich hinaus, um einen Hauch frischer Luft zu genießen. Die Nacht war von außerordentlicher Schönheit; und als ich hinausschaute, beruhigte sich die Nervosität, die Unrast meines Geistes. Der Mond, ein vollkommener Kreis, segelte – falls ein so dichterischer Ausdruck gestattet ist – sozusagen über den stillen Himmel. Jede Einzelheit des Dorfes war von seinem Schein so hell erleuchtet, als ob strahlender Tag wäre; ebenso verhielt es sich bei der nahen Kirche mit ihren uralten Eiben, und selbst die jenseitigen Hügel traten schwach wie durch Transparentpapier in Erscheinung.

So saß ich lange, auf die Fensterbank gestützt. Die Hitze war immer noch gewaltig. Ich bin sonst weder leicht in Hochstimmung noch schnell niedergeschlagen. Doch als ich in dieser Nacht in dem einsamen Dorf am Moor, mit Brians Kopf auf dem Knie, dasaß, kam nach und nach, ich weiß nicht wie oder warum, eine tiefe Schwermut über mich.

Mein Geist kehrte zurück zu der Krypta und zu den unzähligen Toten, die dort hingeschafft worden waren. Der Anblick des Zieles, an dem alles menschliche Leben und alle Kraft und Schönheit enden, hatte mich zuvor nie berührt, doch jetzt schien selbst die Luft um mich herum vom Tod gesättigt.

Was war der Sinn davon, so fragte ich mich, daß ich arbeitete und mich abplagte, mein Herz und meine Jugend aufrieb in der Mühle langwieriger und mühsamer Plackerei, angesichts dessen, daß im Grab Dummheit und Begabung, Faulheit und Arbeit nebeneinanderliegen und gleichermaßen dem Vergessen anheim gegeben sind? Arbeit schien

think of it, to stretch before me even to the end of life, and then came, as the recompense of my labour – the grave. Even if I succeeded, if, after wearing my life threadbare with toil, I succeeded, what remained to me in the end? The grave. A little sooner, while the hands and eyes were still strong to labour, or a little later, when all power and vision had been taken from them; sooner or later only – *the grave*.

I do not apologise for the excessively morbid tenor of these reflections, as I hold that they were caused by the lunar effects which I have endeavoured to transcribe. The moon in its various quarterings has always exerted a marked influence on what I may call the sub-dominant, namely, the poetic side of my nature.

I roused myself at last, when the moon came to look in upon me where I sat, and, leaving the window open, I pulled myself together and went to bed.

I fell asleep almost immediately, but I do not fancy I could have been asleep very long when I was wakened by Brian. He was growling in a low, muffled tone, as he sometimes did in his sleep, when his nose was buried in his rug. I called out to him to shut up; and as he did not do so, turned in bed to find my match box or something to throw at him. The moonlight was still in the room, and as I looked at him I saw him raise his head and evidently wake up. I admonished him, and was just on the point of falling asleep when he began to growl again in a low, savage manner that waked me most effectually. Presently he shook himself and got up, and began prowling about the room. I sat up in bed and called to him, but he paid no attention. Suddenly I saw him stop short in the moonlight; he showed his teeth, and crouched down, his eyes following something in the air. I looked at him in horror. Was he going mad? His eyes were glaring, and his head

sich vor mir zu erstrecken, bis mein Herz von der Vorstellung weh tat; sie schien sich zu erstrecken noch bis zm Ende meines Lebens, und dann erwartete mich, als Entgelt dafür – das Grab. Selbst wenn ich Erfog hatte, wenn ich mein Leben mit Mühsal hinbrachte und Erfolg hatte, was blieb mir am Ende? Das Grab. Etwas früher, wenn Hände und Augen noch Kraft hätten zu arbeiten, oder etwas später, wenn alle Kraft und Sicht ihnen genommen wären, früher oder später – nur: *das Grab*.

Ich schäme mich nicht für den übermäßig morbiden Grundton dieser Überlegungen, da ich überzeugt bin, daß sie von der Wirkung des Mondes, den ich zu beschreiben versucht habe, herrührte. Der Mond in seinen verschiedenen Vierteln hat immer einen entscheidenden Einfluß auf die subdominante, das heißt dichterische Seite meiner Natur ausgeübt.

Schließlich raffte ich mich auf. Als der Mond herum kam und ins Zimmer schien, nahm ich mich zusammen und ging bei offenem Fenster zu Bett.

Ich schlief beinahe sofort ein, kann aber nicht sehr lange geschlafen haben, als ich von Brian geweckt wurde. Er knurrte leise und gedämpft, wie er es manchmal im Schlaf tat, wenn seine Nase in seinem Fell vergraben war. Ich rief ihm zu, er solle still sein, und da er nicht hörte, drehte ich mich im Bett, um meine Streichholzschachtel oder etwas anderes zu finden und nach ihm zu werfen. Das Zimmer war immer noch vom Mond erleuchtet, und während ich Brian anschaute, sah ich, wie er den Kopf hob und offensichtlich aufwachte. Ich ermahnte ihn und war gerade wieder am Einschlafen, als er wild und tief zu knurren begann und mich höchst nachdrücklich weckte. Gleich schüttelte er sich, stand auf und begann, durchs Zimmer zu schnüren. Ich setzte mich im Bett auf und rief ihn, doch er achtete nicht auf mich.

Plötzlich blieb er im Mondlicht stehen: er bleckte die Zähne und duckte sich, wobei seine Augen etwas in der Luft verfolgten. Ich blickte ihn voller Erschrecken an. Wurde er verrückt? Seine Augen funkelten, und sein Kopf

moved slightly as if he were following the rapid movements of an enemy. Then, with a furious snarl, he suddenly sprang from the ground, and rushed in great leaps across the room towards me, dashing himself against the furniture, his eyes rolling, snatching and tearing wildly in the air with his teeth. I saw he had gone mad. I leaped out of bed, and rushing at him, caught him by the throat. The moon had gone behind a cloud; but in the darkness I felt him turn upon me, felt him rise up, and his teeth close in my throat. I was being strangled. With all the strength of despair, I kept my grip of his neck, and, dragging him across the room, tried to crush in his head against the iron rail of my bedstead. It was my only chance. I felt the blood running down my neck. I was suffocating. After one moment of frightful struggle, I beat his head against the bar and heard his skull give way. I felt him give one strong shudder, a groan, and then I fainted away.

When I came to myself I was lying on the floor, surrounded by the people of the house, my reddened hands still clutching Brian's throat. Someone was holding a candle towards me, and the drought from the window made it flare and waver. I looked at Brian. He was stone dead. The blood from his battered head was trickling slowly over my hands. His great jaw was fixed in something that – in the uncertain light – I could not see.

They turned the light a little.

"Oh, God!" I shrieked. "There! Look! Look!"

"He's off his head,'said some one, and I fainted again.

I was ill for about a fortnight without regaining consciousness, a waste of time of which even now I cannot think without poignant regret. When I did

schwankte leicht hin und her, als beobachtete er die schnellen Bewegungen eines Feindes. Dann, mit einem wütenden Knurren, schnellte er hoch und kam in großen Sprüngen durch das Zimmer auf mich zu, stieß gegen die Möbel, rollte mit den Augen und schnappte und biß wild mit den Zähnen nach der Luft. Ich sah, daß er irre geworden war. Ich sprang aus dem Bett, rannte zu ihm und packte ihn am Hals. Ein Wolke war vor den Mond gezogen, doch in der Dunkelheit fühlte ich, wie Brian sich gegen mich wandte, sich aufrichtete und seine Zähne in meinen Hals grub. Ich wurde erwürgt. Mit dem Mut der Verzweiflung hielt ich seinen Hals umfaßt, schleppte ihn durch das Zimmer und versuchte, seinen Kopf am eisernen Gitter des Bettgestells zu zerschmettern. Es war meine einzige Chance.

Ich spürte, wie mir das Blut am Hals hinunterlief. Ich war am Ersticken. Nach einem Augenblick fürchterlichen Kampfes schlug ich seinen Kopf gegen die Stange und hörte, wie sein Schädel barst. Ein letztes Mal spürte ich sein Zucken und Stöhnen, dann fiel ich in Ohnmacht.

Als ich zu mir kam, lag ich auf dem Boden, umstanden von den Bewohnern des Hauses, meine roten Hände immer noch um Brians Hals gekrampft. Jemand hielt ein Kerze zu mir hin, und ein Luftzug vom Fenster ließ sie aufflammen und flackern. Ich blickte Brian an. Er war mausetot. Das Blut aus seinem zerschlagenen Kopf tropfte langsam über meine Hände. Sein großer Kiefer war fest um etwas geschlossen, das ich – in dem unsicheren Licht – nicht erkennen konnte.

Sie versetzten das Licht etwas.

«Oh Gott!» schrie ich. «Da! Seht! Seht!»

«Er ist übergeschnappt», sagte jemand, und ich fiel erneut in Ohnmacht.

Etwa zwei Wochen lang war ich krank und erlangte das Bewußtsein nicht wieder, eine Zeitverschwendung, an die ich selbst jetzt noch nicht ohne bittere Reue denken kann. Als

recover consciousness, I found I was being carefully nursed by the old clergyman and the people of the house. I have often heard the unkindness of the world in general inveighed against, but for my part I can honestly say that I have received many more kindnesses than I have time to repay. Country people especially are remarkably attentive to strangers in illness.

I could not rest until I had seen the doctor who attended me, and had received his assurance that I should be equal to reading my paper on the appointed day. This pressing anxiety removed, I told him of what I had seen before I fainted the second time. He listened attentively, and then assured me, in a manner that was intended to be soothing, that I was suffering from an hallucination, due, no doubt, to the shock of my dog's sudden madness.

"Did you see the dog after it was dead?" I asked.

He said he did. The whole jaw was covered with blood and foam; the teeth certainly seemed convulsively fixed, but the case being evidently one of extraordinarily virulent hydrophobia, owing to the intense heat, he had had the body buried immediately.

My companion stopped speaking as we reached our lodgings, and went upstairs. Then, lighting a candle, he slowly turned down his collar.

"You see I have the marks still," he said, "but I have no fear of dying of hydrophobia. I am told such peculiar scars could not have been made by the teeth of a dog. If you look closely you see the pressure of the five fingers. That is the reason why I wear high collars."

ich schließlich zu mir kam, fand ich mich sorgsam gepflegt von dem alten Pfarrer und den Leuten des Hauses. Ich habe oft gehört, wie über die allgemeine Herzlosigkeit der Welt hergezogen wird, doch ich für meinen Teil kann ehrlich sagen, daß ich sehr viel mehr Güte erfahren habe, als ich je zurückzahlen kann. Die Menschen auf dem Land kümmern sich in bemerkenswerter Weise um Fremde, die krank geworden sind.

Ich fand keine Ruhe, bis ich den mich behandelnden Arzt gesprochen und seine Versicherung erhalten hatte, daß ich meinen Vortrag termingerecht würde halten können. Nachdem diese drängende Sorge von mir genommen war, erzählte ich ihm, was ich gesehen hatte, bevor ich zum zweiten Mal in Ohnmacht gefallen war. Er hörte mir aufmerksam zu und versicherte mir dann in einem Ton, der beruhigend wirken sollte, daß ich unter einer Halluzination gelitten hätte, die zweifellos von dem Schrecken über den plötzlichen Irrsinn meines Hundes ausgelöst war.

«Hast Du den Hund gesehen, nachdem er tot war?» fragte ich.

Er bejahte. Der graue Kiefer war bedeckt von Blut und Schaum; die Zähne schienen tatsächlich krampfhaft geschlossen, aber da es sich offensichtlich infolge der Hitze um einen Fall von außerordenlich bösartiger Tollwut handelte, hatte er den Kadaver sofort begraben lassen.

Mein Gefährte hörte auf zu sprechen, als wir unser Quartier erreichten und nach oben gingen. Dann zündete er eine Kerze an und klappte den Kragen herunter.

«Siehst du, ich habe immer noch die Male», sagte er, «aber ich habe keine Angst, an Tollwut zu sterben. Man sagt mir, daß solche seltsame Narben nicht von den Zähnen eines Hundes herstammen können. Wenn du genau hinschaust, siehst du die Abdrücke der fünf Finger. Das ist der Grund, warum ich hohe Kragen trage.»

Some time ago I believe I had the pleasure of telling you the story of an adventure which happened to a friend of mine by the name of Dennistoun, during his pursuit of objects of art for the museum at Cambridge.

He did not publish his experiences very widely upon his return to England; but they could not fail to become known to a good many of his friends, and among others to the gentleman who at that time presided over an art museum at another University. It was to be expected that the story should make a considerable impression on the mind of a man whose vocation lay in lines similar to Dennistoun's, and that he should be eager to catch at any explanation of the matter which tended to make it seem improbable that he should ever be called upon to deal with so agitating an emergency. It was, indeed, somewhat consoling to him to reflect that he was not expected to acquire ancient MSS for his institution; that was the business of the Shelburnian Library. The authorities of that might, if they pleased, ransack obscure corners of the Continent for such matters. He was glad to be obliged at the moment to confine his attention to enlarging the already unsurpassed collection of English topographical drawings and engravings possessed by his museum. Yet, as it turned out, even a department so homely and familiar as this may have its dark corners, and to one of these Mr Williams was unexpectedly introduced.

Those who have taken even the most limited interest in the acquisition of topographical pictures are aware that there is one London dealer whose aid is indispensable to their researches. Mr J. W. Britnell publishes at short intervals very admirable cata-

Montague Rhodes James
Das Schabkunstblatt

Ich glaube, daß ich vor einiger Zeit das Vergnügen hatte,
Ihnen die Geschichte eines Abenteuers zu erzählen, das
einem Freund von mir namens Dennistoun zugestoßen ist,
während er sich auf der Suche nach Kunstgegenständen für
das Museum von Cambridge befand.

Bei seiner Rückkehr nach England hängte er seine Erleb-
nisse garnicht an die große Glocke, doch es konnte nicht
ausbleiben, daß sie ziemlich vielen seiner Freunde zu Ohren kamen, unter anderem dem Herrn, der damals einem
Kunstmuseum an einer anderen Universität vorstand. Es
war zu erwarten, daß die Geschichte einen beträchtlichen
Eindruck bei diesem Mann hinterließ, dessen Interessen in
ähnliche Richtungen gingen wie diejenigen Dennistouns,
und daß er begierig nach einer Erklärung der Angelegenheit schnappte, die dazu angetan war, es praktisch auszu-
schließen, daß er jemals in die Lage kommen könnte, sich
mit so einem beunruhigenden Fall zu befassen. Daß von
ihm nicht erwartet wurde, alte Manuskripte für sein Institut zu erwerben, war in der Tat einigermaßen tröstlich.
Diese Aufgabe oblag der Shelbourne-Bibliothek. Deren
Fachleute mochten, wenn sie Lust hatten, unbekannte
Ecken des Kontinents für solche Zwecke erforschen. Er war
froh, daß er im Augenblick seine Aufmerksamkeit nur
darauf zu richten hatte, die schon unübertroffene Sammlung englischer topographischer Zeichnungen und Stiche,
die sich im Besitz seines Museums befanden, zu ver-
größern. Dennoch kann, wie sich herausstellte, selbst eine
so schlichte und wohlvertraute Abteilung wie diese ihre
dunklen Ecken haben, und mit einer von ihnen bekam Mr
Williams unvermutet zu tun.

Wer auch nur das geringste Interesse am Erwerb topographischer Darstellungen hat, dem ist bekannt, daß es einen
einzigen Londoner Händler gibt, dessen Hilfe für die eigenen Forschungen unerläßlich ist. Mr J. W. Britnell bringt
in kurzen Abständen ganz vortreffliche Kataloge seines

logues of a large and constantly changing stock of engravings, plans, and old sketches of mansions, churches, and towns in England and Wales. These catalogues were, of course, the ABC of his subject to Mr Williams: but as his museum already contained an enormous accumulation of topographical pictures, he was a regular, rather than a copious, buyer; and he rather looked to Mr Britnell to fill up gaps in the rank and file of his collection than to supply him with rarities.

Now, in February of last year there appeared upon Mr Williams's desk at the museum a catalogue from Mr Britnell's emporium, and accompanying it was a typewritten communication from the dealer himself. This latter ran as follows:

Dear Sir, –
We beg to call your attention to No. 978 in our accompanying catalogue, which we shall be glad to send on approval.

Your's faithfully,
J. W. BRITNELL

To turn to No. 978 in the accompanying catalogue was with Mr Williams (as he observed to himself) the work of a moment, and in the place indicated he found the following entry:

"978. – unknown. Interesting mezzotint: View of a manorhouse, early part of the century. 15 by 10 inches; black frame. £2 2s."

It was not specially exciting, and the price seemed high. However, as Mr Britnell, who knew his business and his customer, seemed to set store by it, Mr Williams wrote a postcard asking for the article to be sent on approval, along with some other engravings and sketches which appeared in the same catalogue. And so he passed without much excitement of anticipation to the ordinary labours of the day.

großen und ständig wechselnden Bestands an Stichen, Plänen und alten Darstellungen herrschaftlicher Wohnsitze, Kirchen und Städte in England und Wales heraus. Für Mr Williams waren diese Kataloge natürlich das A und O seines Fachs, da aber sein Museum schon eine riesige Sammlung topographischer Darstellungen besaß, kaufte er eher regelmäßig als reichlich, er wandte sich an Mr Britnell eigentlich nur, um Lücken in den Reihen und Verzeichnissen seiner Sammlung zu schließen, und nicht, um mit Kostbarkeiten versorgt zu werden.

Nun landete aber im Februar des vergangenen Jahres auf Mr Williams' Schreibtisch im Museum ein Katalog aus Mr Britnells großem Laden, beigefügt war eine maschinengeschriebene Mitteilung vom Händler persönlich. Sie lautete folgendermaßen:

Sehr geehrter Herr,
wir erlauben uns, Ihre Aufmerksamkeit auf Nr. 978 unseres beigeschlossenen Katalogs zu lenken, die wir Ihnen gerne zur Ansicht schicken würden.

Hochachtungsvoll,
J. W. BRITNELL

Nr. 978 im beigeschlossenen Katalog aufzuschlagen, war für Mr Williams (wie er sich selber sagte) die Sache eines Augenblicks. Am angegebenen Ort fand er folgenden Eintrag:

«978. – Unbekannt. Sehenswertes Schabkunstblatt: Ansicht eines Herrenhauses, Anfang des Jahrhunderts. 38 x 25 cm, schwarzer Rahmen. £2, 2s.»

Das klang nicht sonderlich aufregend, und der Preis erschien hoch. Aber gleichviel: da Mr Britnell, der sich auf sein Geschäft und seinen Kunden verstand, das Blatt offenbar hoch einschätzte, schrieb Mr Williams eine Postkarte und bat um Überlassung des Artikels zur Ansicht, samt einigen weiteren in der gleichen Liste erschienenen Stichen und Skizzen. Dann ging er ohne sehr erwartungsvolle Aufgeregtheit an die üblichen Arbeiten des Tages.

A parcel of any kind always arrives a day later than you expect it, and that of Mr Britnell proved, as I believe the right phrase goes, no exception to the rule. It was delivered at the museum by the afternoon post of Saturday, after Mr Williams had left his work, and it was accordingly brought round to his rooms in college by the attendant, in order that he might not have to wait over Sunday before looking through it and returning such of the contents as he did not propose to keep. And here he found it when he came in to tea, with a friend.

The only item with which I am concerned was the rather large, black-framed mezzotint of which I have already quoted the short description given in Mr Britnell's catalogue. Some more details of it will have to be given, though I cannot hope to put before you the look of the picture as clearly as it is present to my own eye. Very nearly the exact duplicate of it may be seen in a good many old inn parlours, or in the passages of undisturbed country mansions at the present moment. It was a rather indifferent mezzotint, and an indifferent mezzotint is, perhaps, the worst form of engraving known. It presented a full-faced view of a not very large manor-house of the last century, with three rows of plain sashed windows with rusticated masonry about them, a parapet with balls or vases at the angles, and a small portico In the centre. On either side were trees, and in front a considerable expanse of lawn. The legend "A. W. F. sculpsit" was engraved on the narrow margin; and there was no further inscription. The whole thing gave the impression that it was the work of an amateur. What in the world Mr Britnell could mean by affixing the price of £2 2s. to such an object was more than Mr Williams could imagine. He turned it over with a good deal of contempt; upon the back was a paper label, the left-hand half of which had been torn off. All that

Jedes Paket kommt immer einen Tag später an, als man es erwartet, und Mr Britnells Paket erwies sich – so heißt wohl die Redewendung – als keine Ausnahme von der Regel. Es wurde dem Museum mit der Samstagnachmittag-Post zugestellt, nachdem Mr Williams bereits Dienstschluß hatte. Deshalb wurde es vom Boten in seine Privatwohnung im College geschafft, damit er nicht bis über den Sonntag hinaus zu warten brauchte, ehe er es durchsehen und das, was er daraus nicht zu behalten gedachte, zurücksenden konnte. Hier fand er es vor, als er zusammen mit einem Freund zum Tee hereinkam.

Der einzige Gegenstand, der uns hier beschäftigt, war das ziemlich große, schwarz gerahmte Schabkunstblatt, dessen kurze Beschreibung in Mr Britnells Katalog ich schon angeführt habe. Ein paar weitere Einzelheiten des Blattes werden zu erwähnen sein, wenngleich ich nicht hoffen kann, Ihnen das Aussehen des Bildes so anschaulich schildern zu können, wie ich es selber vor Augen habe. Nahezu identische Abzüge des Blattes kann man zur Zeit in ziemlich vielen alten Wirtsstuben oder in den Gängen ruhiger Landhäuser sehen. Es war ein recht mittelmäßiges Schabkunstblatt, und ein mittelmäßiges Schabkunstblatt ist wohl die schlechteste Form jeglicher Graphik. Es stellte die Frontalansicht eines nicht sehr großen Herrenhauses aus dem letzten Jahrhundert dar. Drei Reihen schlichter Schiebefenster waren eingerahmt von Mauern, die mit Bossenwerk verziert waren, an den Ecken befand sich eine Brustwehr mit Kugeln oder Ziervasen, und in der Mitte ein schmaler Säulengang. Zu beiden Seiten standen Bäume, und vor dem Herrenhaus zog sich eine weitläufige Rasenfläche hin. Auf dem schmalen Rand des Blattes war «A. W. F. sculpsit» eingraviert, eine weitere Beschriftung war nicht vorhanden. Das Ganze vermittelte den Eindruck, es sei die Arbeit eines Freizeitkünstlers. Was in aller Welt Mr Britnell gedacht haben mochte, als er den Preis für so einen Gegenstand auf £2, 2s festsetzte, konnte sich Mr Williams nicht vorstellen. Er drehte das Blatt etwas verächtlich um, auf der Rückseite klebte ein Papieretikett, dessen linke

remained were the ends of two lines of writing: the first had the letters *-ngley Hall*; the second, *-ssex*.

It would, perhaps, be just worth while to identify the place represented, which he could easily do with the help of a gazetteer, and then he would send it back to Mr Britnell, with some remarks reflecting upon the judgement of that gentleman.

He lighted the candles, for it was now dark, made the tea, and supplied the friend with whom he had been playing golf (for I believe the authorities of the University I write of indulge in that pursuit by way of relaxation); and tea was taken to the accompaniment of a discussion which golfing persons can imagine for themselves, but which the conscientious writer has no right to inflict upon any non-golfing persons.

The conclusion arrived at was that certain strokes might have been better, and that in certain emergencies neither player had experienced that amount of luck which a human being has a right to expect. It was now that the friend — let us call him Professor Binks — took up the framed engraving, and said:

"What's this place, Williams?"

"Just what I am going to try to find out," said Williams, going to the shelf for a gazetteer. "Look at the back. Somethingley Hall, either in Sussex or Essex. Half the name's gone, you see. You don't happen to know it, I suppose?"

"It's from that man Britnell, I suppose, isn't it?" said Binks. "Is it for the museum?"

"Well, I think I should buy it if the price was five shillings," said Williams; "but for some unearthly reason he wants two guineas for it. I can't conceive why. It's a wretched engraving, and there aren't even any figures to give it life."

"It's not worth two guineas, I should think," said Binks; "but I don't think it's so badly done. The

Hälfte abgerissen war. Verblieben war von zwei Zeilen Geschriebenem lediglich der jeweilige Schluß, der erste bestand aus den Buchstaben *...ngley Hall*, der zweite lautete *...sex*.

Es wäre allenfalls lohnend, den abgebildeten Ort festzustellen, was Mr Williams anhand eines Ortsnamensverzeichnisses leicht tun könnte. Dann würde er die Graphik mit ein paar abwägenden Bemerkungen über die Einschätzung durch Mr Britnell diesem zurückschicken.

Er zündete die Kerzen an, denn es war dunkel geworden, bereitete den Tee und versorgte den Freund, mit dem er Golf gespielt hatte (ich glaube, die Fachgrößen der Universität, von der ich schreibe, treiben diesen Sport zur Entspannung); während man Tee trank, wurde ein Gespräch geführt, das Golfer sich selbst vorstellen können, wohingegen ein pflichtbewußter Schriftsteller nicht berechtigt ist, es Nichtgolfern zuzumuten.

Der Schluß, zu dem man gelangte, war der, daß gewisse Schläge hätten besser sein können, und daß in gewissen Bedrängnissen keinem der beiden Spieler jenes Maß an Glück zugekommen war, das ein Mensch eigentlich erwarten darf. In diesem Augenblick nahm der Freund – wir wollen ihn Professor Binks nennen – den gerahmten Stich in die Hand und sagte:

«Was ist das für ein Landsitz, Williams?»

«Das will ich gerade ausfindig machen», sagte Williams, und ging ans Bücherregal, um ein Ortsnamenlexikon zu holen. «Schauen Sie sich die Rückseite an! Irgendetwas auf *-ngley Hall* in Sussex oder Essex. Freilich fehlt der halbe Name. Sie kennen ihn nicht zufällig, oder doch?»

«Wahrscheinlich ist das Blatt von dem Händler Britnell, stimmt's?» sagte Binks. «Ist es für das Museum bestimmt?»

«Nun, ich glaube, ich würde es kaufen, wenn der Preis fünf Schilling betrüge», sagte Williams, «aber aus irgendeinem unmöglichen Grund will er zwei Guineen dafür. Ich verstehe nicht, warum. Es ist ein schlechtes Blatt, und es sind nicht einmal Personen darauf, um es zu beleben.»

«Zwei Guineen ist es nicht wert, möchte ich meinen», sagte Binks, «doch ich finde nicht, daß die Arbeit so schlecht

moonlight seems rather good to me; and I should have thought there *were* figures, or at least a figure, just on the edge in front."

"Let's look," said Williams. "Well, it's true the light is rather cleverly given. Where's your figure? Oh yes! Just the head, in the very front of the picture."

And indeed there was – hardly more than a black blot on the extreme edge of the engraving – the head of a man or woman, a good deal muffled up, the back turned to the spectator, and looking towards the house.

Williams had not noticed it before.

"Still," he said, "though it's a cleverer thing than I thought. I can't spend two guineas of museum money on a picture of a place I don't know."

Professor Binks had his work to do, and soon went; and very nearly up to Hall time Williams was engaged in a vain attempt to identify the subject of his picture. "If the vowel before the *ng* had only been left, it would have been easy enough," he thought; "but as it is, the name may be anything from Guestingley to Langley, and there are many more names ending like this than I thought; and this rotten book has no index of terminations."

Hall in Mr Williams's college was at seven. It need not be dwelt upon; the less so as he met there colleagues who had been playing golf during the afternoon, and words with which we have no concern were freely bandied across the table – merely golfing words, I would hasten to explain.

I suppose an hour or more to have been spent in what is called common-room after dinner. Later in the evening some few retired to Williams's rooms, and I have little doubt that whist was played and tobacco smoked. During a lull in these operations Williams picked up the mezzotint from the table without looking at it, and handed it to a person

ist. Das Mondlicht finde ich ziemlich gut, und ich hätte gedacht, es seien tatsächlich Gestalten vorhanden, oder wenigstens eine, ganz vorne am Rand.»

«Schau'n wir mal!» sagte Williams. «Nun, es stimmt, daß das Mondlicht recht geschickt wiedergegeben ist. Aber wo ist ihre Figur? Ah ja! Nur der Kopf, ganz vorn auf dem Bild.»

Tatsächlich war da – kaum mehr als ein schwarzer Fleck auf dem äußersten Rand des Stichs – der Kopf eines Mannes oder einer Frau, etwas vermummt, der Rücken dem Betrachter zugewandt, der Blick auf das Haus gerichtet.

Williams hatte es zuvor nicht bemerkt.

«Wenn es auch eine geschicktere Arbeit ist, als ich erst dachte», sagte er, «kann ich dennoch nicht zwei Guineen Museumsgeld ausgeben für das Bild eines Ortes, den ich nicht kenne.»

Professor Binks hatte noch zu arbeiten und ging bald, und fast bis zum gemeinsamen Essen im Speisesaal war Williams mit dem vergeblichen Versuch beschäftigt, den Gegenstand seines Bildes herauszubringen. «Stünde bloß der Vokal vor dem *ng* noch da, wäre es ziemlich leicht», dachte er, «so aber kann es alles Erdenkliche heißen, von Guestingley bis Langley, und es gibt noch viel mehr Namen, als ich dachte, die so enden, und dieses Mistbuch hat kein Verzeichnis der Endungen.»

Das Abendessen in Mr Williams' College fand um sieben Uhr statt. Man braucht bei diesem Thema nicht zu verweilen, umso weniger, als er hier Kollegen traf, die nachmittags Golf gespielt hatten: über den Tisch hinweg wurden zwanglos Worte gewechselt, mit denen wir nichts zu tun haben – es war, in aller Kürze gesagt, bloß Golfer-Geplauder.

Ich nehme an, man hatte nach dem Essen eine Stunde oder länger im sogenannten Gemeinschaftsraum verbracht. Später am Abend begaben sich einige wenige in Williams' Zimmer, und für mich besteht kaum ein Zweifel, daß Whist gespielt und Tabak geraucht wurde. Als in diesen Betätigungen eine kurze Pause eintrat, nahm Williams das Schabkunstblatt vom Tisch, ohne es anzusehen, und reichte es

mildly interested in art, telling him where it had come from, and the other particulars which we already know.

The gentleman took it carelessly, looked at it, then said, in a tone of some interest:

"It's really a very good piece of work, Williams; it has quite a feeling of the romantic period. The light is admirably managed, it seems to me, and the figure, though it's rather too grotesque, is somehow very impressive."

"Yes, isn't it?" said Williams, who was just then busy giving whisky-and-soda to others of the company, and was, unable to come across the room to look at the view again.

It was by this time rather late in the evening, and the visitors were on the move. After they went Williams was obliged to write a letter or two and clear up some odd bits of work. At last, some time past midnight, he was disposed to turn in, and he put out his lamp after lighting his bedroom candle. The picture lay face upwards on the table where the last man who looked at it had put it, and it caught his eye as he turned the lamp down. What he saw made him very nearly drop the candle on the floor, and he declares now that if he had been left in the dark at that moment he would have had a fit. But, as that did not happen, he was able to put down the light on the table and take a good look at the picture. It was indubitable – rankly impossible, no doubt, but absolutely certain. In the middle of the lawn in front of the unknown house there was a figure where no figure had been at five o'clock that afternoon. It was crawling on all-fours towards the house, and it was muffled in a strange black garment with a white cross on the back.

I do not know what is the ideal course to pursue in a situation of this kind. I can only tell you what Mr Williams did. He took the picture by one corner

jemandem, dem an Kunst nicht übermäßig viel gelegen war, erzählte ihm, woher es kam, sowie die anderen Einzelheiten, die wir schon kennen.

Der Herr nahm es gleichgültig, warf einen Blick darauf und sagte dann doch einigermaßen beeindruckt:

«Es ist wirklich eine sehr gute Arbeit, Williams; aus ihr spricht durchaus ein Sinn für Romantik. Mir scheint, daß mit dem Licht vortrefflich umgegangen wurde, und die Figur ist zwar eher allzu grotesk, aber irgendwie recht eindrucksvoll.»

«Ja, nicht wahr?» sagte Williams, der gerade in diesem Augenblick anderen Gästen Whisky mit Soda reichte und nicht quer durch das Zimmer gehen konnte, um das Bild wieder zu betrachten.

Mittlerweile war es ziemlich spät am Abend, und die Besucher machten sich auf den Heimweg. Nachdem sie fort waren, mußte Williams einen oder zwei Briefe schreiben und ein paar dumme kleine Arbeiten erledigen. Einige Zeit nach Mitternacht war er endlich so weit, sich schlafen zu legen; er schaltete das Licht aus, nachdem er seine Schlafzimmerkerze angezündet hatte. Die Graphik lag mit der Bildseite nach oben auf dem Tisch, wo der letzte Betrachter sie hingelegt hatte. Williams' Blick fiel darauf, als er die Lampe nach unten drehte. Was er sah, ließ ihn beinahe die Kerze fallen lassen. Heute erklärt er, daß er einen Schock erlitten hätte, wenn er in diesem Augenblick im Dunkeln gestanden hätte. Doch da dies nicht der Fall war, konnte er das Licht auf dem Tisch abstellen und das Bild genau betrachten. Es war unbezweifelbar – gewiß regelrecht unmöglich, doch mit Sicherheit wahr: In der Mitte des Rasens vor dem unbekannten Haus war eine Gestalt, wo um fünf Uhr an jenem Nachmittag noch keine gewesen war. Sie kroch auf allen vieren auf das Haus zu; sie hatte ein sonderbares schwarzes Gewand mit einem weißen Kreuz auf dem Rücken.

Ich weiß nicht, wie man in einer derartigen Lage am besten verfährt. Ich kann nur sagen, was Mr Williams getan hat. Er faßte das Bild an einer Ecke an und trug es

and carried it across the passage to a second set of rooms which he possessed. There he locked it up in a drawer, sported the doors of both sets of rooms, and retired to bed; but first he wrote out and signed an account of the extraordinary change which the picture had undergone since it had come into his possession.

Sleep visited him rather late; but it was consoling to reflect that the behaviour of the picture did not depend upon his own unsupported testimony. Evidently the man who had looked at it the night before had seen something of the same kind as he had, otherwise he might have been tempted to think that something gravely wrong was happening either to his eyes or his mind. This possibility being fortunately precluded, two matters awaited him on the morrow. He must take stock of the picture very carefully, and call in a witness for the purpose, and he must make a determined effort to ascertain what house it was that was represented. He would therefore ask his neighbour Nisbet to breakfast with him, and he would subsequently spend a morning over the gazetteer.

Nisbet was disengaged, and arrived about 9.30. His host was not quite dressed, I am sorry to say, even at this late hour. During breakfast nothing was said about the mezzotint by Williams, save that he had a picture on which he wished for Nisbet's opinion. But those who are familiar with University life can picture for themselves the wide and delightful range of subjects over which the conversation of two Fellows of Canterbury College is likely to extend during a Sunday morning breakfast. Hardly a topic was left unchallenged, from golf to lawn-tennis. Yet I am bound to say that Williams was rather distraught; for his interest naturally centred in that very strange picture which was now reposing, face downwards, in the drawer in the room opposite.

über den Flur in eine zweite Zimmerflucht, die zu seiner Wohnung gehörte. Dort verschloß er es in einer Schublade, sperrte beide Zimmerfluchten ab und ging zu Bett. Doch erst noch formulierte und unterzeichnete er einen Bericht über die außergewöhnliche Veränderung, die das Bild durchgemacht hatte, seitdem es in seinen Besitz gelangt war.

Der Schlaf fand sich ziemlich spät ein; aber es war tröstlich, sich vorzustellen, daß das Verhalten des Bildes nicht von seinem eigenen unbestätigten Zeugnis abhing. Offensichtlich hatte der Mann, der das Bild vorhin betrachtet hatte, etwas Ähnliches gesehen wie er, sonst hätte er, Williams, versucht sein können zu glauben, mit seinen Augen oder seinem Geist sei ernstlich etwas nicht in Ordnung. Da man diese Möglichkeit zum Glück ausschließen konnte, erwarteten ihn am Morgen zwei Aufgaben. Er mußte das Bild sehr sorgfältig in Augenschein nehmen und zu diesem Zweck einen Zeugen hinzuziehen, und er mußte sich mit allem Nachdruck bemühen herauszubringen, welches Haus auf dem Blatt dargestellt war. Deshalb würde er seinen Nachbarn Nisbet bitten, mit ihm zu frühstücken, und danach würde er einen Morgen über dem Ortsnamenlexikon verbringen.

Nisbet hatte frei und kam ungefähr um 9 Uhr 30. Sein Gastgeber war noch nicht ganz angezogen. Selbst zu dieser vorgerückten Stunde, das muß ich leider sagen. Während des Frühstücks sagte Williams nichts über die Graphik, nur, daß er ein Bild habe, zu dem er gern Nisbets Meinung hören wolle. Wer mit dem Universitätsbetrieb vertraut ist, kann sich selber den weiten, wunderbaren Themenkreis ausmalen, auf den sich die Unterhaltung von zwei Dozenten des Cambridge College während eines Frühstücks am Sonntagmorgen wahrscheinlich erstreckt. Kaum ein Gegenstand blieb unerörtert, vom Golfen bis zum Rasentennis. Doch ich muß sagen, daß Williams etwas zerstreut war, denn natürlich richtete sich sein ganzer Sinn auf jene überaus sonderbare Graphik, die jetzt in der Schublade im Zimmer gegenüber lag, mit der Bildseite nach unten.

The morning pipe was at last lighted, and the moment had arrived for which he looked. With very considerable – almost tremulous – excitement, he ran across, unlocked the drawer, and, extracting the picture – still face downwards – ran back, and put it into Nisbet's hands.

"Now," he said, "Nisbet, I want you to tell me exactly what you see in that picture. Describe it, if you don't mind, rather minutely. I'll tell you why afterwards."

"Well," said Nisbet, "I have here a view of a country-house – English, I presume – by moonlight."

"Moonlight? You're sure of that?"

"Certainly. The moon appears to be on the wane, if you wish for details, and there are clouds in the sky."

"All right. Go on. I'll swear," added Williams in an aside, "there was no moon when I saw it first."

"Well, there's not much more to be said," Nisbet continued. "The house has one – two – three rows of windows, five in each row, except at the bottom, where there's a porch instead of the middle one, and –"

"But what about figures?" said Williams, with marked interest.

"There aren't any," said Nisbet; "but –"

"What! No figure on the grass in front?"

"Not a thing."

"You'll swear to that?"

"Certainly I will. But there's just one other thing."

"What?"

"Why, one of the windows on the ground floor – left of the door – is open."

"Is it really? My goodness! he must have got in," said Williams, with great excitement; and he hurried to the back of the sofa on which Nisbet

Schließlich war die Morgenpfeife entzündet und der ersehnte Augenblick gekommen. Mit beträchtlicher – beinahe zitternder – Erregung lief Williams hinüber, sperrte die Schublade auf, entnahm ihr das Blatt, lief zurück – immer noch die Bildseite nach unten haltend – und drückte es Nisbet in die Hand.

«Nun», sagte er, «Nisbet, ich möchte, daß Sie mir genau sagen, was Sie auf diesem Bild sehen. Beschreiben Sie es, wenn es Ihnen nichts ausmacht, bis in die kleinsten Einzelheiten. Ich werde Ihnen nachher sagen, warum.»

«Also», sagte Nisbet, «ich habe hier die Ansicht eines Landhauses – eines englischen, vermutlich – im Mondlicht.»

«Mondlicht? Sind Sie sicher?»

«Gewiß. Der Mond ist anscheinend im Abnehmen, wenn Sie Einzelheiten haben möchten, und am Himmel sind Wolken.»

«Schon gut. Weiter! Ich wollte schwören», fügte Williams beiseite hinzu, «daß kein Mond da war, als ich das Bild zum erstenmal sah.»

«Nun, viel mehr ist nicht zu sagen», fuhr Nisbet fort, «Das Haus hat eine – zwei – drei Reihen Fenster, fünf in jeder Reihe, mit Ausnahme der unteren, wo statt des mittleren Fensters ein Säulenportal steht, und...»

«Doch wie steht's mit Figuren?» sagte Williams, mit deutlichem Interesse.

«Es sind keine da», sagte Nisbet, «aber...»

«Was! Keine Gestalt auf dem Gras vorne?»

«Gar nichts.»

«Können Sie das beschwören?»

«Gewiß kann ich das. Doch da ist noch eine andere Sache.»

«Was denn?»

«Nun, eines der Fenster im Erdgeschoß – links von der Tür – ist offen.»

«Wirklich? Du meine Güte! Er muß hineingekommen sein», sagte Williams mit großer Erregung; er eilte zur Lehne des Sofas, auf dem Nisbet saß und vergewisserte

was sitting, and, catching the picture from him, verified the matter for himself.

It was quite true. There was no figure, and there was the open window. Williams, after a moment of speechless surprise, went to the writing-table and scribbled for a short time. Then he brought two papers to Nisbet, and asked him first to sign one – it was his own description of the picture, which you have just heard – and then to read the other which was Williams's statement written the night before.

"What can it all mean?" said Nisbet.

"Exactly," said Williams. "Well, one thing I must do – or three things, now I think of it. I must find out from Garwood" (this was his last night's visitor) "what he saw, and then I must get the thing photographed before it goes further, and then I must find out what the place is."

"I can do the photographing myself," said Nisbet, "and I will. But, you know, it looks very much as if we were assisting at the working out of a tragedy somewhere. The question is, Has it happened already, or is it going to come off? You must find out what the place is. Yes!" he said, looking at the picture again, "I expect you're right: he has got in. And if I don't mistake there'll be the devil to pay in one of the rooms upstairs."

"I'll tell you what," said Williams: "I'll take the picture across to old Green" (this was the senior Fellow of the College, who had been Bursar for many years). "It's quite likely he'll know it. We have property in Essex and Sussex, and he must have been over the two counties a lot in his time."

"Quite likely he will," said Nisbet; "but just let me take my photograph first. But look here, I rather think Green isn't up today. He wasn't in Hall last night, and I think I heard him say he was going down for the Sunday."

"That's true, too," said Williams; I know he's

sich selber, nachdem er ihm das Bild aus der Hand genommen hatte.

Es stimmte durchaus. Da war keine Gestalt, und ein Fenster war offen. Nach einem Augenblick sprachloser Überraschung ging Williams an den Schreibtisch und kritzelte eine kurze Weile. Dann reichte er Nisbet zwei Blätter Papier. Erst bat er ihn, das eine zu unterzeichnen – es war Nisbets eigene Beschreibung des Bildes, die Sie soeben gehört haben – und dann das andere zu lesen: es war Williams Darlegung, die er am Abend zuvor geschrieben hatte.

«Was hat das alles zu bedeuten?» fragte Nisbet.

«Genau», sagte Williams. «Nun, eines muß ich tun – oder vielmehr: dreierlei, wenn ich es bedenke. Ich muß aus Garwood» (das war sein Besucher vom Vorabend) «herausbringen, was er gesehen hat; dann muß ich das Ding fotografieren lassen, ehe es weitergeht; und schließlich muß ich herausbringen, was für ein Ort das ist.»

«Das Fotografieren kann ich übernehmen», sagte Nisbet, «und ich mache das. Doch wissen Sie: es sieht sehr danach aus, als wären wir Zeugen der Entwicklung einer Tragödie. Die Frage ist nur: Hat sie sich schon ereignet oder steht sie noch bevor? Sie müssen herausfinden, was für ein Ort es ist. Ja», sagte er und betrachtete das Bild abermals, «ich glaube, Sie haben recht: er ist ins Haus gegangen. Und wenn ich mich nicht täusche, kommt das dicke Ende noch in einem der oberen Zimmer.»

«Ich will Ihnen etwas sagen», bemerkte Williams: «Ich bringe das Bild zum alten Green hinüber» (das war der Seniordozent und frühere langjährige Quästor am College). «Es kann sehr gut sein, daß er es kennt. Wir haben Grundbesitz in Essex und Sussex, und Green muß zu seiner Zeit in den beiden Grafschaften viel herumgekommen sein.»

«Höchstwahrscheinlich», sagte Nisbet, «aber lassen Sie mich erst die Aufnahme machen. Doch halt, ich glaube eher, daß Green heute nicht mehr erreichbar ist. Gestern war er nicht beim Abendessen, und ich glaube, ich hörte ihn sagen, er werde den Sonntag frei nehmen.»

«Das stimmt», sagte Williams; «ich weiß, daß er nach

gone to Brighton. Well, if you'll photograph it now, I'll go across to Garwood and get his statement, and you keep an eye on it while I'm gone. I'm beginning to think two guineas is not a very exorbitant price for it now."

In a short time he had returned, and brought Mr Garwood with him. Garwood's statement was to the effect that the figure, when he had seen it, was clear of the edge of the picture, but had not got far across the lawn. He remembered a white mark on the back of its drapery, but could not have been sure it was a cross. A document to this effect was then drawn up and signed, and Nisbet proceeded to photograph the picture.

"Now what do you mean to do?" he said. "Are you going to sit and watch it all day?"

"Well, no, I think not," said Williams. "I rather imagine we're meant to see the whole thing. You see, between the time I saw it last night and this morning there was time for lots of things to happen, but the creature only got into the house. It could easily have got through its business in the time and gone to its own place again; but the fact of the window being open, I think, must mean that it's in there now. So I feel quite easy about leaving it. And, besides, I have a kind of idea that it wouldn't change much, if at all, in the daytime. We might go out for a walk this afternoon, and come in to tea, or whenever it gets dark. I shall leave it out on the table here, and sport the door. My skip can get in, but no one else."

The three agreed that this would be a good plan; and, further, that if they spent the afternoon together they would be less likely to talk about the business to other people; for any rumour of such a transaction as was going on would bring the whole of the Phasmatological Society about their ears.

We may give them a respite until five o'clock.

Brighton gefahren ist. Nun, wenn Sie das Bild jetzt fotografieren, gehe ich zu Garwood hinüber und bitte ihn um seine Aussage. Sie behalten währenddessen das Bild im Auge. Ich glaube allmählich, daß jetzt zwei Guineen kein übertrieben hoher Preis dafür ist.»

Bald war er wieder da, zusammen mit Mr Garwood. Garwoods Aussage hatte zum Inhalt, daß die Gestalt, als er sie gesehen hatte, zwar vom Bildrand entfernt, aber nicht weit über den Rasen gelangt war. Er erinnerte sich an ein weißes Zeichen auf dem Rücken des Gewandes, konnte aber nicht mit Bestimmtheit sagen, ob es ein Kreuz war. Dann wurde ein diesbezügliches Schriftstück abgefaßt und unterzeichnet, und Nisbet ging daran, das Bild zu fotografieren.

«Was gedenken Sie nun zu tun?» fragte er. «Wollen Sie den ganzen Tag hier sitzen und es beobachten?»

«Nein, ich glaube nicht», sagte Williams. «Ich stelle mir eher vor, daß wir das große Ganze im Auge haben sollten. Wissen Sie, zwischen den Zeitpunkten gestern abend und heute morgen, zu denen ich das Bild ansah, hat viel geschehen können, doch das Geschöpf ist nur bis in das Haus gelangt. Es hätte in dieser Zeit leicht sein Vorhaben erledigen und an seinen eigenen Ort zurückkehren können. Die Tatsache, daß das Fenster offensteht, kann wohl nur bedeuten, daß die Person sich jetzt im Haus aufhält. Darum bin ich ziemlich unbesorgt, wenn ich weggehe. Außerdem habe ich so eine Ahnung, daß sich tagsüber, wenn überhaupt, nicht viel verändert. Wir könnten heute nachmittag einen Spaziergang machen und zum Tee zurückkommen, oder wenn es dunkel wird. Ich lasse das Bild hier auf dem Tisch und schließe die Tür ab. Mein Diener kann herein, sonst niemand.»

Die drei Herren kamen überein, daß dies ein guter Plan sei; außerdem würden sie, wenn sie den Nachmittag gemeinsam verbrächten, wahrscheinlich weniger leicht mit anderen Leuten über die Sache sprechen; jegliches Gerücht von einem Geschehen, wie es hier vor sich ging, würde ja die ganze Gesellschaft für Geisterkunde aufhorchen lassen.

Wir gönnen ihnen nun eine Pause bis fünf Uhr.

At or near the hour the three were entering Williams's staircase. They were at first slightly annoyed to see that the door of his rooms was unsported; but in a moment it was remembered that on Sunday the skips came for orders an hour or so earlier than on week-days: However, a surprise was awaiting them. The first thing they saw was the picture leaning up against a pile of books on the table, as it had been left, and the next thing was Williams's skip, seated on a chair opposite, gazing at it with undisguised horror. How was this? Mr Filcher (the name is not my own invention) was a servant of considerable standing, and set the standard of etiquette to all his own college and to several neighbouring ones, and nothing could be more alien to his practice than to be found sitting on his master's chair, or appearing to take any particular notice of his master's furniture or pictures. Indeed, he seemed to feel this himself. He started violently when the three men came into the room, and got up with a marked effort. Then he said: "I ask your pardon, sir, for taking such a freedom as to set down."

"Not at all, Robert," interposed Mr Williams. "I was meaning to ask you some time what you thought of that picture."

"Well, sir, of course I don't set up my opinion again yours, but it ain't the pictur I should hang where my little girl could see it, sir."

"Wouldn't you, Robert? Why not?"

"No, sir. Why, the pore child, I recollect once she see a Door Bible, with pictures not 'alf what that is, and we 'ad to set up with her three or four nights afterwards, if you'll believe me; and if she was to ketch a sight of this skelinton here, or whatever it is, carrying off the pore baby, she would be in a taking. You know 'ow it is with children; 'ow nervish they git with a little thing and all. But

Zu dieser Stunde oder kurz davor betraten die drei Herren Williams' Treppenhaus. Sie waren erst leicht verstimmt, als sie sahen, daß die Wohnungstür nicht abgeschlossen war; doch gleich fiel ihnen ein, daß sonntags die Diener etwa eine Stunde früher als an Wochentagen kamen, um Aufträge entgegenzunehmen. Dennoch erwartete die drei Herren eine Überraschung. Als erstes sahen sie, daß das Bild auf dem Tisch gegen einen Stapel Bücher gelehnt war, wie sie es verlassen hatten, als nächstes sahen sie Williams' Diener, der auf einem Stuhl davor saß und es mit unverhohlenem Schrecken anstarrte. Wie konnte das sein? Mr Filcher (der Name ist nicht meine Erfindung) war ein Diener von beträchtlichem Ansehen und galt in seinem ganzen eigenen und in mehreren benachbarten Colleges als Maßstab für Schicklichkeit. Nichts hätte seiner Handlungsweise fremder sein können, als auf dem Stuhl seines Herrn sitzend angetroffen zu werden oder den Anschein zu erwekken, er schenke der Einrichtung oder den Bildern seines Herrn besondere Beachtung. Tatsächlich schien er das selber zu empfinden. Er fuhr heftig zusammen, als die drei Herren das Zimmer betraten, und sprang mit merklicher Anspannung auf. Dann sagte er: «Ich bitte um Verzeihung, Sir, daß ich mir die Freiheit genommen habe, mich zu setzen.»

«Keine Entschuldigung, Robert», unterbrach Mr Williams. «Ich dachte ohnehin daran, Sie einmal zu fragen, was Sie von diesem Bild halten.»

«Nun, Sir, ich stelle natürlich nicht meine Meinung gegen die Ihre, aber es ist kein Bild, das ich aufhängen würde, wo meine kleine Tochter es sehen könnte, Sir.»

«Tatsächlich, Robert? Warum nicht?»

«Nein, Sir. Na, das arme Kind, ich erinnere mich, daß es mal eine Türbibel sah, mit Bildern nicht halb so schlimm wie dies hier, und wir mußten hinterher drei oder vier Nächte bei ihr am Bett sitzen, wenn Sie mir glauben wollen; und bekäme die Kleine dieses Skelett hier oder was das ist zu sehen, von dem das arme Baby fortgetragen wird, wäre sie fix und fertig. Sie wissen, wie es mit Kindern ist, wie sie sich wegen einer Kleinigkeit aufregen und überhaupt. Doch

what I should say, it don't seem a right pictur to be laying about, sir, not where anyone that's liable to be startled could come on it. Should you be wanting anything this evening, sir? Thank you, sir."

With these words the excellent man went to continue the round of his masters, and you may be sure the gentlemen whom he left lost no time in gathering round the engraving. There was the house, as before under the waning moon and the drifting clouds. The window that had been open was shut, and the figure was once more on the lawn: but not this time crawling cautiously on hands and knees. Now it was erect and stepping swiftly, with long strides, towards the front of the picture. The moon was behind it, and the black drapery hung down over its face so that only hints of that could be seen, and what was visible made the spectators profoundly thankful that they could see no more than a white dome – like forehead and a few straggling hairs. The head was bent down, and the arms were tightly clasped over an object which could be dimly seen and identified as a child, whether dead or living it was not possible to say. The legs of the appearance alone could be plainly discerned, and they were horribly thin.

From five to seven the three companions sat and watched the picture by turns. But it never changed. They agreed at last that it would be safe to leave it, and that they would return after Hall and await further developments.

When they assembled again, at the earliest possible moment, the engraving was there, but the figure was gone, and the house was quiet under the moonbeams. There was nothing for it but to spend the evening over gazetteers and guide-books. Williams was the lucky one at last, and perhaps he deserved it. At 11.30 p.m. he read from Murray's *Guide to Essex* the following lines:

was ich sagen würde: mir scheint das kein passendes Bild zu sein, das man herumliegen läßt, Sir, nicht, wo jemand, der leicht erschrickt, hereinkommen könnte. Brauchen Sie heute abend noch etwas, Sir? Ich danke Ihnen.»

Mit diesen Worten setzte der treffliche Mann die Runde bei seinen Dienstherren fort, und Sie können versichert sein, daß die Herren, sobald er sie verlassen hatte, keine Zeit verloren, sich um den Stich zu versammeln. Da war das Haus, wie zuvor unter dem abnehmenden Mond und den dahinziehenden Wolken. Das Fenster, das offen gestanden hatte, war geschlossen, und die Gestalt war wieder auf dem Rasen: diesmal jedoch nicht vorsichtig auf Händen und Knien kriechend. Jetzt war sie aufgerichtet und ging mit ausgreifenden Schritten auf den Vordergrund des Bildes zu. Der Mond war hinter ihr, und das schwarze Tuch hing ihr übers Gesicht, so daß man es nur andeutungsweise sehen konnte. Schon das, was man sah, stimmte die Betrachter zutiefst dankbar dafür, daß sie nicht mehr sehen konnten. Es war eine weiße, kuppelartig gewölbte Stirn mit ein paar zerzausten Haaren. Der Kopf war gebeugt, die Arme waren eng um einen Gegenstand geschlungen, der nur undeutlich zu sehen und als Kind zu erkennen war – ob tot oder lebend, konnte man unmöglich sagen. Lediglich die Beine der Erscheinung waren deutlich wahrzunehmen: sie waren schrecklich dünn.

Von fünf bis sieben saßen die drei Gefährten da und beobachteten abwechselnd das Bild. Doch es veränderte sich nicht. Sie kamen schließlich überein, daß man es getrost stehen lassen könne und daß man zum Abendessen gehen und weitere Entwicklungen abwarten wolle.

Als sie sich zum frühestmöglichen Zeitpunkt wieder versammelten, war der Stich zwar da, doch die Gestalt war weg, und das Haus stand ruhig im Schein des Mondes. Es blieb nichts anderes übrig, als den Abend mit Ortsnamenverzeichnissen und Reiseführern zu verbringen. Williams war schließlich der Glückliche, und vielleicht verdiente er es. Um 11 Uhr 30 abends las er in Murrays *Essex-Führer* folgende Zeilen:

"16½ miles, *Anningley*. The church has been an interesting building of Norman date, but was extensively classicized in the last century. It contains the tombs of the family of Francis, whose mansion, Anningley Hall, a solid Queen Anne house, stands immediately beyond the churchyard in a park of about 80 acres. The family is now extinct, the last heir having disappeared mysteriously in infancy in the year 1802. The father, Mr Arthur Francis, was locally known as a talented amateur engraver in mezzotint. After his son's disappearance he lived in complete retirement at the Hall, and was found dead in his studio on the third anniversary of the disaster, having just completed an engraving of the house, impressions of which are of considerable rarity."

This looked like business, and, indeed, Mr Green on his return at once identified the house as Anningley Hall.

"Is there any kind of explanation of the figure, Green?" was the question which Williams naturally asked.

"I don't know, I'm sure, Williams. What used to be said in the place when I first knew it, which was before I came up here, was just this: old Francis was always very much down on these poaching fellows, and whenever he got a chance he used to get a man whom he suspected of it turned off the estate, and by degrees he got rid of them all but one. Squires could do a lot of things then that they daren't think of now. Well, this man that was left was what you find pretty often in that country – the last remains of a very old family. I believe they were Lords of the Manor at one time. I recollect just the same thing in my own parish."

"What, like the man in *Tess of the D'Urbervilles*?" Williams put in.

"Yes, I dare say; it's not a book I could ever read

«16½ Meilen, *Anningley*. Die Kirche ist ein reizvoller Bau aus normannischer Zeit, wurde aber im letzten Jahrhundert weitgehend klassizistisch umgestaltet. Sie birgt die Gräber der Familie Francis, deren Landsitz, Anningley Hall, ein gediegenes Haus aus der Zeit der Königin Anne, unmittelbar jenseits des Kirchhofs in einem Park von etwa achtzig Morgen steht. Die Familie ist ausgestorben, und zwar ist der letzte Erbe auf geheimnisvolle Weise als Kind im Jahre 1802 verschwunden. Der Vater, Mr Arthur Francis, war im Ort und im Umkreis als begabter dilettierender Mezzotint-Stecher bekannt. Nach dem Verschwinden seines Sohnes lebte er völlig zurückgezogen im Herrenhaus. Am dritten Jahrestag des Unglücks wurde er tot in seinem Atelier aufgefunden, er hatte gerade einen Stich des Hauses fertiggestellt; es gibt nur bemerkenswert wenige Abzüge davon.»

Das sah wie eine ernste Sache aus. Tatsächlich erkannte Mr Green nach seiner Rückkehr sofort, daß es sich bei dem Haus um Anningley Hall handelte.

«Gibt es irgendeine Art der Erklärung für die Gestalt, Green?» war die Frage, die Williams natürlich stellte.

«Ich weiß wirklich nicht, Williams. Was man sich gewöhnlich an dem Ort erzählte, als ich ihn zum erstenmal kennenlernte – das war, ehe ich hierher kam –, war folgendes: Der alte Francis fiel immer fürchterlich über die Wilddiebe her. Bei jeder Gelegenheit ließ er einen, den er im Verdacht hatte, von seinem Grund und Boden verjagen, so wurde er sie nach und nach alle los, bis auf einen. Gutsherren konnten damals manches tun, was sie heute nicht einmal zu denken wagen. Nun, der Mann, der übrigblieb, war, was hierzulande ziemlich oft zu finden ist, der letzte Sproß einer sehr alten Familie. Ich glaube, sie waren früher sogar die Gutsherren gewesen. An genau den gleichen Fall erinnere ich mich aus meiner eigenen Pfarrgemeinde.»

«Nun, wie der Mann in *Tess of the D'Urbervilles*?» warf Williams ein.

«Ja, ich vermute; ich selber habe das Buch nicht gele-

myself. But this fellow could show a row of tombs in the church there that belonged to his ancestors, and all that went to sour him a bit; but Francis, they said, could never get at him – he always kept just on the right side of the law – until one night the keepers found him at it in a wood right at the end of the estate. I could show you the place now; it marches with some land that used to belong to an uncle of mine. And you can imagine there was a row; and this man Gawdy (that was the name, to be sure – Gawdy; I thought I should get it – Gawdy), he was unlucky enough, poor chap! to shoot a keeper. Well, that was what Francis wanted, and grand juries – you know what they would have been then and poor Gawdy was strung up in double-quick time; and I've been shown the place he was buried in, on the north side of the church – you know the way in that part of the world: anyone that's been hanged or made away with themselves, they bury them that side. And the idea was that some friend of Gawdy's – not a relation, because he had none, poor devil! he was the last of his line: kind of *spes ultima gentis* – must have planned to get hold of Francis's boy and put an end to *his* line, too. I don't know – it's rather an out-of-the-way thing for an Essex poacher to think of – but, you know, I should say now it looks more as if old Gawdy had managed the job himself. Booh! I hate to think of it! Have some whisky, Williams!"

The facts were communicated by Williams to Dennistoun, and by him to a mixed company, of which I was one, and the Sadducean Professor of Ophiology another. I am sorry to say that the latter, when asked what he thought of it, only remarked: "Oh, those Bridgeford people will say anything" – a sentiment which met with the reception it deserved.

I have only to add that the picture is now in the

sen. Doch dieser Bursche konnte dort in der Kirche eine Reihe von Gräbern seiner Vorfahren zeigen, und das trug dazu bei, ihn ein wenig zu verbittern. Francis, so hieß es, konnte ihm nie beikommen – der Kerl hielt sich immer gerade auf der richtigen Seite des Gesetzes –, bis ihn eines Nachts die Aufseher in einem Wald ganz am Ende des Grundstücks fanden. Ich könnte Ihnen noch die Stelle zeigen; sie grenzt an ein Stück Land, das einem Onkel von mir gehörte. Sie können sich vorstellen, daß es einen Wortwechsel gab; und dieser Gawdy (so hieß er, tatsächlich – Gawdy; ich hab's ja gewußt, er würde mir einfallen – Gawdy) hatte das Pech, der Arme, daß er einen der Aufseher erschoß. Na, genau das hatte Francis gewollt. Es kam vors Geschworenengericht – Sie wissen, wie das damals zusammengesetzt war –, und der arme Gawdy war im Handumdrehen aufgeknüpft. Man hat mir die Stelle gezeigt, wo er begraben wurde, auf der Nordseite der Kirche – Sie wissen wie es in diesem Teil der Welt zugeht: jeder, der gehängt wurde oder sich selbst das Leben nahm, wird dort begraben. Es gab das Gerede, daß irgendein Freund von Gawdy – kein Verwandter, weil er keine hatte, der arme Teufel! er war der letzte seiner Linie, eine Art *spes ultima gentis* – geplant haben muß, Francis' Jungen zu erwischen und auch *seiner* Linie ein Ende zu setzen. Ich weiß nicht – es kommt mir eher abwegig vor, daß ein Wilderer aus Essex so denkt. Wissen Sie, mir sieht es heute eher so aus, daß der alte Gawdy die Sache selber gedeichselt hat. Pfui! Ich denke äußerst ungern daran. Haben Sie einen Schluck Whisky, Williams!»

Williams teilte den Sachverhalt Dennistoun mit; dieser unterrichtete eine interdisziplinäre Gesellschaft, der ich angehörte; ein weiteres Mitglied war der sadduzäische Professor für Schlangenkunde. Leider muß ich sagen, daß letzterer auf die Frage, was er davon halte, lediglich bemerkte: «Oh, diese Leute aus Bridgeford sagen immer irgend etwas» – ein Ausspruch, der die Aufnahme fand, die er verdiente.

Ich muß nur noch hinzufügen: Das Bild befindet sich

Ashleian Museum; that it has been treated with a view to discovering whether sympathetic ink has been used in it, but without effect; that Mr Britnell knew nothing of it save that he was sure it was uncommon; and that, though carefully watched, it has never been known to change again.

jetzt im Ashley-Museum; es wurde mit dem Ziel behandelt, herauszubekommen, ob unsichtbare Tinte verwendet worden ist, doch ohne Erfolg. Mr Britnell wußte nichts davon; er war sich nur sicher, daß es sich um ein ungewöhnliches Bild handelte. Obschon es sorgfältig beobachtet wird, hat man nie gehört, daß es sich wieder verändert habe.

Imray achieved the impossible. Without warning, for no conceivable motive, in his youth, at the threshold of his career he chose top disappear from the world – which is to say, the little Indian station where he lived.

Upon a day he was alive, well, happy, and in great evidence among the billiard-tables at his Club. Upon a morning he was not, and no manner of search could make sure where he might be. He had stepped out of his place; he had not appeared at his office at the proper time, and his dogcart was not upon the public roads. For these reasons, and because he was hampering, in a microscopical degree, the administration of the Indian Empire, that Empire paused for one microscopical moment to make inquiry into the fate of Imray.

Ponds were dragged, wells were plumbed, telegrams were despatched down the lines of railways and to the nearest seaport town – twelve hundred miles away; but Imray was not at the end of the drag-ropes nor the telegraph wires. He was gone, and his place knew him no more. Then the work of the great Indian Empire swept forward, because it could not be delayed, and Imray from being a man became a mystery – such a thing as men talk over at their tables in the Club for a month, and then forget utterly. His guns, horses, and carts were sold to the highest bidder. His superior officer wrote an altogether absurd letter to his mother, saying that Imray had unaccountably disappeared, and his bungalow stood empty.

After three of four months of the scorching hot weather had gone by, my friend Strickland, of the Police, saw fit to rent the bungalow from the native landlord. This was before he was engaged to Miss

Rudyard Kipling
Imrays Rückkehr

Imray erreichte das Unmögliche. Ohne Vorankündigung, ohne erkennbaren Grund, in jungen Jahren, an der Schwelle einer erfolgreichen Laufbahn gefiel es ihm, aus der Welt zu verschwinden – das heißt, aus der kleinen Station in Indien, auf der er lebte.

Den einen Tag war er noch lebendig, voller Wohlbefinden, zufrieden und zwischen den Billard-Tischen in seinem Club sehr deutlich sichtbar. Am nächsten Morgen war er es nicht mehr, und keinerlei Nachforschung vermochte sicheren Aufschluß darüber zu bringen, wo er sein könnte. Er hatte seinen Posten verlassen; er war nicht zur angemessenen Zeit in seinem Amt erschienen, und sein zweirädriger Einspänner befand sich nicht auf den öffentlichen Straßen. Deshalb, und weil er in einem winzigen Ausmaß die Verwaltung des indischen Kolonialreiches beeinträchtigte, hielt das Kolonialreich einen winzigen Augenblick lang inne, um Imrays Schicksal zu erkunden. Teiche wurden abgesucht, Brunnen ausgelotet, Telegramme die Eisenbahnstrecken entlang und zur nächstgelegenen Hafenstadt geschickt; aber Imray fand sich nicht am Ende der Schleppleinen noch der Telegraphendrähte. Er war verschwunden, und seine Stätte kannte ihn nicht mehr. Dann ging die Arbeit des großen indischen Kolonialreiches machtvoll weiter, denn sie konnte nicht aufgeschoben werden, und aus dem Menschen Imray wurde ein rätselhafter Fall – etwas, das Männer einen Monat lang am Clubtisch bereden und dann gänzlich vergessen. Seine Gewehre, Pferde und Einspänner wurden an den Meistbietenden verkauft. Sein Vorgesetzter schrieb seiner Mutter einen völlig ungereimten Brief, der besagte, daß Imray unerklärlicherweise verschwunden war, und sein Bungalow stand leer.

Nachdem drei oder vier Monate des sengend heißen Wetters vergangen waren, hielt es mein Freund Strickland, ein Angehöriger der Polizei, für angebracht, den Bungalow von dem einheimischen Besitzer zu mieten. Das geschah, bevor

Youghal – an affair which has been described in another place – and while he was pursuing his investigations into native life. His own life was sufficiently peculiar, and men complained of his manners and customs. There was always food in his house, but there were no regular times for meals. He ate, standing up and walking about, whatever he might find at the sideboard, and this is not good for human beings. His domestic equipment was limited to six rifles, three shot-guns, five saddles, and a collection of stiff-jointed masheer-rods, bigger and stronger than the largest salmon-rods. These occupied one-half of his bungalow, and the other half was given up to Strickland and his dog Tietjens – an enormous Rampur slut who devoured daily the rations of two men. She spoke to Strickland in a language of her own; and whenever, walking abroad, she saw things calculated to destroy the peace of Her Majesty the Queen-Empress, she returned to her master and laid information. Strickland would take steps at once, and the end of his labours was trouble and fine and imprisonment for other people.

The natives believed that Tietjens was a familiar spirit, and treated her with the great reverence that is born of hate and fear. One room in the bungalow was set apart for her special use. She owned a bedstead, a blanket and a drinking-trough, and if any one came into Strickland's room at night her custom was to knock down the invader and give tongue till some one came with a light. Strickland owed his life to her when he was on the Frontier, in search of a local murderer, who came in the gray dawn to send Strickland much farther than the Andaman Islands. Tietjens caught the man as he was crawling into Strickland's tent with a dagger between his teeth; and after his record of iniquity was established in

er sich mit Miss Youghal verlobte – eine Angelegenheit, die anderswo geschildert worden ist – und während er seinen Forschungen über das Leben der Einheimischen nachging. Das Leben, das er selber führte, war seltsam genug, seine Sitten und Gebräuche gaben Anlaß zu Klagen. In seinem Haus waren stets Nahrungsmittel vorhanden, aber es gab keine geregelten Mahlzeiten. Er aß, indem er aufstand und umherging, was immer er auf der Anrichte fand, und das tut menschlichen Wesen nicht gut. Die Einrichtung seines Hauses beschränkte sich auf sechs Büchsen, drei Schrotflinten, fünf Sättel und eine Sammlung zusammensetzbarer Masheer-Angelruten, die größer und kräftiger waren als die längsten Lachs-Angelruten. Diese Dinge nahmen die eine Hälfte des Bungalows ein, während die andere Hälfte Strickland und seinem Hund Tietjens überlassen war – einer riesigen Rampur-Hündin, die täglich die Rationen von zwei Männern verschlang. Sie redete mit Strickland in ihrer eigenen Sprache; und wann immer sie, während sie draußen umherstreifte, Dinge sah, die darauf abzielten, den Frieden Ihrer Majestät der Kaiserin und Königin zu stören, kehrte sie zu ihrem Herrn zurück und brachte sie zur Anzeige. Strickland ergriff dann sogleich Maßnahmen, und das Ende seiner Bemühungen waren Schwierigkeiten, Geldbußen und Gefängnisstrafen für andere Leute. Die Einheimischen glaubten, daß Tietjens ein ihm nahestehender Geist sei, und behandelten sie mit der großen Ehrfurcht, die aus Haß und Furcht geboren wird. Ein Raum im Bungalow war ausschließlich für ihren Gebrauch reserviert. Ihr gehörten eine Bettstelle, eine Wolldecke und ein Trinknapf, und wenn irgend jemand nachts in Stricklands Zimmer kam, so pflegte sie den Eindringling zu Boden zu werfen und Laut zu geben, bis jemand ein Licht brachte. Sie hatte Strickland das Leben gerettet, als er an der Grenze einen Mörder aus jener Gegend verfolgte, der im Morgengrauen kam, um Strickland erheblich weiter als bis zu den Andamanen-Inseln zu schicken: Tietjens stellte den Mann, als er gerade mit einem Dolch zwischen den Zähnen in Stricklands Zelt kroch; und nachdem sein Sündenregister vor dem Auge des

the eyes of the law he was hanged. From that date Tietjens wore a collar of rough silver, and employed a monogram on her night-blanket; and the blanket was of double woven Kashmir cloth, for she was a delicate dog.

Under no circumstances would she be separated from Strickland; and once, when he was ill with fever, made great trouble for the doctors, because she did not know how to help her master and would not allow another creature to attempt aid. Macarnaght, of the Indian Medical Service, beat her over her head with a gun-butt before she could understand that she must give room for those who could give quinine.

A short time after Strickland had taken Imray's bungalow, my business took me through that Station, and naturally, the Club quarters being full, I quartered myself upon Strickland. It was a desirable bungalow, eight-roomed and heavily thatched against any chance of leakage from rain. Under the pitch of the roof ran a ceiling-cloth which looked just as neat as a white-washed ceiling. The landlord had repainted it when Strickland took the bungalow. Unless you knew how Indian bungalows were built you would never have suspected that above the cloth lay the dark three-cornered cavern of the roof, where the beams and the underside of the thatch harboured all manner of rats, bats, ants, and foul things.

Tietjens met me in the verandah with a bay like the boom of the bell of St. Paul's, putting her paws on my shoulder to show she was glad to see me. Strickland had contrived to claw together a sort of meal which he called lunch, and immediately after it was finished went out about his business. I was left alone with Tietjens and my own affairs. The heat of the summer had broken up and turned to the warm damp of the rains. There was no motion

176
177

Gesetzes zusammengestellt worden war, wurde er gehängt. Seit der Zeit trug Tietjens ein Halsband aus grobem Silber und verfügte über ein Monogramm auf ihrer Nachtdecke; und die Decke bestand aus doppelt gewebtem Kaschmirtuch, denn Tietjens war ein feinfühliges Tier.

Unter keinen Umständen ließ sie es zu, daß sie von Strickland getrennt wurde; und einmal, als er Fieber hatte, machte sie den Ärzten große Schwierigkeiten, weil sie nicht wußte, wie sie ihrem Herrn helfen sollte, und keinem anderen Wesen den Versuch erlauben wollte, ihm Hilfe zu leisten. Macarnaght, ein Angehöriger des Medizinischen Dienstes in Indien, mußte ihr einen Gewehrkolben über den Kopf schlagen, bevor sie begriff, daß sie denen zu weichen hatte, die Chinin verabreichen konnten.

Kurze Zeit nachdem Strickland Imrays Bungalow übernommen hatte, führten mich meine Geschäfte durch jene Station, und da die Räume des Clubs belegt waren, quartierte ich mich natürlich bei Strickland ein. Es handelte sich um einen sehr schönen Bungalow mit acht Räumen und einem dichtgedeckten Dach, das jegliches Durchregnen verhinderte. Unter die Dachschrägen war ein Deckentuch gespannt, das genauso adrett aussah wie eine frisch getünchte Decke. Der Besitzer hatte es neu gestrichen, als Strickland den Bungalow übernahm. Wenn man nicht wußte, wie indische Bungalows gebaut waren, hätte man nie vermutet, daß über dem Tuch sich die dunkle, dreieckige Höhle des Daches befand, wo die Balken und die Unterseite der deckenden Schicht alle Arten von Ratten, Fledermäusen, Ameisen und faulenden Dingen beherbergten.

Tietjens begrüßte mich auf der Veranda mit einem Bellen, das dem Dröhnen der Glocke von St. Paul ähnelte, und legte mir die Pfoten auf die Schulter, um mir zu zeigen, daß sie sich über das Wiedersehen freute. Strickland war es gelungen, eine Art Mahlzeit zusammenzukratzen, die er Mittagessen nannte, und als wir damit fertig waren, verließ er gleich das Haus, um seinen Geschäften nachzugehen. Ich blieb mit Tietjens und meinen eigenen Angelegenheiten allein zurück. Die Hitze des Sommers hatte nachgelassen

in the heated air, but the rain fell like ramrods on the earth, and flung up a blue mist when it splashed back. The bamboos, and the custard-apples, the poinsettias, and the mango-trees in the garden stood still while the warm water lashed through them, and the frogs began to sing among the aloe hedges. A little before the light failed, and when the rain was at its worst, I sat in the back verandah and heard the water roar from the eaves, and scratched myself because I was covered with the thing called prickly-heat. Tietjens came out with me and put her head in my lap and was very sorrowful; so I gave her biscuits when tea was ready, and I took tea in the back verandah on account of the little coolness found there. The rooms of the house were dark behind me. I could smell Strickland's saddlery and the oil on his guns, and I had no desire to sit among these things. My own servant came to me in the twilight, the muslin of his clothes clinging tightly to his drenched body, and told me that a gentleman had called and wished to see someone. Very much against my will, but only because of the darkness of the rooms, I went into the naked drawing-room, telling my man to bring the lights. There might or might not have been a caller waiting – it seemed to me that I saw a figure by one of the windows – but when the lights came there was nothing save the spikes of the rain without, and the smell of the drinking earth in my nostrils. I explained to my servant that he was no wiser than he ought to be, and went back to the verandah to talk to Tietjens. She had gone out into the wet, and I could hardly coax her back to me, even with biscuits with sugar tops. Strickland came home, dripping wet, just before dinner, and the first thing he said was,

"Has any one called?"

I explained, with apologies, that my servant had

und war der feuchten Wärme der Regenzeit gewichen. Keinerlei Bewegung war in der heißen Luft zu spüren, aber der Regen fiel gleich Ladestöcken auf die Erde und warf blauen Nebel hoch, wenn er zurückspritzte. Das Bambusrohr, die Zimtapfelbäume, die Euphorbien und die Mangobäume im Garten standen regungslos, während das warme Wasser durch sie hindurchströmte, und in den Agavenhecken begannen die Frösche zu singen. Kurz bevor die Helligkeit schwand und als der Regen am stärksten fiel, setzte ich mich auf die hintere Veranda, hörte das Wasser in den Dachtraufen gurgeln und kratzte mich, denn ich war übersät mit dem, was man Hitzepickel nennt. Tietjens ging mit mir hinaus, legte ihren Kopf in meinen Schoß und war sehr bekümmert; darum gab ich ihr Kekse, als der Tee fertig war, und nahm diesen auf der hinteren Veranda zu mir, weil es dort ein bißchen kühler war. Hinter mir lagen dunkel die Räume des Hauses. Ich konnte Stricklands Sattelzeug und das Öl auf reinen Gewehren riechen, und ich hatte kein Verlangen danach, zwischen diesen Dingen zu sitzen. Als es dämmerte, kam mein Diener, an dessen durchnäßtem Körper die Baumwollgewänder klebten, und berichtete mir, daß ein Herr zu Besuch gekommen sei und jemanden zu sprechen wünsche. Höchst unwillig, allerdings nur wegen der Dunkelheit der Räume, ging ich in das kahle Wohnzimmer und befahl meinem Diener, Lampen zu bringen. Möglicherweise hatte ein Besucher gewartet – ich meinte, ich hätte an einem der Fenster eine Gestalt gesehen –, aber als die Lampen gebracht wurden, war draußen nichts als Regen in Bindfäden und der Geruch der trinkenden Erde in meiner Nase. Ich erklärte meinem Diener, daß er kein bißchen klüger sei, als es ihm zukomme, und ging wieder auf die Veranda, um mit Tietjens zu reden. Sie war hinausgegangen in die Nässe, und ich konnte sie fast nicht zu mir zurücklocken, nicht einmal mit Keksen mit Zuckerguß. Kurz vor Tisch kam Strickland triefend naß nach Hause, und das erste, was er sagte, war:

«Ist Besuch gekommen?»

Ich erklärte ihm entschuldigend, daß mein Diener mich

summoned me into the drawing-room on a false alarm; or that some loafer had tried to call on Strickland, and thinking better of it had fled after giving his name.

Strickland ordered dinner, without comment and since it was a real dinner with a white tablecloth attached, we sat down.

At nine o'clock Strickland wanted to go to bed, and I was tired too. Tietjens, who had been lying underneath the table, rose up, and swung into the least exposed verandah as soon as her master moved to his own room, which was next to the stately chamber set apart for Tietjens. If a mere wife had wished to sleep out of doors in that pelting rain it would not have mattered; but Tietjens was a dog, and therefore the better animal. I looked at Strickland, expecting to see him flay her with a whip. He smiled queerly, as a man would smile after telling some unpleasant domestic tragedy. "She has done this ever since I moved in here," said he. "Let her go."

The dog was Strickland's dog, so I said nothing, but I felt all that Strickland felt in being thus made light of. Tietjens encamped outside my bedroom window, and storm after storm came up, thundered on the thatch, and died away. The lightning spattered the sky as a thrown egg spatters a barndoor, but the light was pale blue, not yellow; and, looking through my split-bamboo blinds, I could see the great dog standing, not sleeping, in the verandah, the hackles alift on her back, and her feet anchored as tensely as the drawn wire-rope of a suspension bridge. In the very short pauses of the thunder I tried to sleep, but it seemed that someone wanted me very urgently. He, whoever he was, was trying to call me by name, but his voice was no more than a husky whisper. The thunder ceased, and Tietjens went into the garden and howled at

aufgrund eines Fehlalarms ins Wohnzimmer gerufen habe; oder irgendein Müßiggänger habe den Versuch gemacht, ihn zu besuchen, und sich eines Besseren besonnen und sich davongemacht, nachdem er seinen Namen genannt hatte. Ohne sich dazu zu äußern, ließ Strickland das Essen kommen, und da es sich um ein richtiges Abendessen mit weißem Tischtuch handelte, setzten wir uns hin.

Um neun Uhr wollte Strickland zu Bett gehen, und ich war ebenfalls müde. Tietjens, die unter dem Tisch gelegen hatte, erhob sich, und sobald sich ihr Herr in sein Zimmer begab, das neben dem für Tietjens reservierten Prunkgemach lag, lief sie in großen Sprüngen auf die Veranda, die dem Wetter am wenigsten ausgesetzt war. Wenn es nur die Ehefrau gewesen wäre, die in dem herniederprasselnden Regen draußen hätte schlafen wollen, wäre es nicht von Bedeutung gewesen; aber Tietjens war ein Hund, und darum das bessere Lebewesen. Ich sah Strickland an, in der Erwartung, daß er sie auspeitschen würde. Er lächelte sonderbar, so wie ein Mann lächelt, wenn er eine unerfreuliche häusliche Tragödie erzählt hat. «Sie tut das, seitdem ich hier eingezogen bin», sagte er. «Lass sie.»

Der Hund war Stricklands Hund, also sagte ich nichts, aber ich empfand alle Gefühle, die Strickland über ein so geringschätziges Verhalten empfand. Tietjens bezog draußen vor meinem Schlafzimmer ihr Lager, und ein Gewitter nach dem andern zog auf, donnerte auf das Dach und ließ dann nach. Die Blitze spritzten über den Himmel, wie ein zerschmettertes Ei über ein Scheunentor spritzt, aber das Licht war von einem fahlen Blau, nicht gelb; und wenn ich durch meinen Vorhang aus gespaltenem Bambus blickte, konnte ich den großen Hund sehen, der nicht schlief, sondern auf der Veranda stand, die Rückenhaare gesträubt, die Füße so angespannt verankert wie das unter Zug stehende Drahtseil einer Hängebrücke. In den sehr kurzen Donnerpausen versuchte ich zu schlafen, aber es schien, daß jemand sehr dringend nach mir verlangte. Er, wer auch immer es war, versuchte mich mit Namen zu rufen, aber seine Stimme war nicht mehr als ein heiseres Flüstern. Der Donner er-

the low moon. Somebody tried to open my door, walked about and about through the house, and stood breathing heavily in the verandahs, and just when I was falling asleep I fancied that I heard a wild hammering and clamouring above my head or on the door.

I ran into Strickland's room and asked him whether he was ill, and had been calling for me. He was lying on his bed half dressed, a pipe in his mouth. "I thought you'd come," he said. "Have I been walking round the house recently?"

I explained that he had been tramping in the dining-room and the smoking-room and two or three other places; and he laughed and told me to go back to bed. I went back to bed and slept till the morning, but through all my mixed dreams I was sure I was doing someone an injustice in not attending to his wants. What those wants were I could not tell; but a fluttering, whispering, bolt-fumbling, lurking, loitering Someone was reproaching me for my slackness, and, half awake, I heard the howling of Tietjens in the garden and the threshing of the rain.

I lived in that house for two days. Strickland went to his office daily, leaving me alone for eight or ten hours with Tietjens for my only companion. As long as the full light lasted I was comfortable, and so was Tietjens; but in the twilight she and I moved into the back verandah and cuddled each other for company. We were alone in the house, but none the less it was much too fully occupied by a tenant with whom I did not wish to interfere. I never saw him, but I could see the curtains between the rooms quivering where he had just passed through; I could hear the chairs creaking as the bamboos sprung under a weight that had just quitted them; and I could feel when I went to get a book from the dining-room that somebody was waiting in the shad-

starb, und Tietjens ging in den Garten und heulte den tief-
stehenden Mond an. Jemand versuchte meine Tür zu öffnen, ging immer wieder im Haus herum und stand schwer
atmend auf den Verandas, und gerade als ich dabei war,
einzuschlafen, glaubte ich ein wildes Hämmern und Lärmen
über meinem Kopf oder an der Tür zu hören.

Ich rannte in Stricklands Zimmer und fragte ihn, ob er
krank sei und nach mir gerufen habe. Er lag halb angezogen auf seinem Bett, eine Pfeife im Mund. «Ich hatte mir
gedacht, daß du kommen würdest», sagte er. «Bin ich vor
kurzem im Haus umhergegangen?»

Ich erklärte ihm, daß er laut im Eßzimmer, im Rauchzim-
mer und an zwei oder drei anderen Orten umhergegangen
sei; und er lachte und sagte, ich solle wieder ins Bett gehen.
Ich ging wieder ins Bett und schlief bis zum Morgen, aber
durch all meine wirren Träume zog sich die Gewißheit, daß
ich irgend jemandem Unrecht tat, indem ich seinen Be-
dürfnissen nicht Gehör schenkte. Worin diese Bedürfnisse
bestanden, wußte ich nicht; aber ein unruhiger, flüsternder,
an den Riegeln hantierender, lauernder, umherstreifender
Jemand tadelte mich wegen meiner Trägheit, und im Halb-
schlaf hörte ich Tietjens im Garten heulen und den Regen
auf die Erde trommeln.

Zwei Tage wohnte ich in diesem Haus. Strickland ging
jeden Tag in sein Amt und ließ mich acht oder zehn Stunden
allein, mit Tietjens als einzigem Gefährten. Solange es hell
war, fühlte ich mich behaglich, und Tietjens ebenso: aber
in der Dämmerung zogen wir uns beide auf die hintere
Veranda zurück und schmiegten uns aneinander, um Gesellschaft zu haben. Wir waren allein im Haus, aber nichts-
destoweniger war es in viel zu starkem Maße in Besitz
genommen von einem Bewohner, mit dem ich mich nicht
einzulassen wünschte. Ich erblickte ihn nie, aber ich konnte
sehen, wie sich die Vorhänge zwischen den Räumen bewegten, wo er gerade hindurchgegangen war; ich konnte hören,
wie die Stühle knarrten, wenn das Bambusrohr unter einem
Gewicht zurückfederte, das es gerade verlassen hatte; und
wenn ich mir ein Buch aus dem Eßzimmer holte, konnte ich

ows of the front verandah till I should have gone away. Tietjens made the twilight more interesting by glaring into the darkened rooms with every hair erect, and following the motions of something that I could not see. She never entered the rooms, but her eyes moved interestedly: that was quite sufficient. Only when my servant came to trim the lamps and make all light and habitable she would come in with me and spend her time sitting on her haunches, watching an invisible extra man as he moved about behind my shoulder. Dogs are cheerful companions.

I explained to Strickland, gently as might be, that I would go over to the Club and find for myself quarters there. I admired his hospitality, was pleased with his guns and rods, but I did not much care for his house and its atmosphere.

He heard me out to the end, and then smiled very wearily, but without contempt, for he is a man who understands things. "Stay on," he said, "and see what this thing means. All you have talked about I have known since I took the bungalow. Stay on and wait. Tietjens has left me. Are you going too?"

I had seen him through one little affair, connected with a heathen idol, that had brought me to the doors of a lunatic asylum, and I had no desire to help him through further experiences. He was a man to whom unpleasantnesses arrived as do dinners to ordinary people.

Therefore I explained more clearly than ever that I liked him immensely, and would be happy to see him in the daytime; but that I did not care to sleep under his roof. This was after dinner, when Tietjens had gone out to lie in the verandah.

"'Pon my soul, I don't wonder," said Strickland, with his eyes on the ceiling-cloth. "Look at that!"
The tails of two brown snakes were hanging be-

fühlen, daß jemand im Schatten der vorderen Veranda wartete, bis ich fortgegangen sein würde. Tietjens machte die Dämmerung dadurch interessanter, daß sie mit gesträubtem Fell in die gedunkelten Räume starrte und irgendwelchen Bewegungen folgte, die ich nicht sehen konnte. Sie betrat die Räume nie, aber ihre Augen bewegten sich aufmerksam: das reichte völlig aus. Nur wenn mein Diener kam, um die Lampen herzurichten und alles hell und wohnlich zu machen, ging sie mit hinein und verbrachte ihre Zeit damit, daß sie auf den Hinterbeinen saß und beobachtete, wie sich ein unsichtbarer weiterer Mann hinter meinem Rücken bewegte. Hunde sind fröhliche Gefährten.

So liebenswürdig wie möglich erklärte ich Strickland, daß ich mich zum Club hinüberbegeben und mir dort ein Quartier suchen würde. Ich fände seine Gastfreundschaft bewundernswert, hätte Spaß an seinen Gewehren und Angelruten, machte mir aber nicht übermäßig viel aus seinem Haus und dessen Atmosphäre. Er hörte mich bis zu Ende an und lächelte dann sehr müde, aber ohne Verachtung, denn er ist ein Mann, der etwas von den Dingen versteht. «Bleib noch», sagte er, «und finde heraus, was dies alles bedeutet. Worüber du geredet hast, das weiß ich alles, seitdem ich den Bungalow übernommen habe. Bleib noch und warte ab. Tietjens läßt mich im Stich. Willst du auch gehen?»

Ich hatte ihm durch eine kleine Geschichte, einen heidnischen Götzen betreffend, hindurchgeholfen, die mich bis an die Tore einer Irrenanstalt gebracht hatte, und ich spürte keinerlei Verlangen, ihm bei weiteren Erfahrungen beizustehen. Er war ein Mann, bei dem Unangenehmes stattfand wie bei gewöhnlichen Leuten das Essen.

Deshalb erklärte ich ihm deutlicher als zuvor, daß ich ihn wirklich sehr gern hätte und ihn mit Freuden am Tage besuchen würde, daß ich aber keine Neigung hätte, unter seinem Dach zu schlafen. Das war nach dem Essen, als Tietjens hinausgegangen war, um sich auf die Veranda zu legen.

«Meine Güte, es wundert mich nicht», sagte Strickland, die Augen auf das Deckentuch gerichtet. «Sieh dir das an!»

Die Schwanz-Enden von zwei braunen Schlangen hingen

tween the cloth and the cornice of the wall. They threw long shadows in the lamplight.

"If you are afraid of snakes of course –" said Strickland.

I hate and fear snakes, because if you look into the eyes of any snake you will see that it knows all and more of the mystery of man's fall, and that it feels all the contempt that the Devil felt

when Adam was evicted from Eden. Besides which its bite is generally fatal, and it twists up trouser legs.

"You ought to get your thatch overhauled," I said. "Give me a mahseer-rod, and we'll poke 'em down."

"They'll hide among the roof-beams," said Strickland. "I can't stand snakes overhead. I'm going up into the roof. If I shake 'em down, stand by with a cleaning-rod and break their backs."

I was not anxious to assist Strickland in his work, but I took the cleaning-rod and waited in the diningroom, while Strickland brought a gardener's ladder from the verandah, and set it against the side of the room. The snake-tails drew themselves up and disappeared. We could hear the dry rushing scuttle of long bodies running over the baggy ceiling-cloth. Strickland took a lamp with him, while I tried to make clear to him the danger of hunting roof-snakes between a ceiling-cloth and a thatch, apart from the deterioration of property caused by ripping out ceiling-cloths.

"Nonsense!" said Strickland. "They're sure to hide near the walls by the cloth. The bricks are too cold for 'em, and the heat of the room is just what they like." He put his hand to the corner of the stuff and ripped it from the cornice. It gave with a great sound of tearing, and Strickland put his head through the opening into the dark of the angle of the roof-beams. I set my teeth and lifted the rod,

zwischen dem Tuch und dem Mauervorsprung herab. Sie warfen lange Schatten im Lampenlicht.

«Wenn du dich natürlich vor Schlangen fürchtest –» sagte Strickland.

Ich hasse Schlangen und fürchte sie, denn wenn man irgendeiner in die Augen sieht, erkennt man, daß sie alles und noch viel mehr über das Geheimnis von Adams Fall weiß und daß sie alle Verachtung empfindet, die der Teufel empfand, als Adam aus dem Paradies vertrieben wurde. Abgesehen davon ist der Biß einer Schlange meistens tödlich, und sie windet sich an den Hosenbeinen hoch.

«Du solltest dein Dach instandsetzen lassen», sagte ich. «Gib mir eine Masheer-Angelrute, und wir stochern sie herunter.»

«Sie werden sich zwischen den Balken verstecken», sagte Strickland. «Schlangen über mir kann ich nicht ausstehen. Ich steige ins Dach hinauf. Wenn ich sie runterschubse, steh mit dem Putzstock da und brich ihnen das Rückgrat.»

Ich war nicht scharf darauf, Strickland bei seiner Arbeit zu helfen, aber ich nahm den Putzstock und wartete im Eßzimmer, während Strickland eine Gartenleiter von der Veranda holte und gegen die Zimmerwand stellte. Die Schwanzenden der Schlangen zogen sich nach oben und verschwanden. Wir konnten das trockene Geräusch einer hastigen Flucht hören, als ihre langen Körper über das bauschige Deckentuch eilten. Strickland nahm eine Lampe mit, während ich ihm klarzumachen suchte, welche Gefahr darin lag, Schlangen im Dach zwischen Deckentuch und Belag jagen zu wollen, abgesehen von der Wertminderung des Eigentums durch das Herausreißen von Deckentüchern.

«Unsinn!» sagte Strickland. «Sie verbergen sich sicher nahe den Wänden am Tuch. Die Steine sind ihnen zu kalt, und die Wärme des Raumes ist genau das, was sie mögen.» Er faßte nach der Ecke des Stoffes und zerrte es vom Mauervorsprung los. Es gab mit einem lauten, reißenden Geräusch nach, und Strickland steckte den Kopf durch die Öffnung in den dunklen Winkel, den die Dachbalken bildeten. Ich biß die Zähne zusammen und hob den Putzstock,

for I had not the least knowledge of what might descend.

"H'm!" said Strickland, and his voice rolled and rumbled in the, roof. "There's room for another set of rooms up here, and, by jove, some one is occupying 'em!"

"Snakes?" I said from below.

"No. It's a buffalo. Hand me up the two last joints of a mahseer-rod, and I'll prod it. It's lying on the main roof-beam."

I handed up the rod.

"What a nest for owls and serpents! No wonder the snakes live here," said Strickland, climbing farther into the roof. I could see his elbow thrusting with the rod. "Come out of that, whoever you are! Heads below there! It's falling."

I saw the ceiling-cloth nearly in the centre of the room bag with a shape that was pressing it downwards and downwards towards the lighted lamp on the table. I snatched the lamp out of danger and stood back. Then the cloth ripped out from the walls, tore, split, swayed, and shot down upon the table some thing that I dared not look at, till Strickland had slid down the ladder and was standing by my side.

He did not say much, being a man of few words; but he picked up the loose end of the tablecloth and threw it over the remnants on the table.

"It strikes me," said he, putting down the lamp, "our friend Imray has come back. Oh! you would, would you?"

There was a movement under the cloth, and a little snake wriggled out, to be back-broken by the butt of the mahseer-rod. I was sufficiently sick to make no remarks worth recording.

Strickland meditated, and helped himself to drinks. The arrangement under the cloth made no more signs of life.

denn ich hatte nicht die geringste Ahnung von dem, was da herabkommen könnte.

«Hm!» sagte Strickland, und seine Stimme rollte und donnerte im Dach. «Hier ist Platz genug für eine weitere Anzahl von Räumen, und, beim Himmel, jemand bewohnt sie!»

«Schlangen?» sagte ich von unten.

«Nein. Ein Büffel. Reich mir die beiden letzten Glieder einer Masheer-Angelrute herauf, dann werde ich ihn anstoßen. Er liegt auf dem Hauptbalken.»

Ich reichte die Angelrute hinauf.

«Was für ein Eulen- und Schlangennest! Kein Wunder, daß die Schlangen sich hier aufhalten», sagte Strickland und kletterte weiter hinein ins Dach. Ich konnte sehen, wie sein Ellbogen mit der Angelrute zustieß. «Komm da raus, wer immer du bist! Kopf einziehen! Er fällt runter!»

Ich sah, wie sich das Deckentuch fast in der Mitte des Zimmers ausbeulte, unter einer Gestalt, die es immer weiter nach unten drückte, zur brennenden Lampe auf dem Tisch. Ich brachte hastig die Lampe in Sicherheit und trat zurück. Dann riß das Tuch von den Wänden ab, platzte, barst, schwang hin und her und ließ etwas auf den Tisch hinunterschießen, das ich nicht anzusehen wagte, bis Strickland die Leiter hinabgeglitten war und neben mir stand.

Er sagte nicht viel, denn er war ein Mann von wenig Worten; aber er hob das lose herabhängende Ende des Tischtuchs auf und warf es über das, was auf dem Tisch lag.

«Ich habe den Eindruck», sagte er und setzte die Lampe nieder, «unser Freund Imray ist zurückgekommen. Oh! Das wolltest du wohl, nicht wahr?»

Unter dem Tuch entstand eine Bewegung, und eine kleine Schlange wand sich heraus, um sich von dem Schaft der Angelrute das Rückgrat brechen zu lassen. Mir war so übel, daß ich nichts sagte, was der Erwähnung wert wäre.

Strickland dachte nach und bediente sich mit Getränken. Die Anordnung unter dem Tuch gab keine weiteren Lebenszeichen von sich.

"Is it Imray?" I said.

Strickland turned back the cloth for a moment, and looked.

"It is Imray," he said; "and his throat is cut from ear to ear."

Then we spoke, both together and to ourselves: "That's why he whispered about the house."

Tietjens, in the garden, began to bay furiously. A little later her great nose heaved open the dining room door.

She snuffed and was still. The tattered ceiling-cloth hung down almost to the level of the table, and there was hardly room to move away from the discovery.

Tietjens came in and sat down; her teeth bared under her lip and her forepaws planted. She looked at Strickland.

"It's a bad business, old lady," said he. "Men don't climb up into the roofs of their bungalows to die, and they don't fasten up the ceiling-cloth behind 'em. Let's think it out."

"Let's think it out somewhere else," I said.

"Excellent idea! Turn the lamps out. We'll get into my room."

I did not turn the lamps out. I went into Strickland's room first, and allowed him to make the darkness. Then he followed me, and we lit tobacco and thought. Strickland thought. I smoked furiously, because I was afraid.

"Imray is back," said Strickland. "The question is – who killed Imray? Don't talk, I've a notion of my own. When I took this bungalow I took over most of Imray's servants. Imray was guileless and inoffensive, wasn't he?"

I agreed; though the heap under the cloth had looked neither one thing nor the other.

"If I call in all the servants they will stand fast in a crowd and lie like Aryans. What do you suggest?"

«Ist es Imray?» sagte ich.

Strickland schlug einen Moment lang das Tuch zurück und schaute.

«Es ist Imray», sagte er. «Und seine Kehle ist aufgeschlitzt von einem Ohr bis zum anderen.»

Dann sprachen wir beide, gleichzeitig und zu uns selbst: «Deshalb wisperte er im Haus umher.»

Tietjens, draußen im Garten, begann wild zu bellen. Ein wenig später schob ihre große Schnauze die Tür zum Eßzimmer auf.

Sie schnupperte und war still. Das zerfetzte Deckentuch hing fast bis zur Höhe des Tischs herab, und es gab kaum Platz, um sich von dem Fund fortzubewegen.

Tietjens kam herein und setzte sich; unter ihren Lefzen wurden die Zähne sichtbar, und ihre Vorderpfoten stemmten sich gegen den Boden. Sie sah Strickland an.

«Eine böse Geschichte, alte Dame», sagte er. «Männer klettern nicht in die Dächer ihrer Bungalows, um zu sterben, und sie machen das Deckentuch nicht hinter sich fest. Lass uns das zu Ende denken.»

«Lass uns das woanders zu Ende denken», sagte ich.

«Hervorragende Idee! Mach die Lampen aus. Wir gehen in mein Zimmer.»

Ich machte die Lampen nicht aus. Ich ging als erster in Stricklands Zimmer und ließ ihn dunkel machen. Dann folgte er mir, und wir zündeten unseren Tabak an und dachten nach. Strickland dachte nach. Ich rauchte heftig, weil ich Angst hatte.

«Imray ist wieder da», sagte Strickland. «Die Frage ist: wer hat Imray getötet? Sag nichts, ich habe selbst eine Idee. Als ich diesen Bungalow übernahm, übernahm ich die meisten von Imrays Dienern. Imray war arglos und gutmütig, nicht wahr?»

Ich sagte ja, obwohl der Corpus unter dem Tuch weder nach dem einen noch nach dem anderen ausgesehen hatte.

«Wenn ich alle Diener hereinrufe, werden sie sich in der Menge stark fühlen und lügen wie gedruckt. Was schlägst du vor?»

"Call 'em in one by one," I said.

"They'll run away and give the news to all their fellows," said Strickland. "We must segregate 'em. Do you suppose your servant knows anything about it?"

"He may, for aught I know; but I don't think it's likely. He has only been here two or three days," I answered. "What's your notion?"

"I can't quite tell. How the dickens did the man get the wrong side of the ceiling-cloth?"

There was a heavy coughing outside Strickland's bedroom door. This showed that Bahadur Khan, his body-servant, had waked from sleep and wished to put Strickland to bed.

"Come in," said Strickland. "It's a very warm night, isn't it?"

Bahadur Khan, a great, green-turbaned, six-foot Mahomedan, said that it was a very warm night; but that there was more rain pending, which, by his Honour's favour, would bring relief to the country.

"It will be so, if God pleases," said Strickland, tugging off his boots. "It is in my mind, Bahadur Khan, that I have worked thee remorselessly for many days – ever since that time when thou first camest into my service. What time was that?"

"Has the Heaven-born forgotten? it was when Imray Sahib went secretly to Europe without warning given; and I – even I – came into the honoured service of the protector of the poor."

"And Imray Sahib went to Europe?"

"It is so said among those who were his servants."

"And thou wilt take service with him when he returns?"

"Assuredly, Sahib. He was a good master, and cherished his dependants."

"That is true. I am very tired, but I go buck-shooting to-morrow. Give me the little sharp rifle that I use for black-buck; it is in the case yonder."

«Ruf sie einzeln herein», sagte ich.

«Dann werden sie fortlaufen und all ihren Kameraden die Neuigkeit erzählen», sagte Strickland. «Wir müssen sie voneinander trennen. Glaubst du, daß dein Diener irgend etwas davon erfahren hat?»

«Es könnte sein, nach allem, was ich weiß; aber ich halte es nicht für wahrscheinlich. Er ist ja erst seit zwei oder drei Tagen hier», antwortete ich. «Wie sieht deine Idee aus?»

«Ich kann es nicht genau sagen. Wie zum Teufel kam der Mann auf die falsche Seite vom Deckentuch?»

Ein starkes Husten ertönte draußen vor Stricklands Zimmertür. Dies zeigte an, daß Bahadur Khan, sein Leibdiener, vom Schlaf erwacht war und Strickland zu Bett zu bringen wünschte.

«Komm herein», sagte Strickland. «Die Nacht ist sehr warm, nicht wahr?»

Bahadur Khan, ein kräftiger, großer Mohammedaner mit grünem Turban, sagte, es sei eine sehr warme Nacht; es sei aber noch mehr Regen zu erwarten, der, mit Seiner Gnaden gütiger Erlaubnis, eine Wohltat für das Land sein werde.

«Das wird so sein, wenn es Gott gefällt», sagte Strickland und zerrte sich die Stiefel von den Füßen. «Ich weiß es wohl, Bahadur Khan, daß ich dich viele Tage lang erbarmungslos beansprucht habe – seit der Zeit, da du erstmals in meine Dienste tratst. Zu welcher Zeit war das?»

«Hat der Göttliche es vergessen? Das war, als Sahib Imray sich heimlich nach Europa begab, ohne es vorher anzukündigen; und ich – selbst ich – kam in den ehrenvollen Dienst des Beschützers der Armen.»

«Und Sahib Imray begab sich nach Europa?»

«So sagen die, die seine Diener waren.»

«Und du willst wieder in seine Dienste treten, wenn er zurückkommt?»

«Gewiß, Sahib. Er war ein guter Herr und seinen Untergebenen zugetan.»

«Das ist wahr. Ich bin müde, aber morgen gehe ich auf die Jagd. Gib mir das kleine Präzisionsgewehr, das ich für die Hirschziegenantilopen verwende; es ist dort in der Truhe.»

The man stooped over the case; handed barrels, stock, and fore-end to Strickland, who fitted all together, yawning dolefully. Then he reached down to the gun-case, took a solid-drawn cartridge, and slipped it into the breech of the ˙360 Express.

"And Imray Sahib has gone to Europe secretly! That is very strange, Bahadur Khan, is it not?"

"What do I know of the ways of the white man, Heaven-born?"

"Very little, truly. But thou shalt know more anon. It has reached me that Imray Sahib has returned from his so long journeyings, and that even now he lies in the next room, waiting his servant."

"Sahib!"

The lamplight slid along the barrels of the rifle as they levelled themselves at Bahadur Khan's broad breast.

"Go and look!" said Strickland. "Take a lamp. Thy master is tired, and he waits thee. Go!"

The man picked up a lamp, and went into the dining-room, Strickland following, and almost pushing him with the muzzle of the rifle. He looked for a moment at the black depths behind the ceiling cloth; at the writhing snake under foot; and last, a gray glaze settling on his face, at the thing under the tablecloth.

"Hast thou seen?" said Strickland after a pause.

"I have seen. I am clay in the white man's hands. What does the Presence do?"

"Hang thee within the month. What else?"

"For killing him? Nay, Sahib, consider. Walking among us, his servants, he cast his eyes upon my child, who was four years old. Him he bewitched, and in ten days he died of the fever – my child!"

"What said Imray Sahib?"

"He said he was a handsome child, and patted him on the head; wherefore my child died. Wherefore I

Der Mann beugte sich über die Truhe und übergab Läufe, Schaft und Kolben Strickland, der alles zusammensetzte und dabei jammervoll gähnte. Dann langte er in die Gewehrtruhe, nahm eine Patrone mit massivgedrehter Hülse heraus und schob sie in den Lauf der ˙360er Express.

«Und Sahib Imray hat sich heimlich nach Europa begeben! Das ist sehr seltsam, nicht wahr, Bahadur Khan?»

«Was weiß ich von der Art des weißen Mannes, Göttlicher?»

«Sehr wenig, das ist richtig. Aber du sollst bald mehr wissen. Mich hat die Kunde erreicht, daß Sahib Imray von seinen so langdauernden Reisen zurückgekehrt ist und daß er in diesem Augenblick in dem Raum nebenan liegt und seinen Diener erwartet.»

«Sahib!»

Das Lampenlicht glitt an den Gewehrläufen entlang, als sich diese auf Bahadur Khans breite Brust richteten.

«Geh und sieh nach!» sagte Strickland. «Nimm eine Lampe mit. Dein Herr ist müde, und er erwartet dich. Geh!»

Der Mann ergriff eine Lampe und ging in das Eßzimmer; Strickland folgte ihm, wobei er ihn mit der Gewehrmündung fast vorwärtsschob. Bahadur Khan sah einen Augenblick lang in die schwarzen Tiefen hinter dem Deckentuch; auf die sich windende Schlange unter seinem Fuß; und schließlich, während ein grauer, glasiger Ausdruck sein Gesicht überzog, auf das, was unter dem Tischtuch lag.

«Hast du gesehen?» sagte Strickland nach einer Pause.

«Ich habe gesehen. Ich bin Ton in den Händen des weißen Mannes. Was wird der Hochwohlgeborene tun?»

«Dich innerhalb eines Monats aufhängen. Was sonst?»

«Weil ich ihn getötet habe? Nein; Sahib, überlege. Während er unter uns Dienern wandelte, warf er sein Auge auf mein Kind, das vier Jahre alt war. Er hat es behext, und nach zehn Tagen starb es am Fieber – mein Kind!»

«Was sagte Sahib Imray?»

«Er sagte, es sei ein hübsches Kind, und tätschelte ihm den Kopf, weshalb mein Kind starb. Weshalb ich Sahib Im-

killed Imray Sahib in the twilight, when he had come back from office, and was sleeping. Wherefore I dragged him up into the roof-beams and made all fast behind him. The Heaven-born knows all things. I am the servant of the Heaven-born."

Strickland looked at me above the rifle, and said, in the vernacular, "Thou art witness to this saying? He has killed."

Bahadur Khan stood ashen gray in the light of the one lamp. The need for justification came upon him very swiftly. "I am trapped," he said, "but the offence was that man's. He cast an evil eye upon my child, and I killed and hid him. Only such as are served by devils," he glared at Tietjens, couched stolidly before him, "only such could know what I did."

"It was clever. But thou shouldst have lashed him to the beam with a rope. Now, thou thyself wilt hang by a rope. Orderly!"

A drowsy policeman answered Strickland's call. He was followed by another, and Tietjens sat wondrous still.

"Take him to the police-station," said Strickland. "There is a case toward."

"Do I hang, then?" said Bahadur Khan, making no attempt to escape, and keeping his eyes on the ground.

"If the sun shines or the water runs – yes!" said Strickland.

Bahadur Khan stepped back one long pace, quivered, and stood still. The two policemen waited further orders.

"Go!" said Stickland.

"Nay; but I go very swiftly," said Bahadur Khan. "Look! I am even now a dead man."

He lifted his foot, and to the little toe there clung the head of the half-killed snake, firm fixed in the agony of death.

ray in der Dämmerung tötete, nachdem er aus dem Amt zurück gekommen war und schlief. Weshalb ich ihn in die Dachbalken hinaufzog und hinter ihm alles wieder festmachte. Der Göttliche weiß alle Dinge. Ich bin der Diener des Göttlichen.»

Strickland blickte mich über das Gewehr hinweg an und sagte in der landeseigenen Sprache: «Du bist Zeuge dessen, was er sagte? Er hat getötet.»

Bahadur Khan stand aschfahl im Licht der einen Lampe da. Sehr bald überkam ihn das Bedürfnis, sich zu rechtfertigen. «Ich bin ertappt», sagte er, «aber jener Mann hat das Unrecht begangen. Er hat mein Kind mit dem bösen Blick angesehen, und ich habe ihn getötet und versteckt. Nur Menschen, denen Teufel dienen», und er warf Tietjens, die gleichmütig vor ihm lag, einen wilden Blick zu, «konnten wissen, was ich tat.»

«Es war schlau. Aber du hättest ihn mit einem Seil an den Balken festbinden sollen. jetzt wirst du selbst mit einem Seil gehängt werden. Ordonnanz!»

Ein schläfriger Polizist meldete sich auf Stricklands Ruf. Er kam, zusammen mit einem zweiten, und Tietjens saß wunderbar still.

«Bringt ihn zur Polizeiwache», sagte Strickland. «Daraus wird ein Rechtsfall.»

«Ich werde also gehängt?» sagte Bahadur Khan, der keinen Versuch machte zu fliehen und seine Augen auf den Boden gerichtet hielt.

«Ob die Sonne scheint oder der Regen fällt – ja!» sagte Strickland.

Bahadur Khan trat einen großen Schritt zurück, schauderte zusammen und stand still. Die beiden Polizisten warteten auf weitere Befehle.

«Geh!» sagte Strickland.

«Nein; aber ich gehe sehr bald», sagte Bahadur Khan. «Sieh! Ich bin schon jetzt ein toter Mann.»

Er hob einen Fuß hoch, und am kleinen Zeh hing der Kopf der halbgetöteten Schlange, die sich in ihrem Todeskampf dort festgebissen hatte.

"I come of land-holding stock," said Bahadur Khan, rocking where he stood. "It were a disgrace to me to go to the public scaffold: therefore I take this way. Be it remembered that the Sahib's shirts are correctly enumerated, and that there is an extra piece of soap in his wash-basin. My child was bewitched, and I slew the wizard. Why should you seek to slay me with the rope? My honour is saved, and – and – I die."

At the end of an hour he died, as they die who are bitten by the little brown *karait*, and the policemen bore him and the thing under the tablecloth to their appointed places. All were needed to make clear the disappearance of Imray.

"This," said Strickland, very calmly, as he climbed into bed, "is called the nineteenth century. Did you hear what that man said?"

"I heard," I answered. "Imray made a mistake."

"Simply and solely through not knowing the nature of the Oriental, and the coincidence of a little seasonal fever. Bahadur Khan had been with him for four years."

I shuddered. My own servant had been with me for exactly that length of time. When I went over to my own room I found my man waiting, impassive as the copper head on a penny, to pull off my boots.

"What has befallen Bahadur Khan?" said I.

"He was bitten by a snake and died. The rest the Sahib knows," was the answer.

"And how much of this matter hast thou known?"

"As much as might be gathered from One coming in in the twilight to seek satisfaction. Gently, Sahib. Let me pull off those boots."

I had just settled to the sleep of exhaustion when I heard Strickland shouting from his side of the house –

"Tietjens has come back to her place!"

«Ich stamme aus einer Familie mit Grundbesitz», sagte Bahadur Khan und schwankte hin und her. «Es wäre eine Schande für mich, öffentlich hingerichtet zu werden; deshalb wähle ich diesen Weg. Es sei daran erinnert, daß des Sahibs Hemden alle korrekt gezählt sind und daß in seiner Waschschüssel ein zusätzliches Stück Seife liegt. Mein Kind wurde behext, und ich habe den, der es behext hat, umgebracht. Warum solltest du mich mit dem Seil umzubringen trachten? Meine Ehre ist gerettet, und – und – ich sterbe.»

Nach einer Stunde starb er, wie alle sterben, die von der kleinen braunen *Karait* gebissen werden, und die Polizisten trugen ihn und die Sache unter dem Tischtuch an die für sie bestimmten Orte. Alle waren nötig, um Licht in Imrays Verschwinden zu bringen.

«Und dies», sagte Strickland sehr ruhig, als er ins Bett stieg, «nennt sich das 19. Jahrhundert. Hast du gehört, was der Mann sagte?»

«Ja», antwortete ich. «Imray hat einen Fehler gemacht.»

«Einzig und allein deshalb, weil er die Natur des Orientalen nicht kannte und weil zufällig ein jahreszeitlich bedingtes Fieber dazukam. Bahadur Khan war vier Jahre lang bei ihm gewesen.»

Mich schauderte es. Mein eigener Diener war genau dieselbe Zeitspanne bei mir. Als ich hinüber in mein Zimmer ging, fand ich ihn vor, wie er, in seinem Gleichmut dem kupfernen Porträt auf einem Penny ähnlich, darauf wartete, mir die Stiefel auszuziehen.

«Was ist Bahadur Khan widerfahren?» sagte ich.

«Er wurde von einer Schlange gebissen und starb. Den Rest kennt der Sahib», war die Antwort.

«Und wieviel von dieser Angelegenheit hast du gewußt?»

«So viel wie man vermuten kann über einen, der in der Dämmerung hereinkommt, um Genugtuung zu suchen. Gemach, Sahib. Lass mich die Stiefel ausziehen.»

Ich war gerade in den Schlaf der Erschöpfung gesunken, als ich Strickland von seiner Seite des Hauses herüber rufen hörte:

«Tietjens ist auf ihren Platz zurückgekehrt!»

And so she had. The great deerhound was couched statelily on her own bedstead on her own blanket, while, in the next room, the idle, empty, ceiling-cloth waggled as it trailed on the table.

Und so war es. Der große Jagdhund lag würdevoll auf seinem eigenen Bett und auf seiner eigenen Decke, während im angrenzenden Zimmer das sinnlose, leere, auf den Tisch herabhängende Deckentuch sich hin- und herbewegte.

If you had asked me a couple of months ago whether or not I believed in ghosts I could not have
given you a straight answer. I would probably
have said, "Well, yes and no..." and gone on to
explain that I could not answer one way or another
because I had never actually seen such a thing, and
though lots of odd things undoubtedly happen from
time to time most of them surely have a rational
explanation.

But that would have been a couple of months
ago. Ask me the same question today and I would
not hesitate to answer, "Yes, I *do* believe in ghosts,
and what's more, I'm not a bit frightened of them."
If you are wondering what happened to make me
so definite I'd like to tell you all about it. I still find
the whole thing very hard to accept, but I must
accept it because it was real – it did happen.

It all began when my young brother Bryn invited
me to spend a few days with him at Aberystwyth
in Wales, where he was studying at the University. As I was between jobs my time was my own;
and as a Welshman compelled to live in London the
chance of spending some time in my home country
was too good to miss.

I accepted my brother's
offer and decided to drive leisurely up through
Shropshire and enter Wales by Snowdonia Natio-
nal Park instead of taking the quickest route.

The weather was good and I enjoyed the journey
to the north-west. The Shropshire hills and valleys
brought me into touch with that special, unassum-
ing loveliness that is one of the charming features
of the English countryside. I even went out of my
way to visit Clunton, Clunbury, Clungunford and
Clun, just to discover whether they are, as Housman

Geoffrey Palmer und Noel Lloyd
Huw

Wenn ihr mich vor ein paar Monaten gefragt hättet, ob ich
an Geister glaube, hätte ich euch keine eindeutige Antwort
geben können. Wahrscheinlich hätte ich gesagt: «Hm, ja
und nein…» und anschließend erklärt, daß ich mich nicht
für eine eindeutige Antwort entscheiden könne, weil ich
noch nie so etwas gesehen habe, und obwohl zweifellos
von Zeit zu Zeit viele seltsame Dinge passieren, gebe es
für die meisten bestimmt eine natürliche Erklärung.

Doch das wäre vor ein paar Monaten gewesen. Stellt mir
heute dieselbe Frage, und ich zögere nicht, euch zu antwor-
ten: «Ja, allerdings glaube ich an Geister, und überdies
fürchte ich mich nicht die Spur vor ihnen!» Falls ihr euch
verwundert, was geschehen ist, daß ich mich so entschieden dazu äußere, kann ich euch gern alles darüber erzählen.
Ich finde es selbst immer noch schwierig, das ganze Geschehen gelten zu lassen, aber das muß ich wohl, denn es
war Wirklichkeit, es hat sich tatsächlich ereignet.

Alles fing damit an, daß mein jüngerer Bruder Bryn mich
einlud, ein paar Tage bei ihm in Aberystwyth in Wales zu
verleben, wo er an der dortigen Universität studiert. Da ich
gerade keine Stelle hatte, konnte ich frei über meine Zeit
verfügen. Für mich als Waliser, der gezwungen ist, in London zu leben, war die Gelegenheit, einige Zeit in meiner
Heimat zu verbringen, zu verlockend, als daß ich sie mir
hätte entgehen lassen. Ich nahm meines Bruders Einladung
an und beschloß, gemächlich durch die Grafschaft Shropshire zu fahren und Wales über den Snowdonia-National-
park zu erreichen, statt die schnellste Route zu nehmen.

Das Wetter war gut, und ich genoß die Reise in den Nord-
westen. Die Hügel und Täler Shropshires führten mir jene
besondere, anspruchslose Lieblichkeit vor Augen, die zu
den charakteristischen Merkmalen der englischen Landschaft
gehört. Ich machte sogar Umwege, um Clunton, Clunbury,
Clungunford und Clun zu besuchen, nur um zu entdecken,
ob sie wirklich «die stillsten Ortschaften unter der Sonne

claims, "the quietest places under the sun". They were pretty quiet.

At last I headed west into Wales, keeping well away from the major roads, choosing instead any road that looked barely wide enough to take a car, hoping to reach Dolgellau, the friendly little town in a valley that is protected by Cader Idris. The trouble with driving aimlessly, enjoying the scenery and refusing to hurry, is that it is very easy to lose track of time – which is what happened to me. Daylight began to fade and the sky filled up with smoky clouds. There was a spatter of rain on the windscreen. The road was little more than a cart track and the country was very hilly. I thought I had better get on to a decent road as quickly as possible and head for Bala, leaving Dolgellau until the next day. At that point I realized I was running out of petrol.

It was quite dark by the time I had reached the main road and the petrol situation was serious. My map did not show any villages for several miles and I thought it quite likely that I would have to spend the night huddled up in the car in the middle of the Welsh mountains. Fortunately, this unpleasant vision faded when my lights picked out a solitary petrol pump by the side of a grey stone cottage. Of course, this little wayside petrol station was closed, but I was able to drag the owner away from his television set and persuade him to fill my tank.

I had only travelled a couple of miles farther when I saw the boy. By now the rain was very heavy and visibility was poor, but I saw him perfectly clearly as he stood by the side of the road, hands in pockets, looking towards the car. I pulled up and opened the on-side door.

"Missed your bus?" I called, taking it for granted that buses did run along this road. He didn't answer, but with a slight movement shook his head. He

sind», wie Housman behauptet. Sie waren weiß Gott sehr still.

Schließlich fuhr ich in westlicher Richtung nach Wales, mied aber die Hauptstraßen und wählte statt ihrer jede Landstraße, die mir gerade breit genug für ein Auto schien. So hoffte ich Dolgellau zu erreichen, das freundliche Städtchen, das zu Füßen des Berges Cader Idris steht. Das ziellose Sichtreibenlassen, das Genießen der Landschaftsbilder und die Weigerung, sich zu beeilen, hat jedoch den Nachteil, daß man sehr leicht jedes Zeitgefühl verliert. So erging es auch mir. Das Licht ließ allmählich nach, und der Himmel füllte sich mit rauchgrauen Wolken. Regen prasselte auf die Windschutzscheibe. Die Straße war nicht viel besser als ein Karrenweg, und die Gegend war sehr hügelig. Ich sagte mir, daß ich lieber so rasch wie möglich auf eine bessere Straße überwechseln und nach Bala fahren sollte; Dolgellau konnte ich für morgen aufsparen. Im selben Augenblick merkte ich, daß mir das Benzin knapp wurde.

Bis ich die Hauptstraße erreicht hatte, war es ganz dunkel, und das Benzinproblem war kritisch geworden. Auf der Karte waren auf mehrere Meilen keine Dörfer verzeichnet, und ich hielt es für durchaus möglich, daß ich die Nacht mitten in den Waliser Bergen zusammengekauert im Auto verbringen müßte. Zum Glück verschwand diese unangenehme Aussicht, als das Licht der Scheinwerfer auf eine einsame Zapfsäule neben einem grauen Steinhäuschen fiel. Natürlich war die kleine Nebenstraßen-Tankstelle geschlossen, aber es gelang mir, ihren Eigentümer vom Fernseher wegzuholen und zu überreden, meinen Tank zu füllen.

Ich war erst ein paar Meilen weitergefahren, als ich den Jungen sah. Es regnete inzwischen sehr heftig, und die Sicht war schlecht, doch ich sah ihn vollkommen deutlich, wie er da am Straßenrand stand und, die Hände in den Taschen, meinem Wagen entgegenblickte. Ich hielt und öffnete die Tür.

«Hast wohl den Bus verpaßt?» rief ich, denn ich hielt es für selbstverständlich, daß es auf dieser Straße einen Autobusverkehr gab. Er antwortete nicht, sondern schüttelte

looked to be about thirteen or fourteen years old; he was tall and dressed in jeans and a black jacket buttoned up to his neck. His face was startling in its pallor.

"Do you want a lift?" I went on. "If so, jump in." This was no time to indulge in aimless conversation and the boy's lack of interest rather irritated me. I pushed the door open a little more, wondering whether he was going to accept my offer, but he slid into the passenger seat without hesitation. I reached across him, closed the door and snapped the safety lock.

"What a night!" I said. "Have you missed your bus?" I asked him again – I could think of no other reason why a lad of his age should be standing in such a lonely spot on such a night.

He said nothing and I had to bite my lips to prevent myself making a sarcastic remark about the cat having bitten his tongue. I'll try once more, I thought. "Where are you going? Where can I drop you?"

This time he did answer me – in Welsh, and I mentally apologized to him for misunderstanding his silence. Perhaps he did not speak English very well, although dearly he understood it. "I'm afraid I know only a few words of Welsh," I said, "though I recognized the word 'trees' – something trees – can you translate?"

"Stricken," he answered in a husky adolescent's voice.

"Stricken Trees – that's an odd name. I can't remember anything like that on the map, either in English or Welsh. Is it a local name?"

"Yes," he said.

"And is it far?"

"No."

What marvellous dialogue, I thought, hoping that Stricken Trees was *very* near. I couldn't stand much

nur leise den Kopf. Er schien etwa dreizehn oder vierzehn Jahre alt zu sein. Er war groß und trug Jeans und eine schwarze, bis zum Hals zugeknöpfte Jacke. Die Blässe seines Gesichts erschreckte mich.

«Soll ich dich mitnehmen?» fragte ich weiter. «Wenn ja, dann spring herein.» Das Wetter war nicht dazu angetan, sich in zwecklosen Gesprächen zu ergehen, und die Gleichgültigkeit des Jungen ärgerte mich ein wenig. Ich stieß die Tür noch etwas weiter auf und fragte mich, ob er mein Anerbieten annehmen würde, doch er glitt ohne zu zaudern auf den Nebensitz. Ich fuhr mit dem Arm über ihn hinweg, schloß die Tür und ließ das Sicherheitsschloß zuschnappen.

«Was für eine Nacht!» sagte ich. «Hast du den Bus verpaßt?» fragte ich ihn noch einmal – ich konnte mir keinen anderen Grund vorstellen, weshalb ein Junge seines Alters in so einer Nacht in einer so einsamen Gegend stehen sollte.

Er sagte nichts, und ich mußte mir auf die Lippen beißen, um mir eine spöttische Bemerkung zu verkneifen, daß er wohl die Sprache verloren habe. «Ich werd's noch einmal versuchen», dachte ich. «Wohin willst du? Wo kann ich dich absetzen?»

Diesmal antwortete er – und zwar auf Walisisch, deshalb entschuldigte ich mich in Gedanken bei ihm, weil ich sein Schweigen falsch verstanden hatte. Vielleicht sprach er nicht sehr gut englisch, obwohl er es offenbar verstand. «Leider kann ich nur ein paar Brocken Walisisch», sagte ich, «doch das Wort ‹trees› habe ich verstanden! Etwas wie ‹trees› – kannst du's mir übersetzen?»

«*Stricken*», antwortete er mit der heiseren Stimme des Halbwüchsigen.

«*Stricken Trees* [Zerspellte Bäume] – ein seltsamer Name! Ich habe nie sowas auf meiner Karte gelesen, weder auf Englisch noch auf Walisisch. Ist es ein Ortsname?»

«Ja», sagte er.

«Und ist es weit?»

«Nein.»

Was für ein wunderbares Gespräch, dachte ich und hoffte, daß es nicht allzu weit bis Stricken Trees wäre. Ich konnte

more yes-ing and no-ing. Still, he was company of a sort, and talking to someone made a change from listening to the tyres swishing over the wet road.

"Well, you'd better tell me when we get there," I said, "otherwise you'll find yourself in Bala." At that he twisted a little in his seat and turned to look at me. Ah, the first sign of life, I thought. Perhaps he's got a girl-friend in Bala and wouldn't mind being taken on there.

But the boy was showing agitation, not pleasure.

"What's the matter?" I asked.

"Don't go to Bala, mister," he said, with a sort of quivering urgency in his tone. "Not tonight..."

I could not help laughing at the intensity of his entreaty and my laugh was accompanied by a long roll of thunder. "Why not? There's nowhere to stay before Bala, and I am so tired and my joints ache with the damp that I don't feel like driving the extra twenty miles or so to Dolgellau."

"Don't go to Bala, mister," he repeated.

"It's not as bad as that," I said jokingly. "Haven't you ever been there?"

"Not the last time," he said. "I never got there, you see."

I didn't see, but I let the subject drop. Frankly, I was beginning to feel a bit uneasy. I wondered if the boy was perhaps a bit simple – he was very unlike any fourteen-year-old I had ever met. "What's your name?" I asked, mainly for something to say.

Huw," he replied. As he made no further contribution to the conversation I gave up and drove on in silence.

About ten minutes later, during which time I had, as I thought, been concentrating on the road, I remembered my passenger. "Huw, this place – Stricken Trees – are we anywhere near it?" My eyes

nicht viel mehr von seinem «Ja» und «Nein» ertragen. Immerhin war es eine Art Gesellschaft, und zu jemandem zu sprechen war eine kleine Abwechslung, verglichen mit dem eintönigen Gezisch der Räder auf der feuchten Straße.

«Dann sag mir lieber rechtzeitig, wenn wir dort sind», sagte ich, «sonst bist du auf einmal schon in Bala!» Er zuckte ein wenig zusammen und wandte sich mir zu, um mich anzusehen. Aha, das erste Lebenszeichen, dachte ich. Vielleicht hat er in Bala eine Freundin und würde ganz gern dort hingefahren werden.

Aber der Junge schien nicht erfreut, sondern verängstigt. «Was ist los?» fragte ich.

«Fahren Sie nicht nach Bala, Mister», bat er mit einer gewissen zitternden Dringlichkeit. «Nicht heute nacht...»

Über die Dringlichkeit seiner Bitte mußte ich lachen, aber mein Lachen wurde von einem lang hinrollenden Donner übertönt. «Warum nicht? Vor Bala gibt's nichts, wo ich übernachten kann, und ich bin müde, und von der Feuchtigkeit tun mir alle Knochen weh, so daß ich nicht noch zwanzig Meilen weiter nach Dolgellau fahren möchte.»

«Fahren Sie nicht nach Bala, Mister», wiederholte er.

«Bala ist gar nicht so übel», scherzte ich. «Bist du noch nie dortgewesen?»

«Nicht letztesmal», sagte er. «Ich bin nämlich nicht bis hin gekommen.»

Ich verstand nicht, was er meinte, ließ aber das Thema fallen. Offen gesagt, mir wurde langsam etwas unbehaglich zumute. Ich fragte mich, ob der Junge vielleicht ein bißchen schwachsinnig sein könnte – er war so ganz anders als jeder Vierzehnjährige, den ich kannte. «Wie heißt du?» fragte ich ihn, hauptsächlich um etwas zu sagen.

«Huw», erwiderte er. Da er keinen weiteren Beitrag zur Unterhaltung lieferte, gab ich es auf und fuhr schweigend weiter.

Etwa zehn Minuten später, während welcher Zeit ich mich, wie ich glaubte, auf die Straße konzentriert hatte, erinnerte ich mich wieder an meinen Mitfahrer. «Huw», fragte ich, «sind wir hier irgendwo in der Nähe von diesem

were glued to the winding road and I could not tell whether he had heard me. "Huw!" I said, raising my voice. "Are you asleep? Are we anywhere near Stricken Trees?" Then the back of my neck tightened as though suddenly gripped in a vice, and without turning my head I knew ... I pulled the car into the side of the road to make absolutely sure. Huw was no longer sitting by my side.

I remember my feelings as if it had all taken place an hour ago. First, a quick stab of fear, then puzzlement als I tried the door and found it still locked, then an amused relief when I decided what had happened. Obviously Huw had told me where to stop, had got out and left me to continue alone. I had been guilty of falling asleep at the wheel – a constant fear of those who drive long distances alone. I had been driving by instinct ... and could thank my guardian angel that the absence of any other vehicle had prevented an accident. "Let this be a lesson to you," I told myself. "You'd better stop at the next village for a rest and a snack." I let in the clutch and drove on, and within five minutes had reached a tiny village.

There was an inn among the dozen or so houses, and I parked the car and went in. An elderly lady sat behind the high counter, knitting. The small bar, hot and smokefilled, was crowded with men puffing at pipes and talking in Welsh.

But the landlady spoke to me in English with a musical lilt that seemed to embrace the whole scale. "Good evening, sir, terrible weather, and what can I get you?" She slid off her stool and put down the knitting.

"A pint of bitter, please," I said. "And could you possibly make me a sandwich? I haven't eaten for hours."

The landlady disappeared into the back room and soon returned with the thickest, juiciest roast-beef

Stricken Trees?» Meinen Blick hatte ich fest auf die sich krümmende Straße geheftet und wußte deshalb nicht, ob er mich gehört hatte. «Huw!» rief ich und hob die Stimme. «Schläfst du? Sind wir hier in der Nähe von *Stricken Trees?*» Dann versteifte sich plötzlich mein Nacken, als steckte er in einem Schraubstock, und ohne den Kopf zu drehen, wußte ich Bescheid... Ich fuhr an den Straßenrand, um mich zu überzeugen. Huw saß nicht mehr neben mir.

Was ich empfand, ist mir so in Erinnerung, als wäre alles vor einer Stunde passiert. Zuerst war ich vor Entsetzen wie versteinert, dann verblüfft, weil ich die Tür öffnen wollte und noch verschlossen fand, und schließlich mußte ich vor Erleichterung lachen, als ich mir zurechtlegte, was geschehen war. Offenbar hatte Huw gesagt, wo ich halten sollte, und war ausgestiegen und hatte mich allein weiterfahren lassen. Und ich Sünder war am Steuer eingeschlafen – die ständige Sorge aller Langstreckenfahrer. Ich war instinktiv Auto gefahren und konnte meinem Schutzengel danken, daß mir kein Fahrzeug entgegengekommen, also kein Unfall geschehen war. «Das lass dir zur Lehre dienen!» sagte ich mir. «Im nächsten Dorf will ich halten, ausruhen und etwas essen.» Ich kuppelte ein und fuhr weiter, und nach fünf Minuten hatte ich ein sehr kleines Dorf erreicht.

Unter etwa einem Dutzend Häusern befand sich eine Schenke, und ich ging hinein. Eine ältere Frau saß hinter der erhöhten Theke und strickte. Die kleine Bar war heiß und voller Rauch, denn sie war überfüllt mit Pfeife qualmenden Männern, die Walisisch sprachen. Doch die Wirtin sprach mich auf Englisch an, und zwar mit einem melodischen Tonfall, der die ganze Tonleiter zu umfassen schien. «Guten Abend, Sir, schreckliches Wetter, womit kann ich Ihnen dienen?» Sie glitt von ihrem Barhocker und legte das Strickzeug weg.

«Ein Bitter», sagte ich, «und könnten Sie mir bitte ein Sandwich machen? Ich habe seit Stunden nichts mehr gegessen.»

Die Wirtin verschwand im Hinterzimmer und kam bald mit dem dicksten, saftigsten Roastbeef-Sandwich zurück,

sandwich I have ever eaten. It was a most welcome sight and I tucked into it eagerly. The other customers took little notice of me after their first casual glances, but Mrs Cadwallader as the landlady was called, and I got on famously. As it turned out I bought my milk from her brother's dairy at the corner of my road in London, and she had heard about my aged Auntie Blodwen who lived at the top of a hill in Flintshire and made lace that was known throughout North Wales. When I told her that I intended to spend the night in Bala she was delighted. "Beautiful town," she said, "and if you want a *lovely* place to stay, Morgan Llyfnant Arms is my brother-in-law. The rooms overlook some fine gardens and on fine days you can see the lake and the linen is as crisp and clean as Snowdon's white cap!"

"The Llyfnant Arms it shall be," I promised. Talk of Bala had brought back vividly to my mind my strange passenger from Stricken Trees. Mrs Cadwallader had turned to do something at the back of the bar and I raised my voice slightly. "By the way," I asked, "do you know a young lad from these parts named Huw?"

Every sound in the room suddenly faded. Mrs Cadwallader, her back still turned to me, seemed to freeze. I could feel every eye swivel round and fix on the back of my head. I felt as though I had committed a crime – though what it was I had no idea. I blundered on. "And where is the place called Stricken Trees?"

When Mrs Cadwallader turned round her eyes were full of sympathy, though not for me, as I soon realized, for she was looking past me into the room. "It's all right now, Mr Griffiths," she said softly. "Don't you worry."

I shifted my position to see who Mr Griffiths was and to guess why he shouldn't worry. From a solid group at the back there came forward a tiny

das ich je gegessen habe. Es war ein sehr erfreulicher Anblick, und ich haute kräftig rein. Nach dem ersten flüchtigen Blick beachteten mich die andern Gäste kaum noch,
doch mit Mrs Cadwallader, wie die Wirtin hieß, unterhielt
ich mich prächtig. Wie es sich herausstellte, bezog ich
meine Milch im Milchladen ihres Bruders an der Straße in
London, wo ich wohnte, und sie hatte von meiner alten
Tante Blodwen gehört, die in Flintshire in den Bergen
wohnte und Spitzen klöppelte, die in ganz North Wales
berühmt waren. Als ich ihr sagte, daß ich in Bala übernachten wollte, war sie begeistert. «Eine herrliche Stadt»,
sagte sie, «und wenn Sie ein schmuckes Hotel suchen –
Morgan Llyfnant Arms gehört meinem Schwager! Die Zimmer gehen auf schöne Gärten hinaus, und bei gutem Wetter
ist auch der See zu sehen, und die Bettwäsche ist so kühl
und rein wie die weiße Schneekappe auf dem Snowdon!»

«Dann soll's das Llyfnant-Arms-Hotel sein!» versprach
ich. Als wir von Bala sprachen, erinnerte ich mich wieder
lebhaft an meinen seltsamen Fahrgast aus *Stricken Trees*.
Mrs Cadwalla hatte sich umgedreht und machte irgend
etwas weiter hinten an der Bar, und ich sprach ein wenig
lauter. «Kennen Sie übrigens», fragte ich, «einen jungen
Burschen aus dieser Gegend, der Huw heißt?»

In der Bar wurde es plötzlich totenstill. Mrs Cadwallader,
die mir noch den Rücken zugewandt hatte, schien wie er-
starrt. Ich spürte, wie alle Blicke sich umwandten und an
meinen Hinterkopf hefteten. Mir war zumute, als hätte ich
ein Verbrechen begangen, aber was es war, wußte ich nicht.
Trotzdem hielt ich nicht den Mund. «Und wo ist die Ort-
schaft *Stricken Trees*?»

Als sich Mrs Cadwallader wieder umdrehte, waren ihre
Augen voller Mitleid, das jedoch nicht mir galt, wie ich
bald bemerkte, denn sie blickte an mir vorbei ins Zimmer.
«Ist schon gut, Mr Griffiths», sagte sie sanft. «Sorgen Sie
sich nicht.»

Ich setzte mich anders, um zu sehen, wer Mr Griffiths sei,
und um zu erraten, weshalb er sich nicht sorgen solle. Aus
einer engen Gruppe im Hintergrund trat ein sehr kleiner,

wizened man with a skull-like face. Dark mournful eyes were the only living feature in it. When he spoke his voice was rich and deep, like an orator's. It was odd hearing it emerge from his spare frame.

"You have seen Huw tonight."

I didn't know whether he had made a statement or asked a question, but I felt like a schoolboy before a stern headmaster. "Yes, I gave him a lift about twelve miles back, to a place called Stricken Trees. To be honest, I don't remember dropping him."

"No, you wouldn't," Mr Griffiths said, smiling grimly.

"I think I was overtired and dropped off to sleep for a few seconds."

"What did he say?"

"Not a lot," I replied. "He was a silent lad – at the awkward age, I suppose. Oh, he did tell me not to go to Bala tonight." I expected smiles when I said that, but the only smile in the room was my own. There was another silent spell before Mr Griffiths spoke again. "Then don't go to Bala tonight..." He gave a curious sound like a strangled sob and with shoulders bowed he moved slowly across the room and went out into the night.

One man from the group got up as if to follow him, but another clutched his sleeve. "No, Dai, let him be. Nobody can help."

The others muttered agreement, so Dai sat down again. From that moment the atmosphere changed. No longer distant and clannish, the men crowded round me, asked me my name, where I came from, my profession, my taste in music and books, as if they were all trainee television interviewers, but never a word did they utter about Huw or Stricken Trees. I soon understood that they were deliberately avoiding those two topics, so I tried to probe the

verhutzelter Mann mit einem Totenschädel-Gesicht. Dunkle, schwermütige Augen waren das einzige Lebendige darin. Er sprach, und seine Stimme war voll und tief wie die eines Redners. Sie hörte sich seltsam an, als sie aus einem so schmächtigen Körper kam.

«Sie haben Huw heut nacht gesehen!»

Ich wußte nicht, ob er es einfach feststellte oder mich fragte, und ich kam mir vor wie ein Schuljunge vor einem strengen Lehrer. «Ja, ich habe ihn bis zu einem Punkt namens *Stricken Trees* mitgenommen, etwa zwölf Meilen von hier. Offen gestanden kann ich mich nicht erinnern, ihn abgesetzt zu haben.»

«Wie sollten Sie auch!» sagte Mr Griffiths und lächelte bitter.

«Ich nehme an, daß ich überanstrengt war und ein paar Sekunden schlief.»

«Was hat er gesagt?»

«Nicht viel», erwiderte ich. «Es war ein stiller Junge – wohl im schüchternen Alter. Oh, er riet mir, ich solle heute nacht nicht nach Bala fahren.» Als ich das sagte, erwartete ich lächelnde Gesichter, aber niemand im Zimmer lächelte – außer mir. Alles schwieg, bis Mr Griffiths wieder sprach. «Dann fahren Sie heute nacht nicht nach Bala!» Er stieß einen seltsamen Laut aus, wie ein unterdrücktes Schluchzen, und mit eingezogenen Schultern tappte er langsam durch den Raum und ging in die Nacht hinaus.

Ein Mann aus der Gruppe stand auf, als wollte er ihm folgen, aber ein anderer packte ihn am Ärmel. «Nicht, Dai, lass ihn. Niemand kann ihm helfen.»

Die übrigen murmelten beifällig, darum setzte sich Dai wieder hin. Von da an war die Stimmung ganz anders. Die Männer waren nicht mehr zurückhaltend, gluckten nicht mehr zusammen, sondern drängten sich um mich, erkundigten sich nach meinem Namen, meinem Beruf, meinen Ansichten über Musik und Literatur, als wären sie alle gelernte Fernseh-Interviewer – doch über Huw und *Stricken Trees* fiel kein Wort. Ich begriff bald, daß sie diese beiden Themen absichtlich mieden, deshalb versuchte ich, dem Ge-

mystery. But every question was met by a chorus of false laughs.

"Huw? Only Ted Griffiths's boy."

"Worries about him, see?"

"Very close, that family."

"Have another drink?"

"No, thank you," I said. "Only one pint when I'm driving. But what have the Griffiths family got against Bala? I'm looking forward to seeing Morgan Llyfnant Arms."

More false laughter – even from Mrs Cadwallader too. "Have another beer," was all I could get out of them. I had to get away. There was a mystery, but obviously I wasn't going to be let into the secret. I thanked the landlady, said good night to the men and promised I'd call again when I was in that part of the country. I was relieved to get back to my car, even though the rain was still tumbling down and the dark clouds were scurrying across the sky like crowds going to a football match.

Away from the village lights it was pitch-dark again. I tried to quell my uneasiness by humming *Men of Harlech*, but before I had got to the end there was an ominous splutter from the engine. Please don't break down, I willed – not here; but the car stopped decisively, with a final spiteful chuckle. I was just about to get out and peer beneath the bonnet when the truth dawned on me. I was quite out of petrol! The needle registered an empty tank. It was impossible, but a fact.

Bristling with anger I went to the back of the car. The cap of the petrol tank was missing. Somebody had siphoned out all the six gallons I had bought at the wayside pump. I wished that I was not too old to burst into tears.

As it was I had to clench my fists to contain my feelings. Then I caught a glimpse of someone standing by a wooden pole at the side of

heimnis auf den Grund zu gehen. Aber auf jede meiner Fragen folgte nur ein allgemeines, gekünsteltes Gelächter.

«Huw? Ach, das ist bloß der Junge von Ted Griffiths.»

«Macht sich Sorgen um ihn, verstehn Sie?»

«Hängt sehr zusammen, die Familie.»

«Noch einen Drink?»

«Nein, danke», sagte ich. «Nur ein Glas, wenn ich fahre. Aber was hat die Familie Griffiths gegen Bala einzuwenden? Ich freue mich schon auf Morgan Llyfnant Arms!»

Noch mehr verkrampftes Gelächter, sogar Mrs Cadwallader stimmte ein. «Nehmen Sie doch noch ein Glas», war alles, was ich aus ihnen herausbrachte. Ich mußte weiter. Etwas Mysteriöses war da, aber offensichtlich sollte ich nicht eingeweiht werden. Ich bedankte mich bei der Wirtin, wünschte den Männern Gutenacht und versprach, wieder hereinzuschauen, wenn ich wieder in die Gegend käme. Mir war leichter ums Herz, als ich in meinem Wagen saß, obwohl der Regen noch immer herunterprasselte und dunkle Wolken über den Himmel hasteten – wie eine zum Fußball eilende Menschenmenge.

Als ich die Dorflichter hinter mir gelassen hatte, war es wieder stockdunkel. Ich versuchte mein Unbehagen zu unterdrücken, indem ich *Men of Harlech* vor mich hinsummte, doch noch ehe ich am Schluß angelangt war, begann der Motor unheilvoll zu stottern. Daß du mir nicht versagst, betete ich – nicht hier! Aber mit einem letzten, boshaften Gekicher blieb der Wagen unerbittlich stehen. Ich wollte gerade aussteigen und die Kühlerhaube öffnen, als mir die Wahrheit dämmerte. Ich hatte keinen Tropfen Benzin mehr! Die Nadel zeigte einen leeren Tank an. Es war zwar unmöglich, aber Tatsache.

Wuterfüllt ging ich hinter den Wagen. Die Kappe des Tanks war weg! jemand hatte die ganzen dreißig Liter ausgeleert, die ich an der kleinen Tankstelle gekauft hatte. Wäre ich nicht zu alt gewesen, ich hätte am liebsten geheult. So konnte ich nur die Fäuste ballen, um meine Gefühle zu zügeln. Dann fiel mein Blick flüchtig auf jemanden, der am Straßenrand neben einem Pfahl stand. Es war Huw. Er

the road. It was Huw, peering at me, his white face caught in the headlights.

I dashed towards him. "Huw!" I cried. "What's going on? Who stole my petrol? Was it you or that strange father of yours? Huw – where are you? Don't play tricks on me, for heaven's sake!"

But it was useless to keep on. He had disappeared. All that remained of Huw was a voice whispering in my ear, "Don't go to Bala tonight, mister..."

I'm not going anywhere tonight, I thought despairingly, except to a makeshift bed in the back of the car. Idly I looked at the spot where Huw had been standing and noticed a painted board at the top of the wooden pole. Out of curiosity I got a torch from the car and shone it on to the board. I gave a gasp when the words on it were visible.

DAFYDD FARM 100 YARDS

BED & BREAKFAST

DAIRY PRODUCE

Well, if not a silver lining, this was at least a slightly less leaden one. I grabbed my case from the back seat, locked the car and trudged the hundred yards to Dafydd Farm, heedless of the rain and the ankle-deep mud.

Mrs Jenkinson did not seem at all surprised to receive a visitor at such a late hour and welcomed me warmly. The farmhouse kitchen was scrubbed and spotless, and soon I was sitting down to a meal of ham and eggs that tasted better than anything the best four-star hotel could provide.

Mrs Jenkinson hovered around me as I ate, making sure that I had everything I needed, and I found myself telling her the story of Huw, his father, my empty petrol tank and the strange behaviour of the men in the inn. She nodded knowingly several times, and when she had put a huge dish of apple tart and clotted cream in front of me she sat down at the opposite side of the table.

blinzelte mich an, denn die Scheinwerfer strahlten in sein weißes Gesicht.

Ich stürzte auf ihn zu. «Huw!» rief ich. «Was soll das heißen? Wer hat mein Benzin gestohlen? Bist du das gewesen – oder dein wunderlicher Vater? Huw – wo bist du? Um Himmelswillen, treib mit mir keinen Schabernack!»

Aber reden war zwecklos. Er war verschwunden. Von Huw war nur noch die Stimme da, die mir ins Ohr tuschelte: «Fahren Sie heute nacht nicht nach Bala, Mister...»

Heute nacht geh ich nirgendwohin, dachte ich verzweifelt, außer zu einem Notlager hinten im Wagen. Benommen blickte ich auf die Stelle, wo Huw gestanden hatte, und bemerkte oben auf dem Pfahl ein beschriftetes Holzbrett. Aus Neugier holte ich die Taschenlampe aus dem Wagen und ließ ihr Licht über das Brett spielen. Ein Stoßseufzer entfuhr mir, als die Worte hervortraten.

DAFYDD FARM. 100 METER.

BETT UND FRÜHSTÜCK

EIGENE MILCHWIRTSCHAFT

Wenn das auch nicht gerade ein Lichtblick war, schien es das Dunkel zumindest etwas aufzuhellen. Ich nahm meinen Koffer vom Rücksitz, verschloß den Wagen und trabte – unbekümmert um den Regen und knöcheltiefen Schmutz – die hundert Meter zur Dafydd-Farm.

Mrs Jenkinson schien keineswegs überrascht, zu so später Stunde einen Gast zu sehen, und hieß mich herzlich willkommen. Die Küche des Bauernhauses war sauber geschrubbt, und im Nu saß ich vor einem Teller Schinken mit Ei, der besser als alles schmeckte, was das beste Viersterne-Hotel liefern konnte.

Während ich aß, machte sich Mrs Jenkinson in meiner Nähe zu schaffen und sorgte dafür, daß ich alles hatte, was ich brauchte. Ich erzählte ihr die Geschichte von Huw und seinem Vater, von meinem leeren Benzintank und von dem seltsamen Benehmen der Männer im Wirtshaus. Ein paarmal nickte sie verständnisinnig, und nachdem sie ein riesiges Stück Apfelkuchen mit Schlagsahne vor mich hingestellt hatte, nahm sie mir gegenüber am Tisch Platz.

"I dare say it all seems very mysterious to you, sir," she began, "but I think I can make things a bit clearer. Huw is a ghost..." She uttered the words in a matter-of-fact way as though she might have been saying, " Huw is a boy..." She smiled at my start of surprise and went on, "The people in the village delude themselves that he only exists in the mind of his father, but he's a real ghost. I've seen him myself, and spoken to him, and I'm not one to imagine things, I can tell you."

"I'm sure you're not," I said. "Where does Stricken Trees come into the story?"

"That is where the Griffiths family lives. Years ago the trees outside their cottage were struck by lightning. Not a leaf has grown on them since, but the skeletons still stand there, bent and withered like rheumaticky old men. As for Huw – three years ago it happened – when the boy was thirteen. Ted Griffiths always maintained that he was delicate and wouldn't allow him to play out with the other boys, though when Huw got the chance to climb trees and kick a football it was clear that he was as strong as the rest of them. One day the travelling circus came to Bala. Huw wanted to go with his pals, but his father wouldn't hear of it. Said the night air might affect his chest and a lot of foolish things like that. I remember seeing the party set off in Wyn Evans's old bus, excited as only children can be at the thought of seeing clowns and tight-rope walkers, lions and elephants. Huw waved them off and went back sadly to Stricken Trees. But he never arrived home because little Billy Price Top-shop had left his new bicycle leaning against his front wall, and as Huw passed by, looking both ways – it suddenly seemed as though the temptation was too much for him. He took the bike and rode off after the bus like the wind.

"If he had stopped to think he would have real-

«Ich verstehe, daß Ihnen alles sehr geheimnisvoll vorkommt, Sir», begann sie, «aber ich kann vielleicht ein bißchen Licht in die Sache bringen. Huw ist ein Geist...» Sie behauptete es so sachlich, als hätte sie gesagt: «Huw ist ein Junge.» Sie lächelte, weil ich überrascht zusammenzuckte, und fuhr fort: «Die Leute im Dorf reden sich ein, daß er nur in den Gedanken seines Vaters existiert, aber er ist ein echter Geist. Ich habe ihn selbst gesehen und mit ihm gesprochen, und ich bin nicht eine, die sich so leicht was einbildet, das kann ich Ihnen versichern!»

«Ich glaub's Ihnen gern», erwiderte ich. «Aber was hat *Stricken Trees* mit der Geschichte zu tun?»

«Dort lebt die Familie Griffiths. Vor Jahren schlug der Blitz in die Bäume vor ihrer Hütte. Seither ist kein Blättchen mehr auf ihnen gewachsen, aber die zerspellten Bäume stehen noch immer da – wie krumme und verhutzelte, an Rheuma leidende Greise. Und was Huw betrifft – das passierte vor drei Jahren, als er dreizehn war. Ted Griffiths hat immer behauptet, der Junge sei zart, und er ließ ihn nicht mit den andern Jungen spielen. Aber wenn Huw mal Gelegenheit hatte, auf Bäume zu klettern oder einen Fußball zu kicken, dann konnte jeder sehen, daß er so kräftig wie die übrige Bande war. Eines Tages kam ein Wanderzirkus nach Bala. Huw wollte mit seinen Freunden hingehen, aber sein Vater wollte nichts davon wissen. Sagte, die Nachtluft könnte seiner Brust schaden, und ähnliches dummes Zeug. Ich erinnere mich noch, wie die kleine Gesellschaft in Wyn Evans' altem Bus losfuhr – so aufgeregt, wie es nur Kinder sein können, wenn sie sich auf Clowns und Seiltänzer, auf Löwen und Elefanten freuen. Huw winkte ihnen nach und ging traurig zurück nach *Stricken Trees* –, aber er ist nie dort angekommen, weil nämlich der kleine Billy Price Top-shop sein neues Fahrrad an der Hausmauer stehen gelassen hatte, und als Huw dort vorbeikam und sich nach allen Richtungen umsah, da war plötzlich die Versuchung zu groß für ihn. Er nahm das Fahrrad und sauste wie der Wind hinter dem Bus her.

«Wenn er einen Moment nachgedacht hätte, wär's ihm

ized that there was no chance of getting to Bala in time for the circus as it's near enough twenty miles away and up and down hill all the way. But Huw *didn't* think. He just went on pedalling for all he was worth. He was about half-way to Bala when the tragedy happened – a chance in a thousand, it was. A huge boulder rolled down from the hill and knocked him off the bike into the path of a car coming towards him.

"He was hurt very badly. The people in the car were frantic with worry. They wrapped him up in a blanket, put him in the car and drove him to Stricken Trees as fast as they could – Huw was conscious at first and able to tell them where he lived. But by the time they had got there he was dead.

"His father nearly went out of his mind with grief and since then has shrunk away almost to nothing. Huw was the apple of his eye and he had little else to live for. Nowadays the only sign of life he shows is when he thinks Huw's ghost is about. Then he walks the roads seeking the boy, calling his name and asking forgiveness for not letting him go in the bus."

"Does Huw always warn people away from Bala, as he did me?" I asked.

"Now there's funny," said Mrs Jenkinson. "I haven't heard of him doing that before. I wonder why he didn't want you to go there..."

Even with so much to think about I slept well that night between sheets as Snowdon-white as those at Morgan Llyfnant Arms. Before I finally sank into sleep I wished I could give Huw a lift again. I would have been more understanding.

The next morning, after a wonderful breakfast, I set off early. Mr Jenkinson, fortunately, was able to replace the missing petrol. The aimless wanderings of the mountain sheep kept my mind on the serious business of driving, though I was able to marvel at

wohl klar geworden, daß er unmöglich zu rechter Zeit zum Zirkus nach Bala kommen konnte, denn Bala ist gut und gern zwanzig Meilen weit weg, und die ganze Strecke geht's bergauf und bergab. Aber Huw hat nicht nachgedacht. Er strampelte einfach aus Leibeskräften drauflos. Er war schon halbwegs in Bala, als das Unglück passierte. Ein Zufall, wie er einmal unter tausenden vorkommt. Ein riesiger Felsbrocken rollte bergab und schlug ihn vom Fahrrad, direkt vor einen Wagen, der auf ihn zukam.

«Er war sehr schwer verletzt. Die Leute im Wagen waren halb verrückt vor Entsetzen. Sie wickelten ihn in eine Decke, legten ihn in ihren Wagen und fuhren mit ihm, so schnell sie nur konnten, nach *Stricken Trees* – anfangs war Huw noch bei Bewußtsein und konnte ihnen sagen, wo er wohnte. Doch als sie endlich hinkamen, war er tot.

«Sein Vater hat vor Gram fast den Verstand verloren und ist seitdem zu so einem Häufchen Unglück geschrumpft. Huw war sein Augapfel, er hatte sonst nichts, wofür er lebte. Eine einzige Lebensregung gibt er zu erkennen, wenn er meint, Huws Geist sei in der Nähe. Dann wandert er auf der Landstraße umher und sucht den Jungen, ruft seinen Namen und bittet ihn um Verzeihung, weil er ihn nicht mit den anderen Jungen im Bus nach Bala gelassen hat.»

«Warnt Huw alle Leute, nach Bala zu fahren, wie er es bei mir getan hat?» fragte ich.

«Nein, das ist seltsam», sagte Mrs Jenkinson, «hab nie gehört, daß er das schon mal getan hat. Ich wüßte gern, weshalb er nicht wollte, daß Sie nach Bala fahren…»

Obwohl ich viel zu grübeln gehabt hätte, schlief ich zwischen Leintüchern, die so Snowdon-weiß waren wie die im Morgan Llyfnant Arms, ausgezeichnet. Bevor ich richtig einschlummerte, wünschte ich, daß ich Huw wieder einmal mitnehmen könnte, diesmal hätte ich mehr verstanden.

Am nächsten Morgen brach ich nach einem herrlichen Frühstück rechtzeitig auf. Mr Jenkinson konnte glücklicherweise das fehlende Benzin ersetzen. Das planlose Herumstromern der Bergschafe zwang mich, sehr aufmerksam zu fahren, obwohl ich immer wieder die Schönheit der hoch-

the beauty of the towering mountains on one side of the road and the deep rich valleys on the other. When I saw the policeman ahead of me he seemed strangely out of place – directing traffic in that lonely spot surely wasn't necessary, I thought. He waved me to a halt and it was almost like being back in London.

"Sorry, sir," he said, when I poked my head out of the window. "I'm afraid you can't go any farther. Road to Bala's closed."

"But I must get there," I protested. "When will it be open again?"

"Couldn't say exactly, sir, but it'll be some time, I reckon."

"Has there been an accident?" For some reason my thoughts flew to Huw sprawled on the road with a car coming towards him.

"More an act of God, I'd say, sir."

"What has happened then?"

The policeman jerked a thumb behind him to the corner I had been approaching. "Landslide last night in all that rain. Near on half a mountain came down on the road and slid over into the valley. Thank your lucky stars you didn't start out any earlier yesterday and weren't anywhere near here last night, sir, or you'd never have got to Bala – *never*."

Huw, I thought, you can siphon the petrol out of my tank any time you like if your motive is always as good as it was last night. I reversed the car and drove back to find Stricken Trees. When Mr Griffiths knew that Huw's ghost had saved my life his pride in his son would surely lighten his grief and give him the courage to face his loss.

So you see, that is why I believe in ghosts and why, if they are at all like Huw, there's no need to be afraid of them.

ragenden Berge auf der einen Seite und die tiefen, üppigen Täler auf der andern Seite bewundern konnte. Als ich weiter voraus einen Polizisten auf der Landstraße sah, kam er mir merkwürdig überflüssig vor. In einer so einsamen Gegend Verkehrszeichen zu geben, war reichlich unnötig, fand ich. Er ließ mich halten, und mir war fast so, als wäre ich wieder in London.

«Tut mir leid, Sir», sagte er, als ich den Kopf aus dem Fenster steckte. «Sie können leider nicht weiterfahren. Die Straße nach Bala ist gesperrt!»

«Ich muß aber hin», protestierte ich. «Wann ist sie wieder offen?»

«Schwer zu sagen, Sir, aber es wird wohl einige Zeit dauern.»

«Ist ein Unglück passiert?» Aus irgendeinem Grund sah ich in Gedanken Huw auf der Landstraße liegen, während ein Auto auf ihn zufuhr.

«Eher ein Naturereignis, möcht ich sagen, Sir.»

«Aber was ist denn geschehen?»

Der Polizist deutete mit dem Daumen auf die Biegung hinter sich, der ich mich genähert hatte. «Letzte Nacht ein Bergrutsch infolge Regens. Fast der halbe Berg ist runtergekommen und über die Straße ins Tal gerutscht. Danken Sie Ihrem guten Stern, daß Sie gestern nicht früher losgefahren sind und daß Sie in der Nacht nicht hier waren. Sie wären nie nach Bala gekommen – nie!»

Huw, dachte ich, wenn du so gute Gründe wie letzte Nacht hattest, kannst du mir mein Benzin jederzeit aus dem Tank rauslassen! Ich kehrte um und fuhr zurück, um *Stricken Trees* aufzusuchen. Wenn Mr Griffiths erfuhr, daß Huws Geist mir das Leben gerettet hatte, würde der Stolz auf seinen Sohn bestimmt seinen Gram lindern und ihm Mut geben, mit dem Verlust fertigzuwerden.

Das ist also der Grund, seht ihr, weshalb ich an Geister glaube und weshalb man sich nicht vor ihnen zu fürchten braucht – wenn sie alle wie Huw sind.

It may well be that Vermuyden and the Dutchmen who drained the fens did good, and that it was interred with their bones. It is quite certain that they did evil and that it lives after them. The rivers, which these men robbed of their water, have at length silted up, and the drainage of one tract of country is proving to have been achieved by the undraining of another.

Places like Stoneground, which lie on the banks of these defrauded rivers, are now become helpless victims of Dutch engineering. The water, which has lost its natural outlet, invades their lands. The thrifty cottager, who once had the river at the bottom of his garden, has his garden more often in these days at the bottom of the river, and a summer flood not infrequently destroys the whole produce of his ground.

Such a flood, during an early year in the twentieth century, had been unusually disastrous to Stoneground, and Mr Batchel, who, as a gardener, was well able to estimate the losses of his poorer neighbours, was taking some steps towards repairing them.

Money, however, is never at rest in Stoneground, and it turned out upon this occasion that the funds placed at his command were wholly inadequate to the charitable purpose assigned to them. It seemed as if those who had lost a rood of potatoes could be compensated for no more than a yard.

It was at this time, when he was oppressed in mind by the failure of his charitable enterprise, that Mr Batchel met with the happy adventure in which the eastern window of the Church played so singular a part.

The narrative should be prefaced by a brief description of the window in question. It is a large

E. G. Swain
Das Ostfenster

Falls Vermuyden und die Holländer, die die Moore trocken-
legten, ein Verdienst erworben haben sollten, so ist es
mitsamt ihren Knochen ins Grab gesunken. Mit Sicherheit
aber haben sie Schaden angerichtet, und der Schaden hat
sie überlebt. Die Flüsse, denen diese Männer das Wasser
weggenommen haben, sind auf die Dauer verschlammt,
und es stellte sich langsam heraus, daß die Trockenlegung
des einen Landstrichs durch die Feuchtlegung eines anderen
erreicht wurde.

Orte wie Stoneground, die an den Ufern so verunstalte-
ter Flüsse liegen, werden hilflose Opfer der holländischen
Ingenieurskünste. Das Wasser, das seinen natürlichen Ab-
fluß verloren hat, dringt auf ihr Land ein. Der sparsame
Häusler, der früher den Fluß zu Füßen seines Gartens hatte,
findet heutzutage immer öfter seinen Garten am Grunde
des Flusses, und nicht selten zerstört eine Sommerüber-
schwemmung seine ganze Ernte.

Ein solches Hochwasser um die Jahrhundertwende war
ungewöhnlich verheerend für Stoneground gewesen, und
Mr Batchel, der als Gärtner die Verluste seiner ärmeren
Nachbarn wohl einschätzen konnte, veranstaltete eine Hilfs-
aktion für sie.

Geld jedoch findet nie eine Bleibe in Stoneground; im
vorliegenden Falle zeigte es sich, daß die Beträge, die Mr
Batchel erhielt, für den guten Zweck keineswegs ausreich-
ten. Es schien, als ob Leute, die einen ganzen Acker Kar-
toffeln verloren hatten, nur für einen Quadratmeter ent-
schädigt werden konnten.

Ausgerechnet zu dieser Zeit, in der er durch den Mißerfolg seines wohltätigen Unternehmens bedrückt war,
widerfuhr dem guten Mr Batchel das glückliche Abenteuer, in dem das Ostfenster der Kirche eine so besondere
Rolle spielte.

Der Erzählung muß eine kurze Beschreibung des in Frage
stehenden Fensters vorangehen. Es ist ein großes gemaltes

painted window, of a somewhat unfortunate period of execution. The drawing and colouring leave everything to be desired. The scheme of the window, however, is based upon a wholesome tradition. The five large lights in the lower part are assigned to five scenes in the life of Our Lord, and the second of these, counting from the north, contains a bold erect figure of St John Baptist, to whom the Church is dedicated. It is this figure alone, of all those contained in the window, that is concerned in what we have to relate.

It has already been mentioned that Mr Batchel had some knowledge of music. He took an interest in the choir, from whose practices he was seldom absent and was quite competent, in the occasional absence of the choirmaster, to act as his deputy. It is customary at Stoneground for the choirmaster, in order to save the sexton a journey, to extinguish the lights after a choir-practice and to lock up the Church. These duties, accordingly, were performed by Mr Batchel when the need arose.

It will be of use to the reader to have the procedure in detail. The large gas-meter stood in an aisle of the Church, and it was Mr Batchel's practice to go round and extinguish all the lights save one, before turning off the gas at the meter. The one remaining light, which was reached by standing upon a choir seat, was always that nearest the door of the chancel, and experience proved that there was ample time to walk from the meter to that light before it died out. It was therefore an easy matter to turn off the last light, to find the door without its aid, and then to pass out, and close the Church for the night.

Upon the evening of which we have to speak, the choir had hurried out as usual, as soon as the word had been given. Mr Batchel had remained to gather together some of the books they had left in disorder, and then turned out the lights in the manner

Fenster, ausgeführt in einer etwas unglückseligen Epoche. Sowohl die Zeichnung als auch das Kolorit lassen alles zu wünschen übrig. Der Bildinhalt fußt jedoch auf einer lebendigen Tradition.

Die fünf großen Glasscheiben im unteren Teil geben fünf Szenen aus dem Leben unseres Herrn wieder, wobei das zweite, von Norden aus gezählt, eine kühne, stehende Figur Johannes des Täufers darstellt, dem die Kirche geweiht ist. Von allen Figuren, die auf dem Fenster abgebildet sind, geht es in unserer Erzählung nur um diese eine.

Es wurde schon früher erwähnt, daß Mr Batchel auf dem Gebiet der Musik einige Kenntnisse besaß. Er war eifriges Mitglied des Kirchenchores und fehlte nur selten auf dessen Proben; er war durchaus in der Lage, bei gelegentlicher Abwesenheit des Chorleiters als dessen Stellvertreter einzuspringen. Um dem Küster den Weg zu ersparen, ist es in Stoneground üblich, daß nach der Probe der Chorleiter die Lichter löscht und die Kirche abschließt. Diese Aufgaben wurden folglich bei Bedarf auch von Mr Batchel wahrgenommen.

Es wird für den Leser von Nutzen sein, den Vorgang im einzelnen zu kennen. Der große Gaszähler stand in einem Gang der Kirche. Mr Batchel pflegte herumzugehen und alle Lichter bis auf eines zu löschen, bevor er das Gas am Zähler ausdrehte. Die eine letzte Lampe, die man von einem Chorstuhl aus erreichen konnte, befand sich der Schranke zum Altarraum am nächsten, und die Erfahrung hatte gezeigt, daß reichlich Zeit blieb, um vom Zähler zur Lampe zu gehen, bevor sie erlosch. Es war dann einfach, die letzte Lampe abzudrehen, die Tür ohne ihre Hilfe zu finden und hinauszutreten und die Kirche für die Nacht zu verschließen.

An dem Abend, von dem wir zu sprechen haben, hatten es die Choristen wie üblich eilig gehabt, hinauszukommen, sobald sie entlassen waren. Mr Batchel blieb noch da, um einige Notenbände einzusammeln, die sie liegen gelassen hatten; dann löschte er die Lichter wie vorhin beschrie-

already described. But as soon as he had extinguished the last light, his eye fell, as he descended carefully from the seat, upon the figure of the Baptist. There was just enough light outside to make the figures visible in the eastern window, and Mr Batchel saw the figure of St John raise the right arm to its full extent, and point northward, turning its head, at the same time, so as to look him full in the face. These movements were three times repeated, and, after that, the figure came to rest in its normal and familiar position.

The reader will not suppose, any more than Mr Batchel supposed, that a figure painted upon glass had suddenly been endowed with the power of movement. But that there had been the appearance of movement admitted of no doubt, and Mr Batchel was not so incurious as to let the matter pass without some attempt at investigation. He was quite prepared to think that his eye had been deceived, but was none the less determined to find out what had deceived it. One thing he had no difficulty in deciding. If the movement had not been actually within the Baptist's figure, it had been immediately behind it. Without delay, therefore, he passed out of the church and locked the door after him, with the intention of examining the other side of the window.

Every inhabitant of Stoneground knows, and laments, the ruin of the old Manor House. Its loss by fire some fifteen years ago was a calamity from which the parish has never recovered. The estate was acquired, soon after the destruction of the house, by speculators who have been unable to turn it to any account, and it has for a decade or longer been "let alone", except by the forces of Nature and the wantonness of trespassers. The charred remains of the house still project above the surrounding heaps of fallen masonry, which have long been overgrown by such vegetation as thrives on neglected

ben. Doch sowie er die letzte Lampe ausgemacht hatte und vorsichtig vom Stuhl heruntterstieg, fiel sein Blick auf die Gestalt des Täufers. Es war draußen gerade hell genug, daß die Figuren im Ostfenster zu sehen waren;

da sah Mr Batchel, wie die Figur des heiligen Johannes den rechten Arm in seiner vollen Länge hob und nach Norden wies, wobei er gleichzeitig den Kopf wandte und ihm voll ins Gesicht blickte. Diese Bewegungen wurden dreimal wiederholt, danach kam die Figur in ihrer gewohnten, vertrauten Stellung zur Ruhe.

Der Leser wird ebensowenig wie Mr Batchel annehmen, daß eine auf Glas gemalte Figur fähig gewesen sein soll, sich zu bewegen. Doch daß es einen Anschein von Bewegung gegeben hatte, war unbezweifelbar, und Mr Batchel war neugierig genug, eine Untersuchung dieser Sache in Angriff zu nehmen. Er war durchaus bereit anzunehmen, daß er einer optischen Täuschung zum Opfer gefallen war, aber er war doch entschlossen, herauszubekommen, was ihn getäuscht hatte.

Eins ließ sich leicht feststellen. Wenn die Bewegung nicht wirklich in der Gestalt des Täufers geschehen war, so war sie unmittelbar dahinter geschehen. Ohne Zögern verließ er deshalb die Kirche und verschloß die Tür hinter sich, um die Rückseite des Fensters zu untersuchen.

Jeder Einwohner von Stoneground kennt – und beklagt – den Zerfall des alten Herrenhauses. Seine Zerstörung durch ein Feuer vor etwa fünfzehn Jahren war ein Unglück, von dem sich die Gemeinde nie erholt hat. Das Gut wurde kurz nach dem Brand des Hauses von Spekulanten gekauft, denen es nicht gelang, es irgendwie wirtschaftlich zu nutzen. Zehn Jahre oder noch länger war das Haus sich selber überlassen gewesen, preisgegeben den Naturkräften und mutwilligen Eindringlingen. Die verkohlten Reste des Hauses überragen auch heute noch die Haufen von eingefallenem Mauerwerk, die seit langem von Pflanzenwuchs überwuchert ist, wie er auf vernachlässigtem Boden gedeiht;

ground; and what was once a stately house, with its garden and park in fine order, has given place to a scene of desolation and ruin.

Stoneground Church was built, some 600 years ago, within the enclosure of the Manor House, and an excellent stratum of gravel such as no builder would wisely disregard, brought the house and Church unusually near together. In more primitive days, the nearness probably caused no inconvenience; but when change and progress affected the popular idea of respectful distance, the Churchyard came to be separated by a substantial stone wall, of sufficient height to secure the privacy of the house.

The change was made with necessary regard to economy of space. The eastern wall of the Church already projected far into the garden of the Manor, and lay but fifty yards from the south front of the house. On that side of the Churchyard, therefore, the new wall was set back. Running from the north to the nearest corner of the Church, it was there built up to the Church itself, and then continued from the southern corner, leaving the eastern wall and window within the garden of the Squire. It was his ivy that clung to the wall of the Church, and his trees that shaded the window from the morning sun.

Whilst we have been recalling these facts, Mr Batchel has made his way out of the Church and through the Churchyard, and has arrived at a small door in the boundary wall, close to the south-east corner of the chancel. It was a door which some Squire of the previous century had made, to give convenient access to the Church for himself and his household. It has no present use, and Mr Batchel had some difficulty in getting it open. It was not long, however, before he stood on the inner side, and was examining the second light of the window.

was einstmals ein stattliches Herrenhaus mit gepflegtem Garten und Park war, ist nunmehr ein Bild von Ödnis und Verfall.

Die Kirche von Stoneground ist vor etwa sechshundert Jahren innerhalb der Umfassungsmauern des Herrenhofes erbaut worden. Eine sehr günstige Kiesschicht, die kein vernünftiger Baumeister außer acht gelassen hätte, brachten Haus und Kirche ungewöhnlich nah zusammen. In einfacheren Zeiten empfand wohl niemand diese Nähe als unangenehm; als jedoch durch Wandel und Fortschritt ein allgemeines Bedürfnis nach respektvoller Distanz aufkam, wurde der Kirchhof durch eine dicke und ausreichend hohe Steinmauer abgetrennt, um die Privatsphäre des Hauses zu sichern.

Die Neuerung wurde mit der nötigen Rücksicht auf den knappen Platz ausgeführt. Der Ostteil der Kirche, der Chor, ragte bereits weit in den Garten des Herrenhauses und war nur wenige Meter von dessen Südfront entfernt. Auf dieser Seite des Kirchhofs sprang daher die Mauer zurück. Sie verlief von Norden aus gerade bis zur nächsten Ecke des Hauptschiffs der Kirche, stieß dort an die Kirche an und setzte sich dann von der südlichen Ecke aus fort, so daß der Chor mit seinem Fenster im Garten des Gutsbesitzers lag. Es war dessen Efeu, der an der Kirchenwand hochkletterte, und es waren seine Bäume, die das Fenster in der Morgensonne beschatteten.

Während wir uns diese Tatsachen in Erinnerung rufen, hat Mr Batchel seinen Weg aus der Kirche und durch den Kirchhof genommen und ist an einer kleinen Tür in der Grenzmauer, nahe der südöstlichen Ecke des Chores, angelangt. Diese Tür hatte einer der Gutsbesitzer im vorigen Jahrhundert eingefügt, um für sich und seine Hausangehörigen einen bequemen Zugang zur Kirche zu haben. Sie wurde nicht mehr benutzt, und Mr Batchel hatte Mühe, sie aufzubekommen. Es dauerte aber nicht lange, bis er drinnen stand, und nun untersuchte er die Außenscheibe des Fensters. Der Mond schien einigermaßen hell, und

There was a tolerably bright moon, and the dark surface of the glass could be distinctly seen, as well as the wirework placed there for its protection.

A tall birch had thrust its lower boughs across the window, and their silvery bark shone in the moonlight. The boughs were bare of leaves, and only very slightly interrupted Mr Batchel's view of the Baptist's figure, the leaden outline of which was clearly traceable. There was nothing, however, to account for the movement which Mr Batchel was curious to investigate.

He was about to turn homewards in some disappointment, when a cloud obscured the moon again, and reduced the light to what it had been before he left the Church. Mr Batchel watched the darkening of the window and the objects near it, and as the figure of the Baptist disappeared from view there came into sight a creamy vaporous figure of another person lightly poised upon the bough of the tree, and almost coincident in position with the picture of the Saint.

It could hardly be described as the figure of a person. It had more the appearance of half a person, and fancifully suggested to Mr Batchel, who was fond of whist, one of the diagonally bisected knaves in a pack of cards, as he appears when another card conceals a triangular half of the bust.

There was no question, now, of going home. Mr Batchel's eyes were riveted upon the apparition. It disappeared again for a moment, when an interval between two clouds restored the light of the moon; but no sooner had the second cloud replaced the first than the figure again became distinct. And upon this, its single arm was raised three times, pointing northwards towards the ruined house, just as the figure of the Baptist had seemed to point when Mr Batchel had seen it from within the Church.

It was natural that upon receipt of this sign Mr

die dunkle Glasoberfläche war deutlich zu sehen, ebenso wie das Drahtgitter, welches zum Schutz des Fensters angebracht war.

Eine hohe Birke hatte ihre unteren Äste über das Fenster hin ausgestreckt, und ihre silbrige Rinde schimmerte im Mondlicht. Die Äste hatten schon kein Laub mehr und störten nur wenig Mr Batchels Sicht auf die Gestalt Johannes des Täufers, dessen bleierne Umrißlinien deutlich zu erkennen waren. Es gab absolut nichts zu sehen, was die Bewegung erklären konnte, die Mr Batchel so gern erforschen wollte.

Er war schon drauf und dran, enttäuscht nach Hause zu gehen, als wieder eine Wolke den Mond bedeckte und das Licht in ähnlicher Weise verringerte wie vorhin, als er die Kirche noch nicht verlassen hatte. Mr Batchel beobachtete, wie sich das Fenster und die Dinge in seiner Nähe verdunkelten, und als die Gestalt des Täufers nicht mehr zu sehen war, erschien die helle nebelhafte Gestalt einer anderen Person. Sie schwebte leicht auf dem Ast des Baumes und stimmte in der Haltung mit dem Bild des Heiligen beinahe überein.

Man konnte sie kaum als die Gestalt einer Person bezeichnen. Sie sah eher so aus wie die Hälfte einer Person. Seltsamerweise erinnerte sie Mr Batchel, der gerne Whist spielte, an einen Buben im Kartenspiel, dem durch eine diagonal darüberliegende Karte eine Hälfte der Büste verdeckt wird.

Heimzugehen kam nun nicht mehr in Frage. Mr Batchels Blicke waren auf die Erscheinung geheftet. Sie verschwand wieder für einen Augenblick, als eine Lücke zwischen zwei Wolken das Mondlicht hindurchließ; doch sobald die zweite Wolke den Platz der ersten eingenommen hatte, kam die Gestalt wieder deutlich zum Vorschein. Und als es so weit war, hob sie dreimal hob sie ihren einen Arm und deutete nordwärts auf das verfallene Haus, genau wie die Gestalt Johannes des Täufers zu deuten schien, als Mr Batchel sie von innen gesehen hatte.

Natürlich näherte sich Mr Batchel auf dieses Zeichen hin

Batchel should step nearer to the tree, from which he was still at some little distance, and as he moved, the figure floated obliquely downwards and came to rest in a direct line between him and the ruins of the house. It rested, not upon the ground, but in just such a position as it would have occupied if the lower parts had been there, and in this position it seemed to await Mr Batchel's advance. He made such haste to approach it as was possible upon ground encumbered with ivy and brambles, and the figure responded to every advance of his by moving further in the direction of the ruin.

As the ground improved, the progress became more rapid. Soon they were both upon an open stretch of grass, which in better days had been a lawn, and still the figure retreated towards the building, with Mr Batchel in respectful pursuit. He saw it, at last, poised upon the summit of a heap of masonry, and it disappeared, at his near approach, into a crevice between two large stones.

The timely reappearance of the moon just enabled Mr Batchel to perceive this crevice, and he took advantage of the interval of light to mark the place. Taking up a large twig that lay at his feet, he inserted it between the stones. He made a slit in the free end and drew into it one of some papers that he had carried out of the Church. After such a precaution it could hardly be possible to lose the place – for, of course, Mr Batchel intended to return in daylight and continue his investigation. For the present, it seemed to be at an end. The light was soon obscured again, but there was no reappearance of the singular figure he had followed, so after remaining about the spot for a few minutes, Mr Batchel went home to his customary occupation.

He was not a man to let these occupations be disturbed even by a somewhat exciting adventure, nor was he one of those who regard an unusual experi-

dem Baum, von dem er noch etwas entfernt stand. Als er sich bewegte, schwebte die Gestalt schräg nach unten und hielt in einer direkten Linie zwischen ihm und den Trümmern des Hauses an. Sie kam jedoch nicht auf der Erde zum Stillstand, sondern in genau der Position, die sie eingenommen hätte, wenn sie im Besitz ihrer unteren Körperteile gewesen wäre. In dieser Haltung schien sie Mr Batchels Kommen zu erwarten. Er näherte sich so schnell es die hinderlichen Efeu- und Brombeerranken auf dem Boden zuließen. Die Gestalt reagierte auf jedes Näherkommen von ihm in der Weise, daß sie sich weiter auf die Ruine zu bewegte.

Als der Boden ebener wurde, kamen sie schneller voran. Bald waren sie auf offenem Grasgelände, das in besseren Zeiten einmal ein Rasen gewesen war. Immer noch zog sich die Gestalt zum Haus zurück, von Mr Batchel in ehrerbietigem Abstand gefolgt. Schließlich sah Mr Batchel die Gestalt über einen Haufen von Mauersteinen schweben, und als er herbeikam, verschwand sie in einem Spalt zwischen zwei Steinblöcken.

Die rechtzeitige Rückkehr des Mondes ließ Mr Batchel diesen Spalt gewahr werden, und er nutzte das Licht, um die Stelle zu markieren. Er hob einen großen Stock auf, der vor seinen Füßen lag, und steckte ihn zwischen die Steine. In das obere Ende machte er einen Schlitz und klemmte ein paar Zettel hinein, die er aus der Kirche mitgenommen hatte. Nach dieser Maßnahme war es kaum möglich, die Stelle nicht wiederzufinden – denn Mr Batchel hatte selbstverständlich vor, bei Tageslicht wieder herzukommen und seine Nachforschungen fortzusetzen. Für den Augenblick schienen sie beendet zu sein. Das Licht verdüsterte sich schon bald wieder, aber die seltsame Gestalt, der er gefolgt war, tauchte nicht mehr auf. Also wartete Mr Batchel noch ein paar Minuten ab und ging dann nach Hause an seine gewohnte Arbeit.

Er war nicht der Mann, diese Arbeit von einem Abenteuer, und sei es auch ein wenig aufregend, stören zu lassen. Er gehörte auch nicht zu denen, die eine außergewöhnliche

ence only as a sign of nervous disorder. Mr Batchel had far too broad a mind to discredit his sensations because they were not like those of other people. Even had his adventure of the evening been shared by some companion who saw less than he did, Mr Batchel would only have inferred that his own part in the matter was being regarded as more important.

Next morning, therefore, he lost no time in returning to the scene of his adventure. He found his mark undisturbed, and was able to examine the crevice into which the apparition had seemed to enter. It was a crevice formed by the curved surfaces of two large stones which lay together on the top of a small heap of fallen rubbish, and these two stones Mr Batchel proceeded to remove. His strength was just sufficient for the purpose. He laid the stones upon the ground on either side of the little mound, and then proceeded to remove, with his hands, the rubbish upon which they had rested, and amongst the rubbish he found, tarnished and blackened, two silver coins.

It was not a discovery which seemed to afford any explanation of what had occurred the night before, but Mr Batchel could not but suppose that there had been an attempt to direct his attention to the coins, and he carried them away with a view of submitting them to a careful examination. Taking them up to his bedroom he poured a little water into a hand basin, and soon succeeded, with the aid of soap and a nail brush, in making them tolerably clean. Ten minutes later, after adding ammonia to the water, he had made them bright, and after carefully drying them, was able to make his examination. They were two crowns of the time of Queen Anne, minted, as a small letter E indicated, at Edinburgh, and stamped with the roses and plumes which testified to the English and Welsh silver in their composition. The coins bore no date, but Mr Batchel had no

Erfahrung als Zeichen nervlicher Verwirrung ansehen. Mr Batchels Verstand war viel zu offen, als daß ihm seine Wahrnehmungen zweifelhaft gewesen wären, bloß weil sie sich von denen anderer Leute unterschieden. Wenn sein abendliches Erlebnis von einem Begleiter geteilt worden wäre, der weniger als er selbst gesehen hätte, so hätte Mr Batchel daraus nur geschlossen, daß seine eigene Rolle in dieser Sache für wichtiger erachtet wurde.

Am nächsten Morgen kehrte er daher, ohne Zeit zu verlieren, zum Schauplatz seines Abenteuers zurück. Er fand die Markierung unverändert und konnte den Spalt untersuchen, in den die Erscheinung sich offenbar hineinbegeben hatte. Der Spalt wurde gebildet durch die gebuckelten Kanten zweier großer Steine, die nebeneinander auf einem kleinen Schutthaufen lagen.

Mr Batchel machte sich daran, sie beiseite zu räumen. Seine Kraft reichte dazu gerade aus. Er wälzte die Steine neben den Haufen und begann dann mit seinen Händen den Schutt zu entfernen, auf dem sie gelegen hatten, und dabei fand er zwei angeschlagene und geschwärzte Silbermünzen.

Dies war nun keine Entdeckung, mit der die Ereignisse der vergangenen Nacht hinreichend zu erklären gewesen wären, aber Mr Batchel konnte doch nicht anders als glauben, daß hier jemand den Versuch unternommen hatte, seine Aufmerksamkeit auf die Münzen zu lenken. Er nahm sie mit, in der Absicht, sie einer eingehenden Prüfung zu unterziehen. Oben in seinem Schlafzimmer goß er etwas Wasser in ein Becken, und rasch gelang es ihm, mit Hilfe von Seife und Nagelbürste die Münzen einigermaßen zu säubern. Er goß Ammoniak ins Wasser, und als sie nach zehn Minuten glänzten, trocknete er sie sorgfältig ab und konnte sie nun in Augenschein nehmen.

Es waren zwei Fünf-Shilling-Stücke aus der Zeit von Queen Anne, geprägt – wie der kleine Buchstabe E zeigte – in Edinburgh, und gestempelt mit den Rosen und Federn, die die Legierung englischen und walisischen Silbers bestätigten. Die Münzen

hesitation in assigning them to the year 1708 or thereabouts. They were handsome coins, and in themselves a find of considerable interest, but there was nothing to show why he had been directed to their place of concealment. It was an enigma, and he could not solve it. He had other work to do, so he laid the two crowns upon his dressing table, and proceeded to do it.

Mr Batchel thought little more of the coins until bedtime, when he took them from the table and bestowed upon them another admiring examination by the light of his candle. But the examination told him nothing new: he laid them down again, and, before very long, had lain his own head upon the pillow.

It was Mr Batchel's custom to read himself to sleep. At this time he happened to be re-reading the Waverley novels, and *Woodstock* lay upon the reading-stand which was always placed at his bedside. As he read of the cleverly devised apparition at Woodstock, he naturally asked himself whether he might not have been the victim of some similar trickery, but was not long in coming to the conclusion that his experience admitted of no such explanation. He soon dismissed the matter from his mind and went on with his book.

On this occasion, however, he was tired of reading before he was ready for sleep; it was long in coming, and then did not come to stay. His rest, in fact, was greatly disturbed. Again and again, perhaps every hour or so, he was awakened by an uneasy consciousness of some other presence in the room.

Upon one of his later awakenings, he was distinctly sensible of a sound, or what he described to himself as the "ghost" of a sound. He compared it to the whining of a dog that had lost its voice. It was not a very intelligible comparison, but still it seemed to describe his sensation. The sound, if we may so call it, caused him first to sit up in bed and

trugen kein Datum, doch Mr Batchel datierte sie ohne Zögern auf die Zeit um 1708. Es waren hübsche Münzen und für sich genommen ein Fund von einigem Interesse. Aber nichts erklärte, warum er zu ihrem Versteck geführt worden war. Es war ein Rätsel, und er konnte es nicht lösen. Er hatte noch anderes zu tun, also legte er die beiden Fünf-Shilling-Stücke auf seinen Toilettentisch und ging an seine Arbeit.

Bis zum Schlafengehen dachte Mr Batchel so gut wie gar nicht mehr an die Münzen. Dann nahm er sie vom Tisch und betrachtete sie im Licht seiner Kerze ein weiteres Mal voller Bewunderung. Doch die Prüfung brachte nichts Neues: Er legte sie wieder hin und hatte nach kurzer Zeit selbst seinen Kopf auf das Kissen gelegt.

Mr Batchel hatte die Angewohnheit, sich in den Schlaf zu lesen. Zu dieser Zeit las er gerade die Waverley-Romane wieder, und *Woodstock* lag auf dem Lesepult, das immer neben seinem Bett stand.

Als er von der raffinierten Geister-Erscheinung in Woodstock las, fragte er sich, ob er nicht auf eine ähnliche Vorspiegelung hereingefallen war, kam aber nach kurzem zu der Überzeugung, daß sein Erlebnis keine solche Erklärung zuließ. Er schlug sich die Sache bald aus dem Kopf und fuhr fort, in seinem Buch zu lesen.

Diesmal hatte er vom Lesen genug, bevor er bereit für den Schlaf war. Der wollte sich lange nicht einstellen und war dann nicht von Dauer. Vielmehr war Mr Batchels Ruhe äußerst gestört. Wieder und wieder, wohl ungefähr jede Stunde, wachte er auf mit dem unbehaglichen Gefühl, noch jemand anderes sei im Zimmer.

Während eines solchen späteren Aufwachens vernahm er deutlich einen Laut oder was er für den «Geist» eines Lautes hielt. Er verglich ihn mit dem Jaulen eines Hundes, der seine Stimme verloren hat.

Das war kein besonders einleuchtender Vergleich, aber es schien doch die Wahrnehmung zu beschreiben. Der Laut, wenn wir ihn so nennen

look well about him, and then, when nothing had come of that, to light his candle. It was not to be expected that anything should come of that, but it had seemed a comfortable thing to do, and Mr Batchel left the candle alight and read his book for half an hour or so, before blowing it out.

After this, there was no further interruption, but Mr Batchel distinctly felt, when it was time to leave his bed, that he had had a bad night. The coins, almost to his surprise, lay undisturbed. He went to ascertain this as soon as he was on his feet. He would almost have welcomed their removal, or at any rate, some change which might have helped him towards a theory of his adventure. There was, however, nothing. If he had, in fact, been visited during the night, the coins would seem to have had nothing to do with the matter.

Mr Batchel left the two coins lying on his table and went about his ordinary duties. They were such duties as afforded full occupation for his mind, and he gave no more than a passing thought to the coins, until he was again retiring to rest. He had certainly intended to return to the heap of rubbish from which he had taken them, but had not found leisure to do so. He did not handle the coins again. As he undressed, he made some attempt to estimate their value, but without having arrived at any conclusion, went on to think of other things, and in a little while had lain down to rest again, hoping for a better night.

His hopes were disappointed. Within an hour of falling asleep he found himself awakened again by the voiceless whining he so well remembered. This sound, as for convenience we will call it, was now persistent and continuous. Mr Batchel gave up even trying to sleep, and as he grew more restless and uneasy, decided to get up and dress.

It was the entire cessation of the sound at this

dürfen, veranlaßte Mr Batchel, sich im Bett aufzusetzen und, als daraufhin nichts geschah, seine Kerze anzuzünden. Es war nicht zu erwarten, daß nun etwas geschehen würde, aber es wirkte tröstlich, und Mr Batchel ließ die Kerze an und las vielleicht eine halbe Stunde lang in seinem Buch, ehe er sie ausblies.

Danach gab es keine weitere Unterbrechung, aber Mr Batchel hatte, als es Zeit zum Aufstehen war das deutliche Gefühl, eine schlechte Nacht hinter sich zu haben. Die Münzen lagen, fast überraschend, unberührt da. Dessen vergewisserte er sich, sobald er auf den Beinen war. Er wäre beinahe froh gewesen, wenn er sie nicht mehr vorgefunden, oder über irgendeine Veränderung, die ihm zu einer Erklärung seines Abenteuers verholfen hätte. Doch da war nichts. Wenn er tatsächlich in der Nacht besucht worden war, schienen die Münzen mit der Sache nichts zu tun zu haben.

Mr Batchel ließ die beiden Fünf-Schilling-Stücke an diesem Tag auf seinem Tisch liegen und ging seinen Geschäften nach. Sie waren von der Art, daß sie sein Bewußtsein vollständig in Anspruch nahmen, und er streifte die Münzen nur flüchtig in Gedanken, bis er wieder zu Bett ging. Er hatte fest vorgehabt, zu dem Schutthaufen zurückzukehren, auf dem er sie entdeckt hatte, aber er hatte keine Zeit dafür gefunden. Er nahm die Münzen gar nicht mehr zur Hand. Erst als er sich auskleidete, überlegte er nochmals ein wenig, was sie wert sein könnten. Er kam aber zu keinem Ergebnis und dachte wieder an anderes. Nach einer kurzen Weile hatte er sich wieder zur Ruhe gelegt in der Hoffnung auf eine bessere Nacht.

Seine Hoffnung wurde enttäuscht. Kaum eine Stunde nach dem Einschlafen fand er sich wieder geweckt von dem stimmlosen Jammern, das er schon kannte. Dieser Laut, wie wir ihn der Bequemlichkeit halber nennen wollen, hielt nun hartnäckig an. Mr Batchel gab es auf, schlafen zu wollen, und als er immer unruhiger wurde, beschloß er, aufzustehen und sich anzuziehen.

Es machte ihn stutzig, daß der Laut in diesem Moment

juncture which led him to a suspicion. His rising was evidently giving satisfaction. From that it was easy to infer that something had been desired of him, both on the present and the preceding night. Mr Batchel was not one to hold himself aloof in such a case. If help was wanted, even in such unnatural circumstances, he was ready to offer it. He determined, accordingly, to return to the Manor House, and when he had finished dressing, descended the stairs, put on a warm overcoat and went out, closing his hall door behind him, without having heard any more of the sound, either whilst dressing, or whilst leaving the house.

Once out of doors, the suspicion he had formed was strengthened into a conviction. There was no manner of doubt that he had been fetched from his bed; for about thirty yards in front of him he saw the strange creamy half-figure making straight for the ruins. He followed it as well as he could; as before, he was impeded by the ivy and weeds, and the figure awaited him; as before, it made straight for the heap of masonry and disappeared as soon as Mr Batchel was at liberty to follow.

There were no dungeons, or subterranean premises beneath the Manor House. It had never been more than a house of residence, and the building had been purely domestic in character. Mr Batchel was convinced that his adventure would prove unromantic, and felt some impatience at losing, again, what he had begun to call his triangular friend. If this friend wanted anything, it was not easy to say why he had so tamely disappeared. There seemed nothing to be done but to wait until he came out again.

Mr Batchel had a pipe in his pocket, and he seated himself upon the base of a sun-dial within full view of the spot. He filled and smoked his pipe, sitting in momentary expectation of some further sign, but nothing appeared. He heard the hedgehogs

völlig verstummte. Sein Aufstehen bewirkte offenkundig eine Befriedigung. Daraus ließ sich leicht schließen, daß etwas von ihm erwartet worden war, sowohl in dieser als auch in der vorangegangenen Nacht. Mr Batchel war nicht jemand, der sich in solch einem Fall abseits hielt. Wenn Hilfe gebraucht wurde, selbst unter derart außernatürlichen Umständen, war er bereit, sie zu leisten. Infolgedessen entschloß er sich, noch einmal zum Herrenhaus zu gehen. Als er fertig angezogen war, stieg er die Treppe hinunter, zog einen warmen Mantel an und ging hinaus, die Haustür hinter sich schließend. Den Laut hatte er nicht wieder vernommen, weder beim Anziehen noch beim Verlassen des Hauses.

Draußen im Freien verdichtete sich sein Verdacht zur Überzeugung. Es gab keinen Zweifel, daß er aus dem Bett geholt worden war, denn etwa dreißig Meter vor sich sah er, wie die seltsame helle Halbfigur geradewegs den Ruinen zustrebte.

Er folgte ihr, so gut er konnte; wie zuvor wurde er von Efeu und Gestrüpp behindert, und die Gestalt wartete auf ihn; wie zuvor begab sie sich direkt zu dem Steinhaufen und verschwand, sobald Mr Batchel in der Lage war, zu folgen.

Es gab keine Verliese oder unterirdischen Räume unter dem Herrenhaus. Es war nie mehr als ein Wohnhaus gewesen, und der Charakter des Gebäudes war rein privat. Mr Batchel war überzeugt, daß sein Abenteuer sich als unromantisch erweisen würde, und war etwas ärgerlich, daß er seinen dreieckigen Freund, wie er ihn inzwischen nannte, wieder verloren hatte. Wenn dieser Freund etwas wollte, so war es nicht leicht zu sagen, warum er so sang- und klanglos verschwunden war. Es gab nichts zu tun als zu warten, bis er wieder herauskäme.

Mr Batchel hatte eine Pfeife in der Tasche; so setzte er sich auf den Sockel einer Sonnenuhr und behielt dabei die volle Übersicht über die Stelle. Er stopfte und rauchte die Pfeife und erwartete jeden Moment ein weiteres Zeichen, aber nichts erschien. Er hörte, wie sich um ihn herum die

moving about him in the undergrowth, and now and then the sound of a restless bird overhead, otherwise all was still. He smoked a second pipe without any further discovery, and that finished, he knocked out the ashes against his boot, walked to the mound, near to which his labelled stick was lying, thrust the stick into the place where the figure had disappeared, and went back to bed, where he was rewarded with five hours of sound sleep.

Mr Batchel had made up his mind that the next day ought to be a day of disclosure. He was early at the Manor House, this time provided with the gardener's pick, and a spade. He thrust the pick into the place from which he had removed his mark, and loosened the rubbish thoroughly. With his hands, and with his spade, he was not long in reducing the size of the heap by about one-half, and there he found more coins.

There were three more crowns, two half-crowns, and a dozen or so of smaller coins. All these Mr Batchel wrapped carefully in his handkerchief, and after a few minutes rest went on with his task. As it proved, the task was nearly over. Some strips of oak about nine inches long were next uncovered, and then, what Mr Batchel had begun to expect, the lid of a box, with the hinges still attached. It lay, face downwards, upon a flat stone. It proved, when he had taken it up, to be almost unsoiled, and above a long and wide slit in the lid was the gilded legend "for ye poore" in the graceful lettering and the redundant spelling of two centuries ago.

The meaning of all this Mr Batchel was not long interpreting. That the box and its contents had fallen and been broken amongst the masonry was evident enough. It was as evident that it had been concealed in one of the walls brought down by the fire, and Mr Batchel had no doubt at all that he had been in the company of a thief, who had once

Igel im Gestrüpp bewegten, und hin und wieder den Laut eines ruhelosen Vogels über seinem Kopf, sonst war alles still. Er rauchte eine zweite Pfeife, ohne eine weitere Entdeckung zu machen; nachdem sie zuende geraucht war, klopfte er die Asche an seinem Stiefel aus, ging zu dem Schutthaufen, bei dem sein markierter Stock lag, steckte den Stock an die Stelle, wo die Gestalt verschwunden war, und kehrte ins Bett zurück, wo er mit fünf Stunden tiefen Schlafs belohnt wurde.

Mr Batchel hatte sich vorgenommen, daß der nächste Tag ein Tag der Enthüllung sein sollte. Er war schon früh beim Herrenhaus, diesmal mit Gärtnerpickel und Spaten bewaffnet. Er schlug mit dem Pickel in die Stelle, von der er seine Markierung entfernt hatte, und machte den Schutt gründlich locker. Mit den Händen und mit dem Spaten arbeitend, brauchte er nicht lange, um den Haufen etwa auf die Hälfte zu reduzieren. Da fand er noch weitere Münzen.

Es lagen hier noch einmal drei Fünf-Shilling-Stücke, Zweieinhalb-Shilling-Stücke und etwa ein Dutzend kleinere Münzen. Sie alle wickelte Mr Batchel sorgfältig in sein Taschentuch und arbeitete weiter. Wie sich herausstellte, war die Arbeit fast beendet. Als nächstes wurden ein paar schmale, gut spannenlange Eichenholzbretter freigelegt, und dann, was Mr Batchel schon erwartete, der Deckel einer Kiste, an dem noch die Scharniere hingen. Er lag verkehrt herum auf einem Stein und erwies sich, aufgehoben, als beinahe unverschmutzt. Über einem breiten Schlitz stand in goldener Schrift «Fuer die Nothleydenden», in den anmutigen Lettern und der überladenen Orthographie von vor zweihundert Jahren.

Die Bedeutung von alledem hatte Mr Batchel bald heraus. Daß die Kiste samt Inhalt zugleich mit der Mauer gestürzt und zerbrochen war, war ohne weiteres klar. Ebenso klar war es doch, daß sie in einer der Mauern, die das Feuer zerstört hatte, verborgen gewesen war, und Mr Batchel hatte keinen Zweifel mehr, daß er sich in der Gesellschaft eines Diebes befunden hatte, der einst die Almosen-

stolen the poor-box from the Church. His task seemed to be at an end, a further rummage revealed nothing new. Mr Batchel carefully collected the fragments of the box, and left the place.

His next act cannot be defended. He must have been aware that these coins were "treasure trove", and therefore the property of the Crown. In spite of this, he determined to convert them into current coin, as he well knew how, and to apply the proceeds to the Inundation Fund about which he was so anxious. Treating them as his own property, he cleaned them all, as he had cleaned the two crowns, sent them to an antiquarian friend in London to sell for him, and awaited the result. The lid of the poor box he still preserves as a relic of the adventure.

His antiquarian friend did not keep him long waiting. The coins had been eagerly bought, and the price surpassed any expectation that Mr Batchel had allowed himself to entertain. He had sent the package to London on Saturday morning. Upon the following Tuesday, the last post in the evening brought a cheque for twenty guineas. The brief subscription list of the Inundation Fund lay upon his desk, and he at once entered the amount he had so strangely come by, but could not immediately decide upon its description. Leaving the line blank, therefore, he merely wrote down 21 in the cash column, to be assigned to its source in some suitable form of words when he should have found time to frame them.

In this state he left the subscription list upon his desk, when he retired for the night. It occurred to him as he was undressing, that the twenty guineas might suitably be described as a "restitution", and so he determined to enter it upon the line he had left vacant. As he reconsidered the matter in the morning, he saw no reason to alter his decision,

kiste aus der Kirche gestohlen hatte. Seine Aufgabe schien erfüllt zu sein, auch weiteres Stöbern brachte nichts Neues. Mr Batchel sammelte umsichtig die Bruchteile der Kiste ein und verließ den Ort.

Seine nächste Handlung kann nicht entschuldigt werden. Es muß ihm klar gewesen sein, daß diese Münzen ein «Schatzfund» waren und deshalb der Krone gehörten. Dennoch beschloß er, sie zu Bargeld zu machen – wie, wußte er genau – und den Betrag dem Überschwemmungs-Fonds zukommen zu lassen, der ihm so am Herzen lag. Er behandelte die Münzen als seinen persönlichen Besitz, reinigte sie alle, wie er die beiden ersten gereinigt hatte, schickte sie einem befreundeten Londoner Antiquitätenhändler zum Verkauf und wartete auf das Ergebnis. Den Deckel der Almosenkiste bewahrt er noch immer als Andenken an das Abenteuer auf.

Der befreundete Antiquar ließ ihn nicht lange warten. Die Münzen waren begierig gekauft worden, und der Erlös übertraf alle Erwartungen, die Mr Batchel zu hegen sich gestattet hatte. Er hatte das Päckchen am Samstag morgen nach London geschickt. Am Dienstag danach brachte die letzte Post gegen Abend einen Scheck über zwanzig Guineen. Die kurze Spendenliste des Überschwemmungs-Fonds lag auf Mr Batchels Schreibtisch, und er trug sofort die Summe ein, die er auf so merkwürdige Weise erhalten hatte. Er konnte sich allerdings nicht gleich für einen Spendernamen entscheiden. Er ließ die Zeile deshalb unausgefüllt und trug bloß in die Geldspalte den Betrag 21 ein. Dessen Herkunft sollte mit einem passenden Text nachgetragen werden, wenn er Zeit zur rechten Formulierung gefunden hätte.

So ließ er die Spendenliste auf seinem Schreibtisch liegen, als er zu Bett ging. Während er sich auszog, fiel ihm ein, daß die zwanzig Guineen treffend als «Rückerstattung» zu bezeichnen waren, und er beschloß, sie so in der freigelassenen Zeile einzutragen. Als er am Morgen die Sache noch einmal bedachte, sah er keinen Grund, seine Entscheidung zu ändern, und ging gleich von seinem Schlafzimmer an

and he went straight from his bedroom to his desk to make the entry and have done with it.

There was an incident in the adventure, however, upon which Mr Batchel had not reckoned. As he approached the list, he saw, to his amazement, that the line had been filled in. In a crabbed, elongated hand was written, "At last, St Matt. V. 26."

What may seem more strange is that the hand-writing was familiar to Mr Batchel, he could not at first say why. His memory, however, in such matters, was singularly good, and before breakfast was over he felt sure of having identified the writer.

His confidence was not misplaced. He went to the parish chest, whose contents he had thoroughly examined in past intervals of leisure, and took out the roll of parish constable's accounts. In a few minutes he discovered the handwriting of which he was in search. It was unmistakably that of Salathiel Thrapston, constable from 1705-1710, who met his death in the latter year, whilst in the execution of his duty. The reader will scarcely need to be reminded of the text of the Gospel at the place of reference –

"Thou shalt by no means come out thence till thou hast paid the uttermost farthing."

den Schreibtisch, um mit der Eintragung zugleich die Sache hinter sich zu bringen.

Es war aber etwas geschehen, womit Mr Batchel nicht gerechnet hatte. Als er sich der Liste näherte, sah er zu seiner Verwunderung, daß die Zeile ausgefüllt war. In krakeliger, langgezogener Schrift stand dort: «Endlich, Matth. 5, 26.»

Noch seltsamer mag die Tatsache erscheinen, daß die Schrift Mr Batchel bekannt vorkam, wenn er auch zunächst nicht sagen konnte, warum. Sein Gedächtnis in solchen Dingen war aber außergewöhnlich gut, und noch vor Ende des Frühstücks war er sich sicher, den Schreiber identifiziert zu haben.

Sein Selbstvertrauen trog ihn nicht. Er ging zum Gemeinderegister, dessen Inhalt er in früheren freien Stunden gründlich erforscht hatte, und nahm das Verzeichnis der Gemeindepolizisten heraus. Nach ein paar Minuten hatte er die gesuchte Handschrift gefunden. Es war zweifellos die von Salathiel Thrapston, Wachtmeister von 1705 bis 1710, der im letzten Jahr in Ausübung seines Dienstes zu Tode gekommen war. Der Leser wird es kaum nötig haben, anhand der Quellenangabe an den Text des Evangeliums erinnert zu werden:

«Du wirst nicht von dannen herauskommen, bis du auch den letzten Heller bezahlest.»

I

The boy who resided at Agathox Lodge, 28, Buckingham Park Road, Surbiton, had often been puz-
zled by the old sign-post that stood almost opposite.
He asked his mother about it, and she replied that it
was a joke, and not a very nice one, which had been
made many years back by some naughty young
men, and that the police ought to remove it. For
there were two strange things about this sign-post:
firstly, it pointed up a blank alley, and, secondly,
it had painted on it, in faded characters, the words,
"To Heaven".

"What kind of young men were they?" he asked.

"I think your father told me that one of them
wrote verses, and was expelled from the University
and came to grief in other ways. Still, it was a long
time ago. You must ask your father about it. He will
say the same as I do, that it was put up as a joke."

"So it doesn't mean anything at all?"

She sent him upstairs to put on his best things,
for the Bonses were coming to tea, and he was to
hand the cake-stand.

It struck him, as he wrenched on his tightening
trousers, that he might do worse than ask Mr Bons
about the sign-post. His father, though very kind,
always laughed at him – shrieked with laughter
whenever he or any other child asked a question or
spoke. But Mr Bons was serious as well as kind. He
had a beautiful house and lent one books, he was
a church warden, and a candidate for the County
Council; he had donated to the Free Library enor-
mously; he presided over the Literary Society, and
had Members of Parliament to stop with him – in
short, he was probably the wisest person alive.

Yet even Mr Bons could only say that the sign-

Edward Morgan Forster
Der Himmels-Omnibus

I

Der Junge, der in Agathox Lodge 28, Buckingham Park Road, Surbiton, wohnte, hatte sich oft über den alten Wegweiser, der auf der anderen Straßenseite stand, Gedanken gemacht. Er fragte seine Mutter danach, und sie antwortete, daß es sich dabei um einen Scherz, und zwar um keinen sonderlich schönen, handele; den hätten vor vielen Jahren nichtsnutzige junge Männer gemacht, und die Polizei würde gut daran tun, ihn zu entfernen. Der Wegweiser war nämlich aus zwei Gründen merkwürdig: erstens zeigte er eine Sackgasse an, und zweitens stand in verblichenen Buchstaben darauf: «Zum Himmel.»

«Was waren das für junge Männer?» fragte er.

«Ich glaube, der Vater hat gesagt, daß einer von ihnen Gedichte schrieb und von der Universität gewiesen wurde und auch sonst unglücklich endete. Doch das ist lange her. Du mußt den Vater fragen. Er wird dir das gleiche sagen wie ich, daß es nur ein Schabernack war.»

«Es hat also überhaupt nichts zu bedeuten?»

Er wurde nach oben geschickt, um seine Sonntagskleider anzuziehen, denn die Familie Bons kam zum Tee, und er sollte den Kuchen auftragen.

Während er sich in seine engen Hosen zwängte, fiel ihm ein, daß es vielleicht eine gute Idee wäre, Mr Bons nach dem Wegweiser zu fragen. Sein Vater, obschon er sehr nett war, lachte ihn immer aus, schüttelte sich vor Lachen, wenn er oder ein anderes Kind eine Frage stellte oder etwas sagte. Aber Mr Bons war sowohl ernsthaft wie auch nett. Er hatte ein wunderschönes Haus und lieh einem Bücher, er war im Kirchenvorstand und Kandidat für das Amt des Landrats; er hatte der öffentlichen Bücherei große Spenden zukommen lassen, er war Präsident der Literarischen Gesellschaft, und Parlamentsmitglieder trafen sich mit ihm – kurzum, er war wahrscheinlich der weiseste Mann, den es überhaupt gab.

Aber selbst Mr Bons konnte nur sagen, daß der Wegwei-

post was a joke – the joke of a person named Shelley.

"Of course!" cried the mother, "I told you so, dear. That was the name."

"Had you never heard of Shelley?" asked Mr Bons.

"No," said the boy, and hung his head.

"But is there no Shelley in the house?"

"Why, yes!" exclaimed the lady, in much agitation. "Dear Mr Bons, we aren't such Philistines as that. Two at the least. One a wedding present, and the other, smaller print, in one of the spare rooms."

"I believe we have seven Shelleys," said Mr Bons, with a slow smile. Then he brushed the cake crumbs off his stomach, and, together with his daughter, rose to go.

The boy, obeying a wink from his mother, saw them all the way to the garden gate, and when they had gone he did not at once return to the house, but gazed for a little up and down Buckingham Park Road.

His parents lived at the right end of it. After No. 39 the quality of the houses dropped very suddenly, and 64 had not even a separate servants' entrance. But at the present moment the whole road looked rather pretty, for the sun had just set in splendour, and the inequalities of rent were drowned in a saffron afterglow. Small birds twittered, and the breadwinners' train shrieked musically down through the cutting – that wonderful cutting which has drawn to itself the whole beauty out of Surbiton, and clad itself, like any Alpine valley, with the glory of the fir and the silver birch and the primrose. It was this cutting that had first stirred desires within the boy – desires for something just a little different, he knew not what, desires that would return whenever things were sunlit, as they were this evening, running up and

ser ein Schabernack war – der Scherz eines Mannes namens Shelley.

«Genau!» rief die Mutter. «Ich hab es dir doch gesagt, Liebling. Das war der Name.»

«Hast du noch nie etwas von Shelley gehört?» fragte Mr Bons.

«Nein», sagte der Junge mit gesenktem Kopf.

«Gibt es denn keinen Shelley in diesem Haus?»

«Aber ja doch!» ereiferte sich die Gastgeberin in heftiger Erregung. «Lieber Mr Bons, wir sind keine solchen Kleingeister. Mindestens zwei Bücher. Eins haben wir zur Hochzeit bekommen, und das andere, kleiner gedruckte, befindet sich in einem der Gästezimmer.»

«Ich glaube, wir haben sieben Bände Shelley», sagte Mr Bons mit leichtem Lächeln. Dann wischte er die Kuchenkrümel von seinem Bauch und erhob sich mit seiner Tochter, um aufzubrechen.

Der Junge, einem Wink seiner Mutter folgend, begleitete sie zur Gartentür. Als sie gegangen waren, ging er nicht gleich zum Haus zurück, sondern ließ seinen Blick über die Buckingham Road schweifen.

Seine Eltern wohnten am richtigen Ende der Straße. Nach Nr. 39 nahm der äußere Zustand der Häuser drastisch ab, und Nr. 64 hatte nicht einmal mehr einen eigenen Dienstboteneingang. Doch gerade hier und heute sah die ganze Straße recht hübsch aus, denn die Sonne war gerade in voller Pracht untergegangen, und die Ungleichheit der Mietverhältnisse schwand in ihrem safrangelben Nachglanz dahin. Vögel zwitscherten, und der Pendlerzug der Familienernährer fuhr mit melodischem Kreischen durch die Schneise – durch die wunderbar mit ihren Erdwällen durchs Land geschnittene Trasse, welche die ganze Stadtrandschönheit Surbitons an sich gerissen und sich gekleidet hatte mit der Anmut von Kiefer, Silberbirke und Primel wie nur irgendein Alpental. Es war diese künstliche Landschaft, die zuallererst in dem Jungen Sehnsucht geweckt hatte – Sehnsucht, die immer, wenn die Dinge wie an diesem Abend von der Sonne erleuchtet waren, wiederkehrte und in ihm auf-

down inside him, up and down, up and down, till he would feel quite unusual all over, and as likely as not would want to cry. This evening he was even sillier, for he slipped across the road towards the sign-post and began to run up the blank alley.

The alley runs between high walls – the walls of the gardens of "Ivanhoe" and "Belle Vista" respectively. It smells a little all the way, and is scarcely twenty yards long, including the turn at the end. So not unnaturally the boy soon came to a standstill. "I'd like to kick that Shelley," he exclaimed, and glanced idly at a piece of paper which was pasted on the wall. Rather an odd piece of paper, and he read it carefully before he turned back. This is what he read:

S. AND C. R. C. C.
Alteration in Service

Owing to lack of patronage the Company are regretfully compelled to suspend the hourly service, and to retain only the

Sunrise and Sunset Omnibuses,

which will run as usual. It is to be hoped that the public will patronize an arrangement which is intended for their convenience. As an extra inducement, the Company will, for the first time, now issue

Return Tickets!

(available one day only), which may be obtained of the driver. Passengers are again reminded that *no tickets are issued at the other end*, and that no complaints in this connexion will receive consideration from the Company. Nor will the Company be responsible for any negligence or stupidity on the part of Passengers, nor for Hail-storms, Lightning, Loss of Tickets, nor for any Act of God.

For the Direction.

stieg und niedersank, auf und nieder, auf und nieder, bis er sich durch und durch sonderbar fühlte, so als ob er weinen wollte. Diesen Abend war er sogar noch verrückter, denn er schlüpfte auf die Straße und lief hinüber zu dem Wegweiser und in die Sackgasse hinein.

Die Gasse verläuft zwischen hohen Mauern – das heißt, zwischen den Grundstücksmauern von «Ivanhoe» und «Bella Vista». Sie riecht ein bißchen muffig und ist kaum zwanzig Meter lang, einschließlich des kleinen Wendekreises am Ende. So kam der Junge naheliegenderweise bald zum Stillstand. «Ich könnte dem Shelley eine runterhauen», rief er und schaute beiläufig auf ein Stück Papier, das an die Mauer geheftet war. Ein ziemlich merkwürdiges Stück Papier, und er las es aufmerksam durch, bevor er umkehrte:

S. und S.S.V.G.

Änderung im Fahrplan

In Ermangelung von Kundschaft sieht sich die Gesellschaft zu ihrem Bedauern gezwungen, den stündlichen Fahrbetrieb einzustellen und nur die

Omnibusse bei Sonnenauf- und untergang

aufrecht zu erhalten, die unverändert fahren werden. Es ist zu hoffen, daß das Publikum diese Regelung unterstützen wird, die seiner Bequemlichkeit dienen soll. Als besonderen Anreiz gibt die Gesellschaft zum ersten Mal

Rückfahrscheine!

aus (nur für einen Tag gültig), die beim Fahrer gelöst werden können. Wir erinnern unsere Fahrgäste erneut daran, daß *an der Endstation keine Fahrscheine ausgegeben werden* und daß keiner diesbezüglichen Beschwerde von der Gesellschaft Beachtung geschenkt wird. Die Gesellschaft haftet weder für Nachlässigkeit oder Unwissenheit der Fahrgäste, noch für Hagelstürme, Blitze, Verlust der Fahrscheine oder Einwirkungen höherer Gewalt.

Im Namen der Direktion.

Now, he had never seen this notice before, nor could he imagine where the omnibus went to. S. of course was for Surbiton, and R.C.C. meant Road Car Company. But what was the meaning of the other C.? Coombe and Malden, perhaps, or possibly "City". Yet it could not hope to compete with the South-Western. The whole thing, the boy reflected, was run on hopelessly unbusiness-like lines. Why no tickets from the other end? And what an hour to start! Then he realized that unless the notice was a hoax, an omnibus must have been starting just as he was wishing the Bonses goodbye. He peered at the ground through the gathering dusk, and there he saw what might or might not be the marks of wheels. Yet nothing had come out of the alley. And he had never seen an omnibus at any time in the Buckingham Park Road. No: it must be a hoax, like the sign-posts, like the fairy-tales, like the dreams upon which he would wake suddenly in the night. And with a sigh he stepped from the alley – right into the arms of his father.

Oh, how his father laughed! "Poor, poor Popsey!" he cried. "Diddums! Diddums! Diddums think he'd walky-palky up to Evvink!" And his mother, also convulsed with laughter, appeared on the steps of Agathox Lodge. "Don't, Bob!" she gasped. "Don't be so naughty! Oh, you'll kill me! Oh, leave the boy alone!"

But all that evening the joke was kept up. The father implored to be taken too. Was it a very tiring walk? Need one wipe one's shoes on the door-mat? And the boy went to bed feeling faint and sore, and thankful for only one thing – that he had not said a word about the omnibus. It *was* a hoax, yet through his dreams it grew more and more real, and the streets of Surbiton, through which he saw it driving, seemed instead to become hoaxes and shadows.

Er hatte diesen Anschlag nie zuvor gesehen, noch konnte er sich vorstellen, wohin der Omnibus fuhr. S. stand natürlich für Surbiton, und S.V.G. für Straßen-Verkehrs-Gesellschaft. Aber was hieß das andere S.? Schöner Reisen, vielleicht, oder möglicherweise «Stadt». Freilich konnte das hier nicht mit der *South-Western* konkurrieren. Das Ganze, überlegte der Junge, wurde hoffnungslos unprofessionell betrieben. Warum keine Fahrscheine an der Endstation? Und was für eine Abfahrtszeit! Dann wurde ihm klar, daß, sofern der Zettel kein bloßer Witz war, ein Omnibus gerade in dem Moment losgefahren sein mußte, als er sich von der Familie Bons verabschiedet hatte. Er sah durch das zunehmende Dämmerdunkel auf den Boden, und dort bemerkte er Spuren, die vielleicht Räderspuren waren, vielleicht auch nicht. Aber nichts war aus der Gasse herausgekommen. Und nie und zu keiner Zeit hatte er einen Omnibus in der Buckingham Park-Road gesehen. Nein: es mußte ein Schwindel sein, genauso wie der Wegweiser, wie die Märchen, wie die Träume, aus denen er manchmal in der Nacht plötzlich erwachte. Mit einem Seufzer verließ er die Gasse und lief geradewegs in die Arme seines Vaters.

Oh, wie sein Vater lachte! «Armes, armes Hänschen klein!» rief er. «Muß i denn, muß i denn zu-um Städtele hinaus, Städtele hinaus!» Und seine Mutter, die sich ebenfalls vor Lachen bog, erschien auf den Stufen von Agathox Lodge. «Nicht, Bob!» keuchte sie. «Sei doch nicht so grob! Oh, du bringst mich noch um! Oh, laß doch den Jungen in Ruhe.»

Aber den ganzen Abend ging der Witz weiter. Der Vater bettelte darum, mitgenommen zu werden. War es ein sehr anstrengender Marsch? Mußte man seine Schuhe an der Türmatte abputzen? Der Junge ging niedergedrückt und mit wundem Herzen ins Bett, dankbar nur für eines: daß er kein Wort über den Omnibus gesagt hatte. Der Omnibus *war* ein Schwindel, doch in seinen Träumen gewann er mehr und mehr Wirklichkeit – dafür wurden die Straßen von Surbiton, durch die der Junge ihn fahren sah, Lug und

And very early in the morning he woke with a cry, for he had had a glimpse of its destination.

He struck a match, and its light fell not only on his watch but also on his calendar, so that he knew it to be half an hour to sunrise. It was pitch dark, for the fog had come down from London in the night, and all Surbiton was wrapped in its embraces. Yet he sprang out and dressed himself, for he was determined to settle once for all which was real: the omnibus or the streets. "I shall be a fool one way or the other," he thought, "until I know." Soon he was shivering in the road under the gas lamp that guarded the entrance to the alley.

To enter the alley itself required some courage. Not only was it horribly dark, but he now realized that it was an impossible terminus for an omnibus. If it had not been for a policeman, whom he heard approaching through the fog, he would never have made the attempt. The next moment he had made the attempt and failed. Nothing. Nothing but a blank alley and a very silly boy gaping at its dirty floor. It was a hoax. "I'll tell papa and mamma," he decided. "I deserve it. I deserve that they should know. I am too silly to be alive." And he went back to the gate of Agathox Lodge.

There he remembered that his watch was fast. The sun was not risen; it would not rise for two minutes. "Give the bus every chance," he thought cynically, and returned into the alley.

But the omnibus was there.

II

It had two horses, whose sides were still smoking from their journey, and its two great lamps shone through the fog against the alley's walls, changing their cobwebs and moss into tissues of fairyland. The driver was huddled up in a cape. He faced the blank wall, and how he had managed to drive in so

Trug. Sehr früh am Morgen wachte er mit einem Schrei auf, denn er hatte einen kurzen Blick vom Reiseziel erhascht.

Er zündete ein Streichholz an, und das Licht fiel nicht nur auf seine Uhr, sondern auch auf seinen Kalender, und so wußte er, daß es noch eine halbe Stunde bis Sonnenaufgang dauerte. Es war stockdunkel, da der Nebel in der Nacht von London herabgekommen war und ganz Surbiton umarmt hatte. Dennoch sprang er aus dem Bett und zog sich an, denn er war entschlossen, ein für allemal klarzustellen, was wirklich war: der Omnibus oder die Straßen. «So oder so bin ich angeschmiert», dachte er, «bis ich es weiß.» Bald stand er, vor Kälte zitternd, auf der Straße unter einer Gaslaterne, die an der Einfahrt in die Gasse Wache hielt.

Die Gasse selber zu betreten, erforderte einigen Mut. Nicht nur war sie entsetzlich düster, sondern der Junge erkannte auch, daß sie ein unmöglicher Halteplatz für einen Omnibus war. Ohne den Polizisten, den er durch den Nebel näherkommen hörte, hätte er den Versuch nicht unternommen. Im nächsten Augenblick war der Versuch gewagt und fehlgeschlagen. Nichts als eine Sackgasse und ein höchst alberner Junge, der den schmutzigen Boden anstarrte. Es war ein Schwindel. «Ich werd's Papa und Mama erzählen», entschied er. «Ich hab's verdient, es geschieht mir ganz recht, wenn sie's erfahren. Ich bin blöder als die Polizei erlaubt.» Und er ging zur Pforte von Agathox Lodge zurück.

Dort fiel ihm ein, daß seine Uhr vorging. Die Sonne war noch nicht aufgegangen; sie hatte noch mindestens zwei Minuten. «Gib dem Bus noch ne Chance», dachte er spöttisch und kehrte noch einmal zur Gasse um.

Und dort stand der Omnibus.

II

Er wurde von zwei Pferden gezogen, deren Flanken noch von der Reise dampften, und seine zwei großen Lampen leuchteten durch den Nebel auf die Gassenmauern und verwandelten Spinnweben und Moos in Feenland-Gewebe. Der Kutscher saß in ein Cape eingemummt, mit Blick auf die kahle Mauer; wie er es geschafft hatte, so geschickt und so

neatly and so silently was one of the many things that the boy never discovered. Nor could he imagine however he would drive out.

"Please," his voice quavered through the foul brown air. "Please, is that an omnibus?"

"Omnibus est," said the driver, without turning round. There was a moment's silence. The policeman passed, coughing, by the entrance of the alley. The boy crouched in the shadow, for he did not want to be found out. He was pretty sure, too, that it was a Pirate; nothing else, he reasoned, would go from such odd places and at such odd hours.

"About when do you start?" He tried to sound nonchalant.

"At sunrise."

"How far do you go?"

"The whole way."

"And can I have a return ticket which will bring me all the way back?"

"You can."

"Do you know, I half think I'll come."

The driver made no answer. The sun must have risen, for he unhitched the brake. And scarcely had the boy jumped in before the omnibus was off.

How? Did it turn? There was no room. Did it go forward? There was a blank wall. Yet it was moving – moving at a stately pace through the fog, which had turned from brown to yellow. The thought of warm bed and warmer breakfast made the boy feel faint. He wished he had not come. His parents would not have approved. He would have gone back to them if the weather had not made it impossible. The solitude was terrible; he was the only passenger. And the omnibus, though well-built, was cold and somewhat musty. He drew his coat round him, and in so doing chanced to feel his pocket. It was empty. He had forgotten his purse.

"Stop!" he shouted. "Stop!" And then, being of

leise hereinzufahren, war eine der vielen Fragen, auf die der Junge keine Antwort wußte. Auch konnte er sich nicht vorstellen, wie der Omnibus hier herauskommen sollte.

«Verzeihung», seine Stimme zitterte in der schmutzigen braunen Luft. «Verzeihung, ist das ein Omnibus?»

«Omnibus est», sagte der Fahrer, ohne sich umzudrehen. Einen Augenblick lang herrschte Stille. Der Polizist ging hustend an der Einfahrt zur Gasse vorüber. Der Junge duckte sich in den Schatten, denn er wollte nicht entdeckt werden. Er war sich auch ziemlich sicher, daß der Omnibus schwarz fuhr; sonst würde er nicht, überlegte er, von so abgelegenen Orten und zu so seltsamen Zeiten fahren.

«Wann werden Sie losfahren?» Er versuchte, gelassen zu klingen.

«Bei Sonnenaufgang.»

«Wie weit fahren Sie?»

«Die ganze Strecke.»

«Und es gibt eine Rückfahrkarte, mit der ich die ganze Strecke wieder zurückfahren kann?»

«Die gibt es.»

«Wissen Sie, ich glaube fast, ich komme mit.»

Der Fahrer antwortete nicht. Die Sonne mußte aufgegangen sein, denn er löste die Bremse. Und kaum sprang der Junge hinein, war der Omnibus schon unterwegs.

Aber wie? Hattte er gewendet? Es gab keinen Platz dafür. Und da war die Mauer am Ende der Sackgasse. Doch er fuhr – er bewegte sich mit stattlichem Tempo durch den Nebel, der sich von braun in gelb verfärbte. Der Gedanke an ein warmes Bett und ein noch wärmeres Frühstück ließen den Jungen schwach werden. Er wünschte, er wäre nicht hergekommen. Seine Eltern würden es nicht gutheißen. Er wäre zu ihnen zurückgekehrt, wenn das Wetter es nicht unmöglich gemacht hätte. Die Einsamkeit war grauenhaft; er war der einzige Fahrgast. Und der Omnibus, obwohl solide gebaut, war kalt und etwas modrig. Der Junge zog den Mantel enger um sich, und dabei streifte er zufällig seine Tasche. Sie war leer. Er hatte seine Geldbörse vergessen.

«Halt!» rief er. «Halt!» Doch dann, da er von Natur aus

a polite disposition, he glanced up at the painted notice-board so that he might call the driver by name. "Mr Browne! stop; oh, do please stop!"

Mr Browne did not stop, but he opened a little window and looked in at the boy. His face was a surprise, so kind it was and modest.

"Mr Browne, I've left my purse behind. I've not got a penny. I can't pay for the ticket. Will you take my watch, please? I am in the most awful hole."

"Tickets on this line," said the driver, "whether single or return, can be purchased by coinage from no terrene mint. And a chronometer, though it had solaced the vigils of Charlemagne or measured the slumbers of Laura, can acquire by no mutation the doublecake that charms the fangless Cerberus of Heaven!"

So saying, he handed in the necessary ticket, and, while the boy said "Thank you," continued: "Titular pretensions, I know it well, are vanity. Yet they merit no censure when uttered on a laughing lip, and in an homonymous world are in some sort useful, since they do serve to distinguish one Jack from his fellow. Remember me, therefore, as Sir Thomas Browne."

"Are you a Sir? Oh, sorry!" He had heard of these gentlemen drivers. "It *is* good of you about the ticket. But if you go on at this rate, however does your bus pay?"

"It does not pay. It was not intended to pay. Many are the faults of my equipage; it is compounded too curiously of foreign woods, its cushions tickle erudition rather than promote repose; and my horses are nourished not on the ever green pastures of the moment, but on the dried bents and clovers of Latinity. But that it pays! – that error at all events was never intended and never attained."

"Sorry again," said the boy rather hopelessly.

höflich war, schaute er auf die handbeschriftete Holztafel, so daß er den Fahrer beim Namen nennen konnte. «Mr Browne! Halten Sie; ach, bitte, halten Sie doch an!»

Mr Browne hielt nicht an, aber er öffnete ein kleines Fenster und sah zu dem Jungen hinein. Sein Gesicht war überraschend freundlich und ohne Hochmut.

«Mr Browne, ich habe meine Geldbörse vergessen. Ich habe keinen Penny dabei. Ich kann die Fahrkarte nicht bezahlen. Würden Sie meine Uhr annehmen, bitte? Ich bin in einer furchtbaren Klemme.»

«Auf dieser Linie», sagte der Fahrer, «können Fahrkarten, einfach oder hin und zurück, mit keiner irdischen Münze gelöst werden. Und kein Chronometer, möchte er auch den Nachtwachen Karls des Großen zum Troste gereicht oder den Schlummer Lauras gemessen haben, taugt durch welche Anverwandlung auch immer zum Erwerb jenes besonderen Kuchens, welcher dem zahnlosen Cerberus im Himmel schmeckt.» Damit reichte er die erforderliche Fahrkarte hinein. Während sich der Junge bedankte, fuhr er fort: «Mit dem Titel angeredet werden zu wollen, ist, wie ich wohl weiß, ein Zeichen von Eitelkeit. Indessen verdient es, wenn lächelnd vorgetragen, keinen Tadel, und in einer Welt gleicher Namen mag es nicht ohne Nutzen sein, da es dazu dient, den einen Jakob vom anderen zu unterscheiden. Merke dir mich daher als Sir Thomas Browne.»

«Sie sind ein Sir? Oh, Entschuldigung!» Er hatte von solchen Gentleman-Fahrern gehört. «Das mit der Fahrkarte ist furchtbar nett von Ihnen. Aber wenn Sie auf diese Weise weitermachen, wie soll Ihr Bus je Geld abwerfen?»

«Er wirft kein Geld ab. Er ist nicht dafür vorgesehen. Der Mängel meines Wagens sind viele; er ist zu wunderlich aus fremdländischen Hölzern zusammengesetzt; seine Kissen kommen der Belesenheit zugute statt Ruhe zu befördern; und meine Pferde nähren sich nicht von den immergrünen Weiden des Jetzt, sondern vom dürren Gras und Klee der lateinischen Welt. Doch daß er Geld abwirft – diese Verirrung wurde jedenfalls nie bezweckt und nie begangen.»

«Nochmals Entschuldigung», sagte der Junge recht be-

Sir Thomas looked sad, fearing that, even for a moment, he had been the cause of sadness. He invited the boy to come up and sit beside him on the box, and together they journeyed on through the fog, which was now changing from yellow to white. There were no houses by the road; so it must be either Putney Heath or Wimbledon Common.

"Have you been a driver always?"

"I was a physician once."

"But why did you stop? Weren't you good?"

"As a healer of bodies I had scant success, and several score of my patients preceded me. But as a healer of the spirit I have succeeded beyond my hopes and my deserts. For though my draughts were not better nor subtler than those of other men, yet, by reason of the cunning goblets wherein I offered them, the queasy soul was ofttimes tempted to sip and be refreshed."

"The queasy soul," he murmured; "if the sun sets with trees in front of it, and you suddenly come strange all over, is that a queasy soul?"

"Have you felt that?"

"Why yes."

After a pause he told the boy a little, a very little, about the journey's end. But they did not chatter much, for the boy, when he liked a person, would as soon sit silent in his company as speak, and this, he discovered, was also the mind of Sir Thomas Browne and of many others with whom he was to be acquainted. He heard, however, about the young man Shelley, who was now quite a famous person, with a carriage of his own, and about some of the other drivers who are in the service of the Company. Meanwhile the light grew stronger, though the fog did not disperse. It was now more like mist than fog, and at times would travel quickly across them, as if it was part of a cloud. They had been ascending, too,

treten. Sir Thomas machte ein trauriges Gesicht, denn er fürchtete, daß er, wenn auch nur für einen Moment, Anlaß für Kummer gewesen war. Er lud den Jungen ein, heraufzukommen und neben ihm auf dem Kutschbock zu sitzen. Nebeneinander fuhren sie weiter durch den Nebel, der nun von Gelb ins Weißliche hinüberwechselte. Keine Häuser säumten die Straße; also mußten sie entweder bei Putney Heath oder Wimbledon Common sein.

«Sind Sie immer Fahrer gewesen?»

«Ich war einmal Arzt.»

«Warum haben Sie aufgehört? Waren Sie nicht gut?»

«Im Heilen körperlicher Gebresten war mir kaum Erfolg beschieden, und einige Dutzend meiner Patienten gingen mir voraus. Aber das Heilen des Geistes gelang mir besser, als ich hoffen konnte und mir zukam. Denn obwohl meine Tränke weder besser noch feiner waren als die anderer Männer, geschah es doch der kunstvoll gearbeiteten Krüge wegen, in denen ich sie darbot, daß die empfindsame Seele mannigfach zu nippen verlockt ließ und erfrischt ward.»

«Empfindsame Seele», murmelte der Junge. «Wenn die Sonne untergeht, hinter Bäumen, und man fühlt sich so ganz seltsam, hat man dann eine empfindsame Seele?»

«Hast du dich so gefühlt?»

«Ja, genau so.»

Nach einer kurzen Pause erzählte er dem Jungen ein bißchen, ein kleines bißchen über das Ziel der Reise. Sie sprachen jedoch nicht viel, denn der Junge, wenn er jemanden mochte, saß ebenso gern schweigend mit ihm zusammen wie er mit ihm sprach. Diese Neigung entdeckte er auch bei Sir Thomas Browne und vielen anderen, die er später kennenlernte. Er erfuhr aber etwas über den jungen Mann Shelley, der mittlerweile recht berühmt war und ein eigenes Fuhrwerk unterhielt, und über einige der anderen Fahrer, die im Dienst der Gesellschaft standen. Unterdessen nahm das Licht zu, auch wenn der Nebel sich noch nicht auflöste. Es herrschte nun mehr Dunst als Nebel, und er glitt manchmal rasch über sie hin, als ob er Teil einer Wolke wäre. Der Omnibus befand sich gleichfalls auf einem höchst

in a most puzzling way; for over two hours the horses had been pulling against the collar, and even if it were Richmond Hill they ought to have been at the top long ago. Perhaps it was Epsom, or even the North Downs, yet the air seemed keener than that which blows on either. And as to the name of their destination, Sir Thomas Browne was silent.

Crash!

"Thunder, by jove!" said the boy, "and not so far off either. Listen to the echoes! It's more like mountains."

He thought, not very vividly, of his father and mother. He saw them sitting down to sausages and listening to the storm. He saw his own empty place. Then there would be questions, alarms, theories, jokes, consolations. They would expect him back at lunch. To lunch he would not come, nor to tea, but he would be in for dinner, and so his day's truancy would be over. If he had had his purse he would have bought them presents – not that he should have known what to get them.

Crash!

The peal and the lightning came together. The cloud quivered as if it were alive, and torn streamers of mist rushed past. "Are you afraid?" asked Sir Thomas Browne.

"What is there to be afraid of? Is it much farther?"

The horses of the omnibus stopped just as a ball of fire burst up and exploded with a ringing noise that was deafening but clear, like the noise of a blacksmith's forge. All the cloud was shattered.

"Oh, listen, Sir Thomas Browne! No, I mean look; we shall get a view at last. No, I mean listen; that sounds like a rainbow!"

The noise had died into the faintest murmur, beneath which another murmur grew, spreading stealthily, steadily, in a curve that widened but did

verwunderlichen Aufstieg; seit über zwei Stunden schon zogen die Pferde gegen ihr Geschirr an, und selbst wenn es Richmond Hill war, so hätten sie längst oben angelangt sein müssen. Vielleicht waren es die Hügel von Epsom oder sogar die North Downs; doch der Wind blies hier schneidender als auf diesen beiden. Und was den Namen ihres Reiseziels anbetraf, schwieg Sir Thomas Browne sich aus.

Krach!

«Donner, bei Jupiter!» sagte der Junge. «Und auch noch ganz nah. Hör sich einer die Echos an! Fast wie in den Bergen.»

Er dachte, nicht allzu intensiv, an seine Eltern. Er sah seinen eigenen leeren Stuhl. Dann würde es Fragen geben, Besorgnisse, Vermutungen, Scherze. Sie würden sich trösten und ihn mittags zurückerwarten. Zu Mittag würde er nicht kommen, auch nicht zum Tee, aber zum Abendessen würde er da sein, und das Schul- und Pflichtversäumnis dieses Tages würde ein Ende haben. Wenn er seine Geldbörse dabei gehabt hätte, würde er ihnen Geschenke gekauft haben – er hätte freilich nicht gewußt, was er für sie besorgen sollte.

Krach!

Donnerschlag und Blitz kamen gleichzeitig. Die Wolke zuckte, als ob sie lebendig wäre, und Fetzen von Dunstschleiern sausten vorbei. «Hast du Angst?» fragte Sir Thomas Browne.

«Vor was sollte ich denn Angst haben? Ist es noch sehr weit?»

Die Omnibus-Pferde hielten in dem Augenblick, als ein Feuerball auseinanderflog, mit schallendem Getöse explodierte, ohrenbetäubend und doch klar wie der Lärm eines Schmiedehammers. Die ganze Wolke war zerstoben.

«Hej, Sir Thomas Browne, hören Sie! Nein, ich meine, schauen Sie; wir kriegen doch noch was zu sehen. Nein, ich meine, hören Sie; das klingt nach einem Regenbogen!»

Das Getöse war zu einem schwachen Gemurmel geworden, hinter dem ein neues Grummeln aufstieg, das sich heimlich ausbreitete, stetig in einem Kreis, der sich weitete,

not vary. And in widening curves a rainbow was spreading from the horses' feet into the dissolving mists.

"But how beautiful! What colours! Where will it stop? It is more like the rainbows you can tread on. More like dreams."

The colour and the sound grew together. The rainbow spanned an enormous gulf. Clouds rushed under it and were pierced by it, and still it grew, reaching forward, conquering the darkness, until it touched something that seemed more solid than a cloud.

The boy stood up. "What is that out there?" he called. "What does it rest on, out at that other end?"

In the morning sunshine a precipice shone forth beyond the gulf. A precipice – or was it a castle? The horses moved. They set their feet upon the rainbow.

"Oh, look!" the boy shouted. "Oh, listen! Those caves or are they gateways? Oh, look between those cliffs at those ledges. I see people! I see trees!"

"Look also below," whispered Sir Thomas. "Neglect not the diviner Acheron."

The boy looked below, past the flames of the rainbow that licked against their wheels. The gulf also had cleared, and in its depths there flowed an everlasting river. One sunbeam entered and struck a green pool, and as they passed over he saw three maidens rise to the surface of the pool, singing, and playing with something that glistened like a ring.

"You down in the water –" he called.

They answered, "You up on the bridge –" There was a burst of music. "You up on the bridge, good luck to you. Truth in the depth, truth on the height."

"You down in the water, what are you doing?"

Sir Thomas Browne replied: "They sport in the mancipiary possession of their gold"; and the omnibus arrived.

aber nicht veränderte. Und in einer immer größer werdenden Kurve spannte sich ein Regenbogen von den Hufen der Pferde in die verfliegenden Dünste hinaus.

«Oh, wie schön! Was für Farben! Wo hört er auf? Er ist fast wie diese Regenbogen, auf denen man laufen kann. Wie im Traum.»

Farbe und Laut wurden eins. Der Regenbogen überspannte einen gewaltigen Abgrund. Wolken eilten unter ihm hindurch und wurden von ihm durchdrungen, und immer noch wurde er größer, griff nach vorne aus und besiegte die Dunkelheit, bis er etwas berührte, das fester zu sein schien als ein Wolke.

Der Junge stand auf. «Was ist das da vorn?» fragte er. «Wo steht er drauf, da am anderen Ende?»

In der Morgensonne glänzte jenseits der Schlucht ein steil abstürzender Felsen auf – oder war es eine Burg? Die Pferde bewegten sich. Sie setzten ihre Hufe auf den Regenbogen.

«Oh, sehen Sie!» rief der Junge. «Oh, hören Sie! Diese Höhlen – oder sind es Tore? Und sehen Sie nur zwischen diesen Klippen am Felsvorsprung. Ich sehe Menschen! Ich sehe Bäume!»

«Schau auch nach unten», flüsterte Sir Thomas. «Übersieh nicht den wahrsagenden Acheron.»

Der Junge blickte nach unten, vorbei an den Flammen des Regenbogens, die über die Räder leckten. Der Abgrund war ebenfalls aufgeklart, und in seinen Tiefen floß ein ewigströmender Fluß. Ein Sonnenstrahl drang hinunter und beleuchtete einen grünen Teich, und als sie darüber hinfuhren, sah der Junge drei Mädchen am Wasserspiegel auftauchen. Sie sangen und spielten mit etwas, das wie ein Ring glitzerte.

«Ihr da unten im Wasser...» rief er.

Sie antworteten: «Du da oben auf der Brücke...» Ein Schwall von Musik erklang. «Du auf der Brücke, Glück dir. Wahrheit in der Tiefe, Wahrheit auf der Höhe.»

«Ihr da unten im Wasser, was tut ihr da?»

Sir Thomas Browne antwortete: «Sie ergötzen sich am müßigen Besitz ihres Goldes.» Der Omnibus kam an.

III

The boy was in disgrace. He sat locked up in the nursery of Agathox Lodge, learning poetry for a punishment. His father had said, "My boy! I can pardon anything but untruthfulness," and had caned him, saying at each stroke, "There is *no* omnibus, *no* driver, no bridge, *no* mountain, you are a *truant*, a *gutter-snipe*, a *liar*." His father could be very stern at times. His mother had begged him to say he was sorry. But he could not say that. It was the greatest day of his life, in spite of the caning and the poetry at the end of it.

He had returned punctually at sunset – driven not by Sir Thomas Browne, but by a maiden lady who was full of quiet fun. They had talked of omnibuses and also of barouche landaus. How far away her gentle voice seemed now! Yet it was scarcely three hours since he had left her up the alley.

His mother called through the door. "Dear, you are to come down and to bring your poetry with you."

He came down, and found that Mr Bons was in the smoking-room with his father. It had been a dinner party.

"Here is the great traveller!" said his father grimly. "Here is the young gentleman who drives in an omnibus over rainbows, while young ladies sing to him." Pleased with his wit, he laughed.

"After all," said Mr Bons, smiling, "there is something a little like it in Wagner. It is odd how, in quite illiterate minds, you will find glimmers of Artistic Truth. The case interests me. Let me plead for the culprit. We have all romanced in our time, haven't we?"

"Hear how kind Mr Bons is," said his mother, while his father said, "Very well. Let him say his Poem, and that will do. He is going away to my sister on Tuesday, and *she* will cure him

Der Junge war in Ungnade gefallen. Er saß im Kinderzimmer von Agathox Lodge eingeschlossen und mußte zur Strafe ein Gedicht auswendig lernen. Sein Vater hatte gesagt: «Mein Junge! Ich kann alles entschuldigen, nur nicht Unwahrhaftigkeit.» Er hatte ihn mit dem Stock geschlagen und bei jedem Hieb gesagt: «Es gibt keinen Omnibus, keinen Fahrer, keine Brücke, keinen Berg; du bist ein Schulschwänzer, ein Herumtreiber, ein Lügner.» Sein Vater konnte manchmal sehr streng sein. Die Mutter hatte den Jungen gebeten, er solle sagen, daß es ihm leidtue. Aber er konnte es nicht sagen. Es war der wunderbarste Tag seines Lebens, trotz den Prügeln und dem Gedicht am Ende.

Er war pünktlich bei Sonnenuntergang zurückgekehrt – diesmal nicht von Sir Thomas Browne, sondern von einer jungen, stillvergnügten Dame gefahren. Sie hatten über Omnibusse gesprochen und auch über Landauer. Wie weit weg war ihre sanfte Stimme jetzt! Und doch waren es keine drei Stunden, seit er sie in der Gasse verlassen hatte.

Seine Mutter rief durch die Tür. «Liebling, du sollst jetzt herunterkommen und dein Gedicht mitbringen.»

Er ging hinunter und sah Mr Bons zusammen mit seinem Vater im Raucher-Zimmer sitzen. Es hatte eine Einladung zum Abendessen gegeben.

«Hier ist der große Reisende», sagte sein Vater grimmig. «Hier ist der junge Gentleman, der in Omnibussen über Regenbögen fährt, während junge Damen zu ihm singen.» Von seinem Witz erfreut, lachte er.

«Immerhin», sagte Mr Bons lächelnd, «gibt es etwas ähnliches bei Wagner. Es ist merkwürdig, wie in völlig unwissenden Köpfen sich Andeutungen künstlerischer Wahrheit finden. Der Fall interessiert mich. Lassen Sie mich ein Wort für den Übeltäter einlegen. Wir haben doch alle Geschichten erfunden zu unserer Zeit, oder nicht?»

«Hör nur, wie freundlich Mr Bons ist», sagte seine Mutter, während sein Vater sagte: «Also schön. Lassen Sie ihn sein Gedicht aufsagen, und damit soll's genug sein. Er wird am Dienstag zu meiner Schwester fahren, und *sie* wird

of this alley-slopering." (Laughter.) "Say your Poem."

The boy began. "'Standing aloof in giant ignorance.'"

His father laughed again – roared. "One for you, my son! 'Standing aloof in giant ignorance!' I never knew these poets talked sense. Just describes you. Here, Bons, you go in for poetry. Put him through it, will you, while I fetch up the whisky?"

"Yes, give me the Keats," said Mr Bons. "Let him say his Keats to me."

So for a few moments the wise man and the ignorant boy were left alone in the smoking-room.

"'Standing aloof in giant ignorance, of thee I dream and of the Cyclades, as one who sits ashore and longs perchance to visit–'"

"Quite right. To visit what?"

"'To visit dolphin coral in deep seas,'" said the boy, and burst into tears.

"Come, come! why do you cry?"

"Because – because all these words that only rhymed before, now that I've come back they're me."

Mr Bons laid the Keats down. The case was more interesting than he had expected. "*You?*" he exclaimed. "This sonnet, *you?*"

"Yes – and look farther on: 'Aye, on the shores of darkness there is light, and precipices show untrodden green.' It is so, sir. All these things are true."

"I never doubted it," said Mr Bons, with closed eyes.

"You – then you believe me? You believe in the omnibus and the driver and the storm and that return ticket I got for nothing and –"

"Tut, tut! No more of your yarns, my boy. I meant that I never doubted the essential truth of Poetry. Some day, when you have read more, you will understand what I mean."

ihn von seinem Gassenwahn heilen.» (Gelächter.) «Sag dein Gedicht.»

Der Junge begann. «‹Fernab in großer Einfalt steh ich...›»

Sein Vater lachte wieder – brüllte vor Lachen. «Das ist für dich, mein Sohn! ‹Fernab in großer Einfalt...!› Ich hab gar nicht gewußt, daß diese Dichter auch was Vernünftiges von sich gegeben haben. Beschreibt haargenau dich. Hier, Bons, Sie haben es doch mit der Dichtkunst. Ziehen Sie es mit ihm durch, ja?, während ich den Whisky raufhole.»

«Ja, geben Sie mir den Keats», sagte Mr Bons. «Lassen Sie ihn seinen Keats mir aufsagen.»

So waren für ein paar Momente der weise Mann und der unwissende Junge allein im Raucher-Zimmer.

«‹Fernab in großer Einfalt stehe ich, von dir und den Kykladen träumend, wie einer, der am Ufer sitzet und sich sehnt...›»

«Ganz richtig. Nach was sich sehnt?»

«‹Die Korallen und Delphine in tiefen Meeren zu besuchen›», sagte der Junge und brach in Tränen aus.

«Na, komm schon! Was weinst du?»

«Weil – weil all diese Wörter, die früher nichts als Reime waren – jetzt, wo ich zurückgekommen bin, da sind sie ich selber.»

Mr Bons legte den Keats hin. Der Fall war interessanter, als er erwartet hatte. «*Du selber?*» rief er aus. «Dieses Sonett *du*?»

«Ja – und sehen Sie, es geht weiter: ‹Ja, auf den Ufern der Dunkelheit ist Licht, und Abgründe zeigen unbetretnes Grün.› Es ist so, Sir. All diese Dinge sind wahr.»

«Ich habe nie daran gezweifelt», sagte Mr Bons mit geschlossenen Augen.

«Dann – dann glauben Sie mir also? Sie glauben an den Omnibus und an den Fahrer und den Sturm und die Rückfahrkarte, die ich umsonst bekam, und...»

«Tss, tss. Nichts mehr von deinen Geschichten, mein Junge. Ich wollte sagen, daß ich nie die essentielle Wahrheit der Dichtkunst bezweifelt habe. Eines Tages, wenn du mehr gelesen hast, wirst du verstehen, was ich meine.»

"But, Mr Bons, it *is* so. There *is* light upon the shores of darkness. I have seen it coming. Light and a wind."

"Nonsense," said Mr Bons.

"If I had stopped! They tempted me. They told me to give up my ticket – for you cannot come back if you lose your ticket. They called from the river for it, and indeed I was tempted, for I have never been so happy as among those precipices. But, I thought of my mother and father, and that I must fetch them. Yet they will not come, though the road starts opposite our house. It has all happened as the people up there warned me, and Mr Bons has disbelieved me like every one else. I have been caned. I shall never see that mountain again."

"What's that about me?" said Mr Bons sitting up in his chair very suddenly.

"I told them about you, and how clever you were, and how many books you had, and they said, 'Mr Bons will certainly disbelieve you.'"

"Stuff and nonsense, my young friend. You grow impertinent. I – well – I will settle the matter. Not a word to your father. I will cure you. To-morrow evening I will myself call here to take you for a walk, and at sunset we will go up this alley opposite and hunt for your omnibus, you silly little boy."

His face grew serious, for the boy was not disconcerted, but leapt about the room singing, "Joy! joy! I told them you would believe me. We will drive together over the rainbow. I told them that you would come."

After all, could there be anything in the story? Wagner? Keats? Shelley? Sir Thomas Browne? Certainly the case was interesting.

And on the morrow evening, though it was pouring with rain, Mr Bons did not omit to call at Agathox Lodge.

«Aber, Mr Bons, es ist so. Es *gibt* dieses Licht auf den Ufern der Dunkelheit. Ich habe gesehen, wie es aufging. Licht und Wind.»

«Unsinn», sagte Mr Bons.

«Wäre ich nur dageblieben! Die da oben wollten mich dazu bewegen. Sie sagten, ich solle meine Fahrkarte loslassen – denn man kann nicht mehr zurück, wenn man sie verliert. Sie riefen das vom Fluß her und ich war wirklich drauf und dran, denn ich war noch nie so glücklich wie zwischen diesen Klippen. Aber ich dachte an Mutter und Vater, und daß ich sie holen muß. Doch sie werden nicht mitkommen, obwohl der Weg gegenüber unserem Haus losgeht. Es war alles so, wie die da oben mich gewarnt haben, und Mr Bons hat mir nicht geglaubt, wie alle anderen. Ich bin geprügelt worden. Ich werde diesen Berg nie wiedersehen.»

«Was war mit mir?» fragte Mr Bons und setzte sich ruckartig in seinem Sessel auf.

«Ich habe von Ihnen erzählt und wie klug Sie sind und wie viele Bücher Sie haben, und sie sagten, ‹Mr Bons wird dir bestimmt nicht glauben›».

«Dummes Zeug und Unsinn, mein junger Freund. Du wirst unverschämt. Ich – nun gut –, ich werde die Sache klären. Kein Wort davon zu deinem Vater. Ich werde dich heilen. Morgen abend komme ich höchstpersönlich hier vorbei, um dich auf einen Spaziergang mitzunehmen, und bei Sonnenuntergang gehen wir in diese Gasse gegenüber und suchen deinen Omnibus, du dummer kleiner Junge.»

Sein Gesicht wurde ernst, denn der Junge war keineswegs aus der Fassung gebracht, vielmehr hüpfte er durchs Zimmer und sang: «Toll! Toll! Ich habe denen da oben gesagt, daß Sie mir glauben würden. Wir werden zusammen über den Regenbogen fahren. Ich habe ihnen gesagt, daß Sie mitkommen würden.»

War am Ende doch etwas dran an der Geschichte? Wagner? Keats? Shelley? Sir Thomas Browne? Ohne Zweifel, der Fall war interessant.

Am nächsten Abend, obwohl es in Strömen regnete, versäumte Mr Bons nicht, in Agathox Lodge vorbeizuschauen.

The boy was ready, bubbling with excitement, and skipping about in a way that rather vexed the President of the Literary Society. They took a turn down Buckingham Park Road, and then – having seen that no one was watching them – slipped up the alley. Naturally enough (for the sun was setting) they ran straight against the omnibus.

"Good heavens!" exclaimed Mr Bons. "Good gracious heavens!"

It was not the omnibus in which the boy had driven first, nor yet that in which he had returned. There were three horses – black, grey, and white, the grey being the finest.

The driver, who turned round at the mention of goodness and of heaven, was a sallow man with terrifying jaws and sunken eyes. Mr Bons, on seeing him, gave a cry as if of recognition, and began to tremble violently.

The boy jumped in.

"Is it possible?" cried Mr Bons. "Is the impossible possible?"

"Sir; come in, sir. It is such a fine omnibus. Oh, here is his name – Dan someone."

Mr Bons sprang in too. A blast of wind immediately slammed the omnibus door, and the shock jerked down all the omnibus blinds, which were very weak on their springs.

"Dan ... Show me. Good gracious heavens! we're moving."

"Hooray!" said the boy.

Mr Bons became flustered. He had not intended to be kidnapped. He could not find the door-handle nor push up the blinds. The omnibus was quite dark, and by the time he had struck a match, night had come on outside also. They were moving rapidly.

"A strange, a memorable adventure," he said, surveying the interior of the omnibus, which was large, roomy, and constructed with extreme regular-

Der Junge war bereit. Er sprudelte über vor Aufregung und sprang in einer Weise umher, die den Präsidenten der Literarischen Gesellschaft eher verdroß. Sie gingen ein Stück auf der Buckingham Park Road; nachdem sie festgestellt hatten, daß niemand sie beobachtete, schlüpften sie in die Gasse. Und wenig überraschend (denn die Sonne ging gerade unter) stießen sie gleich auf den Omnibus.

«Gütiger Himmel», rief Mr Bons. «Du großer gütiger Himmel!»

Es war nicht der Omnibus, in dem der Junge das erste Mal gefahren, und auch nicht der, in dem er zurückgekehrt war. Dieser hatte drei Pferde – ein schwarzes, ein graues und ein weißes, von denen das graue das edelste war. Der Fahrer, der sich bei der Erwähnung von Güte und Himmel umwandte, war ein bleicher Mann mit angsteinflößenden Kinnladen und eingesunkenen Augen. Mr Bons, kaum daß er ihn sah, gab einen Schrei von sich, als ob er ihn wiedererkannte, und begann heftig zu zittern.

Der Junge sprang hinein.

«Ist es die Möglichkeit?» rief Mr Bons. «Ist das Unmögliche möglich?»

«Sir, kommen Sie, Sir. Es ist so ein schöner Omnibus. Ach, hier steht sein Name – Dan irgendwer.»

Mr Bons sprang ebenfalls hinein. Ein Windstoß schlug unmittelbar darauf die Omnibustür zu, und die Erschütterung ließ die Fensterblenden herabsausen, deren Zugfedern ausgeleiert waren.

«Dan...Zeig mir. Großer gütiger Himmel! Wir fahren.»

«Hurra!» rief der Junge.

Mr Bons wurde nervös. Er hatte nicht vorgehabt, entführt zu werden. Er konnte weder den Türgriff finden noch die Fensterblenden hochschieben. Der Omnibus war vollkommen dunkel, und als er schließlich ein Streichholz angezündet hatte, war draußen auch Nacht geworden. Sie fuhren schnell.

«Ein seltsames, ein denkwürdiges Abenteuer», sagte er und musterte eingehend den Innenraum des Wagens, der groß, geräumig und ungemein symmetrisch ausgestattet

ity, every part exactly answering to every other part. Over the door (the handle of which was outside) was written, "Lasciate ogni baldanza voi che entrate" – at least, that was what was written, but Mr Bons said that it was Lashy arty something, and that baldanza was a mistake for speranza. His voice sounded as if he was in church. Meanwhile, the boy called to the cadaverous driver for two return tickets. They were handed in without a word. Mr Bons covered his face with his hand and again trembled. "Do you know who that is!" he whispered, when the little window had shut upon them. "It is the impossible."

"Well, I don't like him as much as Sir Thomas Browne, though I shouldn't be surprised if he had even more in him."

"More in him?" He stamped irritably. "By accident you have made the greatest discovery of the century, and all you can say is that there is more in this man. Do you remember those vellum books in my library, stamped with red lilies? This – sit still, I bring you stupendous news l – *this is the man who wrote them.*"

The boy sat quite still. "I wonder if we shall see Mrs Gamp?" he asked, after a civil pause.

"Mrs –?"

"Mrs Gamp and Mrs Harris. I like Mrs Harris. I came upon them quite suddenly. Mrs Gamp's bandboxes have moved over the rainbow so badly. All the bottoms have fallen out, and two of the pippins off her bedstead tumbled into the stream."

"Out there sits the man who wrote my vellum books!" thundered Mr Bons, "and you talk to me of Dickens and of Mrs Gamp?"

"I know Mrs Gamp so well," he apologized. "I could not help being glad to see her. I recognized her voice. She was telling Mrs Harris about Mrs Prig."

war, jedes Teil darin einem anderen genauestens entsprechend. Über der Tür (deren Griff sich draußen befand) stand geschrieben: «Lasciate ogni baldanza voi che entrate» – zumindest war es das, was da geschrieben stand, doch Mr Bons sagte, es sei eine lasche Art Irgendwas und daß baldanza fälschlich für speranza dort stehe. Seine Stimme klang, als ob er in der Kirche wäre. Währenddessen bat der Junge den leichenhaften Fahrer um zwei Rückfahrkarten. Sie wurden wortlos hereingereicht. Mr Bons schlug seine Hände vors Gesicht und zitterte erneut. «Weißt du, wer das ist?» flüsterte er, als das Fenster über ihnen geschlossen war. «Es ist nicht möglich.»

«Na, ich hab ihn nicht so gern wie Sir Thomas Browne, aber es würde mich nicht wundern, wenn sogar noch mehr in ihm steckt.»

«Mehr in ihm?» Er stampfte ärgerlich mit dem Fuß auf. «Du hast aus Versehen die größte Entdeckung des Jahrhunderts gemacht, und alles, was du zu sagen weißt, ist, daß mehr in diesem Mann steckt. Erinnerst du dich an die in Kalbsleder gebundenen Bücher in meiner Bibliothek, mit den roten Lilien auf dem Rücken? Dies – sitz still, ich sage dir etwas Ungeheurliches –, *dies ist der Mann, der sie geschrieben hat.*»

Der Junge saß ganz still. «Ob wir wohl Mrs Gamp treffen werden?» fragte er nach einer Höflichkeitspause.

«Mrs...?»

«Mrs Gamp und Mrs Harris. Ich mag Mrs Harris. Ich bin überraschend auf sie gestoßen. Mrs Gamps Hutschachteln haben bei der Überfahrt auf dem Regenbogen Schaden genommen. Die Böden sind herausgefallen, und zwei Holzäpfel von ihrem Bettgestell sind in den Fluß gepurzelt.»

«Draußen sitzt der Mann, der meine Kalblederbände geschrieben hat!» donnerte Mr Bons. «Und du redest mir von Dickens und Mrs Gamp?»

«Ich kenne Mrs Gamp so gut», entschuldigte sich der Junge. «Ich habe mich einfach gefreut, sie zu sehen. Ich habe ihre Stimme wiedererkannt. Sie hat Mrs Harris von Mrs Prig erzählt.»

"Did you spend the whole day in her elevating company?"

"Oh, no. I raced. I met a man who took me out beyond to a race-course. You run, and there are dolphins out at sea."

"Indeed. Do you remember the man's name?"

"Achilles. No; he was later. Tom Jones."

Mr Bons sighed heavily. "Well, my lad, you have made a miserable mess of it. Think of a cultured person with your opportunities! A cultured person would have known all these characters and known what to have said to each. He would not have wasted his time with a Mrs Gamp or a Tom Jones. The creations of Homer, of Shakespeare, and of Him who drives us now, would alone have contented him. He would not have raced. He would have asked intelligent questions."

"But, Mr Bons," said the boy humbly, "you will be a cultured person. I told them so."

"True, true, and I beg you not to disgrace me when we arrive. No gossiping. No running. Keep close to my side, and never speak to these Immortals unless they speak to you. Yes, and give me the return tickets. You will be losing them."

The boy surrendered the tickets, but felt a little sore. After all, he had found the way to this place. It was hard first to be disbelieved and then to be lectured. Meanwhile, the rain had stopped, and moonlight crept into the omnibus through the cracks in the blinds.

"But how is there to be a rainbow?" cried the boy.

"You distract me," snapped Mr Bons. "I wish to meditate on beauty. I wish to goodness I was with a reverent and sympathetic person."

The lad bit his lip. He made a hundred good resolutions. He would imitate Mr Bons all the visit. He would not laugh, or run, or sing, or do any of the vulgar things that must have disgusted his

«Hast du den ganzen Tag in ihrer erhebenden Gesellschaft verbracht?»

«Oh, nein. Ich war beim Wettlaufen. Ich habe einen Mann getroffen, der mich rüber zu einer Rennbahn mitgenommen hat. Man rennt dort, und draußen im Meer sind Delphine.»

«Tatsächlich. Weißt du noch den Namen von dem Mann?»

«Achill. Nein, der kam später. Tom Jones.»

Mr Bons seufzte tief. «Also, Junge, du hast die Sache vollkommen falsch angefangen. Stell dir einen gebildeten Menschen mit solchen Möglichkeiten vor, wie du sie hattest. Ein gebildeter Mensch hätte all diese Persönlichkeiten gekannt und gewußt, was er ihnen schuldig ist. Er hätte seine Zeit nicht mit einer Mrs Gamp oder einem Tom Jones vergeudet. Die Schöpfungen von Homer, von Shakespeare, von Ihm, der uns jetzt fährt, hätten ihm vollauf genügt. Er hätte an keinem Rennen teilgenommen, sondern kluge Fragen gestellt.»

«Aber Mr Bons», sagte der Junge demütig, «Sie sind doch dieser gebildete Mensch. Das habe ich ihnen gesagt.»

«Wohl wahr, und ich bitte dich, mir keine Schande zu machen, wenn wir ankommen. Kein Schwatzen. Kein Rennen. Bleib eng an meiner Seite, und sprich nie zu diesen Unsterblichen, bevor sie dich anreden. Ja, und gib mir die Rückfahrkarten. Du wirst sie nur verlieren.»

Der Junge übergab die Fahrkarten und fühlte sich etwas verletzt. Immerhin hatte er den Weg hierher gefunden. Es war hart, erst für unwahrhaftig gehalten zu werden und dann eine Strafpredigt zu bekommen. Inzwischen hatte der Regen aufgehört, und durch die Risse in den Fensterblenden kroch Mondlicht in den Omnibus.

«Wie soll es da einen Regenbogen geben?» rief der Junge.

«Du störst mich», zischte Mr Bons. «Ich sinne gerade über die Schönheit nach. Ich wünschte bei Gott, ich wäre mit jemandem zusammen, der Respekt und Verständnis hat.»

Der Junge biß sich auf die Lippen. Er faßte hundert gute Vorsätze. Er würde auf der ganzen Reise dem Beispiel von Mr Bons folgen. Er würde nicht lachen oder rennen oder singen oder sonst sowas Gewöhnliches tun, was seine

new friends last time. He would be very careful to pronounce their names properly, and to remember who knew whom. Achilles did not know Tom Jones – at least, so Mr Bons said. The Duchess of Malfi was older than Mrs Gamp – at least, so Mr Bons said. He would be self-conscious, reticent, and prim. He would never say he liked anyone. Yet when the blind flew up at a chance touch of his head, all these good resolutions went to the winds, for the omnibus had reached the summit of a moonlit hill, and there was the chasm, and there, across it, stood the old precipices, dreaming, with their feet in the everlasting river. He exclaimed, "The mountain! Listen to the new tune in the water! Look at the camp-fires in the ravines," and Mr Bons, after a hasty glance, retorted, "Water? Camp-fires? Ridiculous rubbish. Hold your tongue. There is nothing at all."

Yet under his eyes a rainbow formed, compounded not of sunlight and storm, but of moonlight and the spray of the river. The three horses put their feet upon it.

He thought it the finest rainbow he had seen, but did not dare to say so, since Mr Bons said that nothing was there. He leant out – the window had opened – and sang the tune that rose from the sleeping waters.

"The prelude to Rhinegold?" said Mr Bons suddenly. "Who taught you these *leit motifs*?" He, too, looked out of the window. Then he behaved very oddly. He gave a choking cry, and fell back on to the omnibus floor. He writhed and kicked. His face was green.

"Does the bridge make you dizzy?" the boy asked.

"Dizzy!" gasped Mr Bons. "I want to go back. Tell the driver."

But the driver shook his head.

"We are nearly there," said the boy. "They are

neuen Freunde letztes Mal bestimmt abgestoßen hatte. Er würde sorgfältig darauf achten, daß er ihre Namen richtig aussprach und daß er behielt, wer wen kannte. Achill kannte Tom Jones nicht – wenigstens sagte das Mr Bons. Die Herzogin von Malfi war älter als Mrs Gamp – wenigstens sagte das Mr Bons. Er würde sich sehr zusammennehmen, schweigsam und zurückhaltend sein. Er würde es nie sagen, wenn er jemanden mochte. Doch als die Blende durch ein zufälliges Anstoßen seines Kopfes hinaufsauste, waren alle guten Vorsätze dahin, denn der Omnibus hatte den Gipfel eines mondbeschienenen Hügels erreicht, und da war der Abgrund, und dort, auf der anderen Seite, erhoben sich die steilen Felswände und träumten, mit den Füßen im ewigströmenden Fluß. Der Junge rief: «Der Berg! Hören Sie die neue Melodie im Wasser. Sehen Sie die Lagerfeuer zwischen den Klippen.» Mr Bons gab nach kurzem Hinschauen zurück: «Wasser? Lagerfeuer? Dummes Geschwätz. Halt deinen Mund. Da ist überhaupt nichts.»

Dennoch entstand unter den Augen des Jungen ein Regenbogen, der nicht aus Sonnenlicht und Regen gebildet war, sondern aus Mondschein und der sprühenden Gischt des Flusses. Die drei Pferde setzten ihre Hufe darauf. Er meinte, noch nie einen so schönen Regenbogen gesehen zu haben, doch getraute sich nicht, es zu sagen, da Mr Bons behauptet hatte, nichts sei da. Er lehnte sich hinaus – das Fenster war aufgegangen – und sang die Melodie nach, die von den schlafenden Gewässern aufstieg.

«Das Vorspiel zu Rheingold?» sagte Mr Bons plötzlich. «Wer hat dir diese Leitmotive beigebracht?» Auch er schaute zum Fenster hinaus. Dann benahm er sich sehr seltsam. Er stieß einen würgeähnlichen Schrei aus und fiel hinterrücks auf den Boden des Omnibus. Er krümmte sich und strampelte. Sein Gesicht war grün.

«Ist Ihnen schwindelig von der Brücke?» fragte der Junge.

«Schwindelig!» Mr Bons rang nach Atem. «Ich will zurück. Sag das dem Fahrer.»

Doch der Fahrer schüttelte den Kopf.

«Wir sind fast da», sagte der Junge. «Sie schlafen noch.

asleep. Shall I call? They will be so pleased to see you, for I have prepared them."

Mr Bons moaned. They moved over the lunar rainbow, which ever and ever broke away behind their wheels. How still the night was! Who would be sentry at the Gate?

"I am coming," he shouted, again forgetting the hundred resolutions. "I am returning – I, the boy."

"The boy is returning," cried a voice to other voices, who repeated, "The boy is returning."

"I am bringing Mr Bons with me."

Silence.

"I should have said Mr Bons is bringing me with him."

Profound silence.

"Who stands sentry?"

"Achilles."

And on the rocky causeway, close to the springing of the rainbow bridge, he saw a young man who carried a wonderful shield.

"Mr Bons, it is Achilles, armed."

"I want to go back," said Mr Bons.

The last fragment of the rainbow melted, the wheels sang upon the living rock, the door of the omnibus burst open. Out leapt the boy – he could not resist – and sprang to meet the warrior, who, stooping suddenly, caught him on his shield.

"Achilles!" he cried, "let me get down, for I am ignorant and vulgar, and I must wait for that Mr Bons of whom I told you yesterday."

But Achilles raised him aloft. He crouched on the wonderful shield, on heroes and burning cities, on vineyards graven in gold, on every dear passion, every joy, on the entire image of the Mountain that he had discovered, encircled, like it, with an everlasting stream. "No, no," he protested, "I am not worthy. It is Mr Bons who must be up here."

But Mr Bons was whimpering, and Achilles trumpeted and cried, "Stand upright upon my shield!"

286
287

Soll ich sie rufen? Sie werden sich freuen, Ihnen zu begegnen, denn ich habe sie vorbereitet.»

Mr Bons stöhnte. Sie fuhren über den Mond-Regenbogen, der ständig hinter ihren Rädern fortbrach. Wie friedlich die Nacht war! Wer würde am Tor Wache halten?

«Ich komme!» jauchzte der Junge, wiederum seine hundert Vorsätze vergessend. «Ich komme zurück – ich, der Junge.»

«Der Junge kommt wieder», rief eine Stimme anderen Stimmen zu, die wiederholten: «Der Junge kommt wieder.»

«Ich bringe Mr Bons mit.»

Stille.

«Ich sollte besser sagen, Mr Bons hat mich mitgebracht.»

Tiefe Stille.

«Wer hält Wache?»

«Achill.»

Auf dem felsigen Damm, kurz hinter dem Ende der Regenbogenbrücke, sah der Junge einen jungen Mann, der einen wunderbaren Schild trug.

«Mr Bons, es ist Achill, in Waffen.»

«Ich will zurück,» sagte Mr Bons.

Das letzte Bruchstück des Regenbogens schmolz dahin, die Räder sangen auf dem gewachsenen Felsgestein, die Tür vom Omnibus flog auf. Der Junge sprang heraus – er konnte nicht an sich halten – und eilte dem Krieger entgegen, der sich rasch vorbeugte und ihn auf seinen Schild hob.

«Achill», schrie er, «lass mich runter! Ich bin nur ein dummer und gewöhnlicher Junge, und ich muß auf Mr Bons warten, von dem ich dir gestern erzählt habe.»

Aber Achill hob ihn hoch. Der Junge hockte auf dem wundervollen Schild, dem Relief von Helden und brennenden Städten, von in Gold gravierten Weingärten und allen denkbaren Freuden, dem ganzen Abbild des entdeckten Berges, das wie dieser selbst von einem ewigströmenden Fluß umschlossen war. «Nein, nein», protestierte der Junge. «Ich bin nicht würdig. Es ist Mr Bons, der hier oben stehen muß.»

Mr Bons aber wimmerte, und Achill rief laut und weithin hörbar: «Steh aufrecht auf meinem Schild!»

Sir, I did not mean to stand! Something made me stand. Sir, why do you delay? Here is only the great Achilles, whom you knew."

Mr Bons screamed, "I see no one. I see nothing. I want to go back." Then he cried to the driver, "Save me! Let me stop in your chariot. I have honoured you. I have quoted you. I have bound you in vellum. Take me back to my world."

The driver replied, "I am the means and not the end. I am the food and not the life. Stand by yourself, as that boy has stood. I cannot save you. For poetry is a spirit; and they that would worship it must worship in spirit and in truth."

Mr Bons – he could not resist – crawled out of the beautiful omnibus. His face appeared, gaping horribly. His hands followed, one gripping the step, the other beating the air. Now his shoulders emerged, his chest, his stomach. With a shriek of "I see London," he fell – fell against the hard, moonlit rock, fell into it as if it were water, fell through it, vanished, and was seen by the boy no more.

"Where have you fallen to, Mr Bons? Here is a procession arriving to honour you with music and torches. Here come the men and women whose names you know. The mountain is awake, the river is awake, over the race-course the sea is awaking those dolphins, and it is all for you. They want you –"

There was the touch of fresh leaves on his forehead. Some one had crowned him.

ΤΕΛΟΣ

From the *Kingston Gazette, Surbiton Times*, and *Raynes Park Observer*.

288
289   The body of Mr Septimus Bons has been found in a shockingly mutilated condition in the vicinity of

«Sir, ich habe nicht vorgehabt, hier zu stehen. Irgendetwas hat mich dazu gebracht. Sir, warum kommen Sie nicht? Hier ist nur der große Achill, den Sie doch kennen.»

Mr Bons kreischte: «Ich sehe niemanden. Ich sehe nichts. Ich will zurück.» Dann rief er den Fahrer an: «Retten Sie mich. Ich habe Sie verehrt. Ich habe Sie zitiert. Ich habe Sie in Kalbleder binden lassen. Bringen Sie mich zurück in meine Welt.»

Der Fahrer antwortete: «Ich bin das Mittel und nicht der Zweck. Ich bin die Nahrung und nicht das Leben. Stehen Sie aus eigener Kraft, so wie es der Junge getan hat. Ich kann Sie nicht retten. Denn Dichtung ist Leben; und die sie verehren, müssen es im Geist und in der Wahrheit tun.»

Mr Bons – er konnte nicht anders – kroch aus dem schönen Omnibus. Sein Gesicht kam zuerst, aufgesperrt vor Staunen. Dem Gesicht folgten die Hände, den Tritt umklammernd, die andere in der Luft fuchtelnd. Nun tauchten die Schultern auf, der Brustkorb, der Bauch. Mit einem Schrei: «Ich sehe London!» stürzte er; er fiel gegen den harten, mondbeschienenen Felsen, fiel in ihn hinein, als ob es Wasser wäre, fiel hindurch, verschwand und ward von dem Jungen nicht mehr gesehen.

«Wo sind Sie hingefallen, Mr Bons? Hier kommt eine Prozession mit Musik und Fackeln, um Sie zu ehren. Hier kommen die Männer und Frauen, die Sie kennen. Der Berg und der Fluß sind aufgewacht, hinter der Rennbahn weckt das Meer die Delphine auf, und es ist alles für Sie. Sie wollen Sie…»

Er spürte, wie frische Blätter seine Stirn berührten. Jemand hatte ihn gekrönt.

ΤΕΛΟΣ

Aus der *Kingston Gazette, den Surbiton Times,* und dem *Raynes Park Observer.*

Der Leichnam von Mr Septimus Bons wurde in schrecklich verstümmeltem Zustand in der Nähe der Bermondsey

the Bermondsey gas-works. The deceased's pockets contained a sovereign-purse, a silver cigar-case, a bijou pronouncing dictionary, and a couple of omnibus tickets. The unfortunate gentleman had apparently been hurled from a considerable height. Foul play is suspected, and a thorough investigation is pending by the authorities.

Gaswerke aufgefunden. Die Taschen des Verunglückten enthielten eine Geldbörse, ein silbernes Zigarren-Etui, ein Aussprache-Wörterbuch in Schmuckeinband und ein paar Omnibus-Fahrscheine. Der bedauernswerte Herr ist offenkundig von beträchtlicher Höhe heruntergestürzt. Ein Verbrechen wird nicht ausgeschlossen, und eine gründliche Nachforschung durch die Behörden ist anhängig.

Anmerkungen

Poe, The Man of the Crowd

Seite 6, Zeile 11 v. u. griechisches Zitat (lies: achlys hä prin epäen): Homer, Ilias V, 127.

Seite 6, Zeile 9 v. u. Leibnitz, richtig: Leibniz, Gottfried Wilhelm, 1646-1716, Philosoph und Mathematiker in Hannover, «Universalgelehrter», Vorläufer der Aufklärung.

Seite 6, Zeile 8 v. u. Gorgias: Gorgias von Leontinoi, griechischer Sophist, um 380 v. Chr. gestorben.

Seite 14, Zeile 10 Lucian: Lukian von Samosata, etwa 120-180 n.Chr., kritisch-satirisch-parodistischer griechischer Schriftsteller.

Seite 16, Zeile 13 Tertullian, frühchristlicher (lateinischer) Kirchenschriftsteller um 160-225 in Karthago.

Seite 16, Zeile 8 v. u. Retzsch: Friedrich August Moritz Retzsch (1779-1857), Dresdner Maler und Radierer, der Illustrationen u.a. zu Goethes Faust schuf.

Seite 28, Zeile 2/3 Hortulus Animae cum oratiunculis aliquibus superadditis (lateinisch): Seelengärtlein mit einigen hinzugefügten kleinen Gebeten; von Johann Reinhard Grüninger 1500 in Straßburg gedrucktes Gebetbuch.

Mary Cholmondeley

Seite 108, Zeile 2 ars longa, vita brevis (lateinisch): die Kunst ist lang, das Leben kurz.

Montague Rhodes James

Seite 142, Titel: Mezzotint = Schabkunst: ein Tiefdruck-Verfahren ähnlich dem Kupferstich: Die Zeichnung wird in eine aufgerauhte Metallfläche graviert; durch z.T.

flächiges Abschaben der Körnung entstehen unterschiedlich tiefe, sozusagen malerische Grauwirkungen.

Seite 142, Zeile 16 v. u. Shelburnian Library – vermutlich benannt nach dem britischen Staatsmann Lord Shelburne (1737-1805).

Seite 146, Zeile 9 v. u. A. W. F. sculpsit: Die Initialen des Kupferstechers mit dem lateinischen Wort sculpsit = hat graviert.

Seite 162, Zeile 11 Mr Filcher – die Namenwahl (to filch ist umgangssprachlich für «mausen», «stiebitzen») soll wahrscheinlich andeuten, daß der Name im vorliegenden Fall paradox ist.

Seite 162, Zeile 7 v. u. Door Bible: Befreundete englische Bibel-Spezialisten vermuten, daß Mr Filcher eine von Gustave Doré illustrierte Bibel meint. Doré (1832-1883), Illustrator von Dante, Cervantes, Rabelais, Balzac, hat auch Bibelillustrationen gemacht. Die konnten gegenüber den bis dahin gewohnten feierlich-sanften Bibel-Bildern schockierend wirken.

Seite 166, Zeile 3 v. u. Tess of the D'Urbevilles – Roman von Thomas Hardy (1840-1928).

Seite 168, Zeile 17 spes ultima gentis (lateinisch): die letzte Hoffnung der Sippe.

Seite 168, Zeile 7 v.u. Sadducean – Die Sadduzäer waren eine konservative Religionspartei zur Zeit Christi.

Seite 170, Zeile 1 Ashleian Museum – vielleicht benannt nach Lord Ashley, dem siebten Grafen von Shaftesbury (1801-1885), einem der bedeutendsten Gesellschafts- und Industriereformer im 19. Jahrhundert.

Edmund Gill Swain

Seite 240, Zeile 17 Die Waverly novels, u. a. «Woodstock»: historische Romane von Walter Scott (1771-1832).

Edward Morgan Forster

Seite 262, Zeile 6 omnibus est (lateinisch): es ist für alle
da.

Seite 264, Zeile 14 v. u. Sir Thomas Browne (1605-1682),
englischer Arzt und Gelehrter, einflußreicher Barock-
schriftsteller, der in gewundener Sprache über die Eitelkeit der Menschen und die Eitelkeit, die Nichtigkeit des
Lebens überhaupt schrieb.

Seite 278, Zeile 11 v. u. Dan: Dante Alighieri (1265-1321).

Seite 280, Zeile 3 v. u. Lasciate ogni baldanza (richtig:
speranza) voi che entrate (italienisch): Tu, der du ein-
trittst, alle Keckheit (richtig: alle Hoffnung) ab. Dante,
Göttliche Komödie I,3,9.

Seite 280, Zeile 12 v. u. Mrs Harris und Mrs Gamp sind
Figuren aus dem Roman «Martin Chuzzlewit» von
Charles Dickens (1812-1870); im 49. Kapitel finden sich
nähere Ausführungen zu Mrs Gamps Hutschachteln
und den aus Holz gedrechselten Äpfeln auf dem Gestell
ihres Himmelbetts.

Seite 284, Zeile 3/4 Achilles: der führende Held der Grie-
chen vor Troja, aus Homers Odyssee. – Tom Jones: Titel-
gestalt des Romans von Henry Fielding (1707-1754). –
Duchess of Malfi, ursprünglicher Titel «The Tragedy of
the Duchesse of Malfy», Drama von John Webster (um
1580-1625).

Seite 286, Zeile 19 wonderful shield: Der Schild des Achill,
der in Homers Odyssee ausführlich beschrieben wird,
enthält in Reliefdarstellung ein wahres «Welttheater».

Seite 288, Zeile 5 v. u. Das griechische Wort (lies: telos)
bedeutet: Ende, Ziel, Zweck, letzter Sinn.

Lebensdaten der Autoren

Edgar Allan Poe 1809-1849
Ambrose Bierce 1842-1914
Bram Stoker 1847-1912
Saki (Hector Hugh Munro) 1870-1916
Mary Cholmondeley 1859-1925
Montague Rhodes James 1862-1936
Rudyard Kipling 1865-1936
Geoffrey Palmer & Noel Lloyd (?)
Edmund Gill Swain 1861-1938
Edward Morgan Forster 1879-1970

Perhaps it was this latter trait in Wilson's conduct, conjoined with our identity of name, and the mere accident of our having entered the school upon the same day, which set afloat the notion that we were brothers, among the senior classes in the academy. These do not usually inquire with much strictness into the affairs of their juniors. I have before said, or should have said, that Wilson was not, in the most remote degree, connected with my family. But assuredly if we *had* been brothers we must have been twins; for, after leaving Dr Bransby's, I casually learned that my namesake was born on the nineteenth of January, 1813 – and this is a somewhat remarkable coincidence; for the day is precisely that of my own nativity.

It may seem strange that in spite of the continual anxiety occasioned me by the rivalry of Wilson, and this intolerable spirit of contradiction, I could not bring myself to hate him altogether. We had, to be sure, nearly every day a quarrel in which, yielding me publicly the palm of victory, he, in some manner, contrived to make me feel that it was he who had deserved it; yet a sense of pride on my part, and a veritable dignity on his own, kept us always upon what are called "speaking terms," where there were many points of strong congeniality in our tempers, operating to awake in me a sentiment which our position alone, perhaps, prevented from ripening into friendship. It is difficult, indeed, to define, or even to describe, my real feelings towards him. They formed a motley and heterogeneous admixture; – some petulant animosity, which was not yet hatred, some esteem, more respect, much fear, with a world of uneasy curiosity. To the moralist it will be unnecessary to say, in addition, that Wilson and myself were the most inseparable of companions.

It was no doubt the anomalous state of affairs existing between us, which turned...

Vielleicht war es dieser Zug in Wilsons Betragen – in Verbindung mit der Namengleichheit und dem schieren Zufall, daß wir am selben Tag in die Schule eingetreten waren –, der in den oberen Klassen der Anstalt die Meinung aufkommen ließ, wir seien Brüder. Die Älteren erkundigen sich normalerweise nicht sehr genau nach den Angelegenheiten der Jüngeren. Ich habe schon gesagt – oder sollte es gesagt haben –, daß Wilson nicht im entferntesten mit meiner Familie verwandt war. Aber wenn wir Brüder gewesen wären, hätten wir wahrlich Zwillinge sein müssen; denn nachdem ich Dr. Bransbys Anstalt verlassen hatte, erfuhr ich zufällig, daß mein Namensvetter am neunzehnten Januar 1813 geboren worden war – und das ist ein recht bemerkenswertes Zusammentreffen, denn genau an diesem Tag bin auch ich zur Welt gekommen.

Es mag seltsam scheinen, daß trotz der ständigen Angst, die Wilsons Rivalität in mir weckte, und trotz seines nicht zu ertragenden Widerspruchsgeistes ich es nicht über mich brachte, ihn wirklich zu hassen. Wir hatten sicherlich fast jeden Tag einen Streit miteinander, in dem er mir nach außen hin die Siegespalme überließ, aber es irgendwie bewerkstelligte, mir den Eindruck zu vermitteln, daß er es war, der sie verdient hatte. Doch ein Gefühl des Stolzes auf meiner Seite und wahre Größe auf seiner ließen uns immer «im Gespräch miteinander bleiben», wie es heißt; wobei unsere Charaktere in vielen Punkten sehr stark übereinstimmten, was in mir eine Empfindung hervorrief, die sich vielleicht nur aufgrund unserer Lage nicht zu einem freundschaftlichen Gefühl entwickelte. Es ist in der Tat schwierig, meine wahren Gefühle ihm gegenüber zu bestimmen oder auch nur zu beschreiben. Sie ergaben eine bunte, uneinheitliche Mischung: ein wenig gereizte Feindseligkeit, die noch kein Haß war; ein wenig Achtung; ein wenig mehr Respekt; viel Furcht; und sehr viel unbehagliche Neugier. Ich brauche für den Moralisten kaum hinzuzufügen, daß Wilson und ich die unzertrennlichsten Gefährten waren.

Zweifellos war es der anomale Zustand, der zwischen uns herrschte, durch den...

Poe ist der stilistisch vertrackteste Autor der Reihe dtv zweisprachig. Auch William Faulkner (dtv 9271) ist nicht gerade simpel. Da ist selbst dem geübteren Englisch-Leser die beigegebene Übersetzung angenehm.

Es gibt aber in der Reihe auch einfachere Texte, zum Beispiel *Graham Greene: The Hint of an Explanation; Stories / Der Fingerzeig; Erzählungen (dtv 9321)* – und seit einiger Zeit auch ganz einfache, zum Beispiel *Beatrix Potter: Peter Rabbit and other tales / Peter Karnickel und andere Geschichten (dtv 9322)*.

Die Reihe enthält gut vierzig englisch-deutsche Bände (und insgesamt gut hundert). Sie sollten sich von Zeit zu Zeit den aktuellen Prospekt schicken lassen!

Deutscher Taschenbuch Verlag
Friedrichstraße 1a, 80801 München